让每个孩子都发光

赋能学生成长、促进教师发展的KIPP学校教育模式

［美］杰伊·马修斯 Jay Mathews 著

谢怀栋 译

WORK HARD. BE NICE

How Two Inspired Teachers Created the Most Promising Schools in America

中国青年出版社
CHINA YOUTH PRESS

图书在版编目(CIP)数据

让每个孩子都发光：赋能学生成长、促进教师发展的KIPP学校教育模式/（美）杰伊·马修斯著；谢怀栋译.
—北京：中国青年出版社，2022.9
书 名 原 文：WORK HARD. BE NICE: How Two Inspired Teachers Created the Most Promising Schools in America
ISBN 978-7-5153-6685-2

Ⅰ.①让… Ⅱ.①杰… ②谢… Ⅲ.①学校教育—研究 Ⅳ.①G4

中国版本图书馆 CIP 数据核字（2022）第104286号

WORK HARD. BE NICE: How Two Inspired Teachers Created the Most Promising Schools in America
Copyright ©2009 by Jay Mathews. All rights reserved.
Simplified Chinese translation copyright © 2022 by China Youth Press.
All rights reserved.

让每个孩子都发光：
赋能学生成长、促进教师发展的KIPP学校教育模式

作　　者：〔美〕杰伊·马修斯
译　　者：谢怀栋
责任编辑：肖妩嫔
美术编辑：杜雨萃
出　　版：中国青年出版社
发　　行：北京中青文文化传媒有限公司
电　　话：010-65511272 / 65516873
公司网址：www.cyb.com.cn
购书网址：zqwts.tmall.com
印　　刷：大厂回族自治县益利印刷有限公司
版　　次：2022年9月第1版
印　　次：2022年9月第1次印刷
开　　本：787×1092　1/16
字　　数：250千字
印　　张：22
京权图字：01-2021-3628
书　　号：ISBN 978-7-5153-6685-2
定　　价：59.00元

版权声明

未经出版人事先书面许可，对本出版物的任何部分不得以任何方式或途径复制或传播，包括但不限于复印、录制、录音，或通过任何数据库、在线信息、数字化产品或可检索的系统。

中青版图书，版权所有，盗版必究

目 录

引言　　　　　　　　　　　　　　　　　007

第一时期　KIPP的起点　　　　　　　011

　1. 知识即力量 / 012
　2. 用教育改变世界 / 020
　3. 旅行的智慧 / 026
　4. 受挫休斯敦 / 031
　5. 教室魔法师 / 038
　6. 我们全都会学习 / 045
　7. 大个子范伯格 / 052
　8. 莱文的童年 / 055
　9. 与家长成为盟友 / 062
　10. 传奇的雷夫老师 / 067
　研修室：今日KIPP——杰奎恩的新起点 / 075

第二时期　启动KIPP　　　　　　　　081

　11. 四处碰壁 / 082

12. 莱文的解雇风波 / 091

13. KIPP的承诺 / 096

14. 我们将改变世界 / 107

15. 每个孩子都愿意学 / 111

16. 激励与处罚 / 120

17. 学习动起来 / 127

18. 纽约调研 / 133

19. 声名大噪 / 137

20. 一对一单挑 / 143

21. 再辟战区 / 148

22. 为总统献唱 / 153

23. 临时换地 / 162

24. 鲍尔老师 / 166

研修室：今日KIPP——杰奎恩的"攀登课" / 170

第三时期　创办两所学校　　　　　　177

25. 那些犹太人在偷你的东西 / 178

26. 这小伙子怎么回事 / 185

27. KIPP工具箱 / 189

28. 在休斯敦重整旗鼓 / 196

29. 翻墙事件 / 205

30. 拿走电视 / 210

31. 研学之旅 / 214

32. 坐在操场上课 / 219

33. "突袭"教育局长 / 224

34. 莱文和科克伦 / 232

35. "我不要上那所学校！" / 241

36. 剪断音响线 / 245

37. 不要畏缩、不准放弃 / 248

38. 先抢先赢 / 254

39. 震撼训话 / 260

40. 学会放手 / 266

41. 赢得金票 / 272

42. 疯狂的追求者 / 275

43. 成功，从教师的关爱开始 / 279

研修室：今日KIPP——杰奎恩进步了 / 284

第四时期　KIPP的奇迹　　289

44. 六人会议 / 290

45. 优秀的毕业生 / 297

46. 质疑之声 / 302

47. 教改实验室 / 309

48. 鲍尔与雷夫老师 / 317

49. KIPP校友 / 321

50. 高个子老师 / 326

51. KIPP教学法 / 334

目 录

52. 牢记220教室 / 341

完美收官 / 345

后记   **349**

引言

如今，许多美国人认为，在学校教育方面，寒门再难出贵子。就像不能期望丑小鸭变成白天鹅一样，那些在贫民区和农村地区长大的孩子，他们的父母也是"学困生"。在人们看来，这些孩子很可能早早地辍学，考试成绩很差，将来做着卑微的工作，过着艰难的生活。诸如此类的成见在一定程度上解释了为什么贫困社区很少能够像最富裕的郊区一样，可以为孩子提供优秀的教师、额外的学习时间和适当的鼓励。如果教育工作者认为学生不具备足够的能力，他们就不太可能为其安排具有挑战性的课程，也不会延长学生的学习时间。

而这正是迈克·范伯格和大卫·莱文的故事带给我们的震撼。他们在26岁之前创办了"知识就是力量项目（KIPP）"，证明如果提供专注且热情的老师，对学生抱有信心，又能保证足够的教学时间，许多贫困学生也能像富裕郊区的学生一样，取得优异的学习成绩。

KIPP在全美遍地开花，他们招募和培训与自己年龄相仿的年轻校长，将其安排在各个城镇的KIPP学校，用实际行动证明那些怀疑论者的观点是错误的。KIPP学生来自低收入家庭的比例高达80%，其中95%的学生是非裔或拉美裔。KIPP在全美22个城市设有28所学校，其中4000名学生已经在

KIPP完成了4年的初中学业，这些学生的平均阅读成绩从排名前66%（五年级开始）上升至前44%（七年级结束），数学成绩从排名前56%上升至前17%。这么多的贫困学生在一个项目中取得了如此大的进步，可谓是前所未有的奇迹。

范伯格和莱文为该项目招募了数百名教育工作者，他们必须继续努力，证明所取得的成绩是可持续的。此前没有哪个贫民区的教育计划能够取得如此大的成就。KIPP目前在全美19个州和哥伦比亚特区拥有66个校区，在美国10个最大的城市中，其中9个都有KIPP的学校。KIPP计划到2011年建立100所学校，在校生人数达到24000人。KIPP的老师每天的工作时间超过9个小时，每隔一周需在周六加班4个小时，还有为期3周的暑期课程。虽然他们可以拿到额外的报酬，但他们也知道，如果选择在普通学校工作，他们的工作生活将会轻松许多。他们的教学热情源于自己的努力所产生的影响，毕竟在任何一般城市或农村的公立学校工作，都不可能产生如此大的影响。

有些老师打趣说，KIPP拥有邪教组织的所有特质，只是其成员不需要缴纳会费，也不穿怪异的长袍。他们也想知道自己能在这里坚持多久，KIPP的发展将走向何方。我们应该为处于公共教育体系最底层的儿童做些什么，这是这个时代最重要的公民权利问题。没有任何一个项目能就此话题引发如此多的争论，而这场争论竟破天荒地演变成了一种积极的讨论。这些孩子能走多远呢？

莱文和范伯格师从两位资深教师哈里特·鲍尔和雷夫·艾斯奎斯，学习如何教学，这两位教师非同寻常的教法和高标准的要求遭到了一些同行的抵触，但在这两位虔诚的学徒看来，他们就好像是教学领域的救世主。

两位资深教师也不知道面对未来重重险关，莱文和范伯格能否经受住打击，继续坚持下去。他们警告两位年轻教师，接下来将会遇到很多障碍和挫折。正如导师们所预想的那样，莱文和范伯格踌躇满志，与传统教育格格不入，引起了一些人的不满，他们与教育行政部门发生了几次冲突，也进一步强化了他们在家长和学生所信赖的"权威"教育者眼中的"破坏者"形象。

　　现在的KIPP教师以教育结果为导向；他们致力于寻找帮助弱势儿童提高成绩的方法，并将心得传授给其他教师。就像他们心目中的英雄莱文和范伯格一样，他们发现通过自身的努力工作、教学的乐趣与团队的合作，学生们可以为自己赢得更多的人生选择，虽然在很多人看来，有些选择是他们遥不可及的梦想。尽管一开始，几乎没有任何人看好这些学生，对这两位年轻的教师也并不抱丝毫希望。

第一时期

KIPP的起点

1.

知识即力量

1995年，26岁的迈克·范伯格在西休斯敦艾斯丘小学的五年级任教。班里共有70名学生，均来自低收入家庭，大部分都是拉美裔，他们是KIPP（"trip"的谐音）项目新招收的学生。KIPP的全称为"知识就是力量"项目（Knowledge Is Power Project），是范伯格和他25岁的朋友大卫·莱文前一年创办的一个初中项目，尚且处于起步阶段，面临着重重难关。

第一年，他们在休斯敦北部加西亚小学的一间狭小教室里开启了这个项目，那一年他们让通过"州考"①的学生人数翻了一番。他们想在两个不同的城市建立从五年级到八年级的完整中学。莱文决定回到自己的家乡纽约，在南布朗克斯开拓KIPP校区，招收五年级学生。范伯格则留在休斯敦。由于加西亚小学空间有限，他在另一所学校——艾斯丘小学——开设了新的KIPP五年级班。当时，认识他们的人都觉得KIPP项目坚持不了多久，不管是在休斯敦还是在纽约。由于学生在校时间过长以及课程安排太满，项目实施起来压力太大。两位创始人能力又如何呢？他们太过年轻，经验也不足，成功的希望看似很渺茫。

---

① 美国各州各自实行统一考试，用以衡量学校基本的教学质量。——译者注

范伯格的外貌特征非常明显，身高一米九，很是健谈，年纪轻轻就秃顶了，为此，他特意留了一个很短的发型。他有很多创意，但也有很多要求和抱怨。他因不循常规而遭人厌恶，这是他的一贯作风。范伯格当时只有一个重要盟友——休斯敦独立学区西区的督学安妮·帕特森，经范伯格的实际验证，她的耐心远超大多数学校管理者。

帕特森穿着时尚，一头浓密的红发，与范伯格会面会令她精神高度紧张，而范伯格又总是穷追不舍，熬到她下班的时间。她靠在桌子上，用手指揉着前额。她在试着说服这个热情奔放的老男孩，让他接受自己对最近这次危机的观点，然后她就可以回家了。

这是范伯格独自一人执教KIPP休斯敦学校的第一年，在这一特殊时期，他几近崩溃。他必须要为明年新增的六年级找到合适的地方，慢慢建立包括5—8年级的完整初中。帕特森需要找一位能够忍受范伯格的校长，与他合用同一座校舍，而范伯格是她所见过的最不合群的教育工作者之一。

范伯格告诉她："我可以保持平静随和的态度，但是如果让我知道有人以任何方式直接或间接地为难我的学生，那我可要'护犊子'了。"这一点帕特森早就领教到了。帕特森曾承诺在圣诞节前为他扩建的新班级找到合适的地方，但当时已经是一月份了，范伯格还没有收到任何消息。他不停地给她打电话，造访她的办公室。"迈克，你得耐心点儿。"她说。

范伯格觉得休斯敦独立学区就像一艘远洋巨轮：即便是转个最小的弯也要花很长时间。他宁愿划着一只独木舟，小巧又轻便，进退自如，随时准备冲过任何急流。他曾不止一次地想过，如果他的学生是橡树河社区的富家子弟，就不会有这样的麻烦了。但是他的学生都来自古尔夫顿社区——一个中美洲移民的聚居区。如果KIPP学校位于橡树河，得到的家长评价就像范伯格在古尔夫顿得到的评价一样好。假如橡树河的KIPP学校明年还找不到校舍，那些有钱的家长就会为此奔走疾呼，新校舍很快就会有着落，家长们会满足他的一切需求。

或许他自己应该为新校区奔走疾呼，或许这样做并不合适，因为这样做弊大于利。但是，如果奔走疾呼的不是他，而是他的学生，又会怎么样呢？带着这种想法，KIPP学校开展了第一次"民主倡议"课程。KIPP学校每天早上7:30上课，下午5:00放学，学生在学校待这么久，好处之一就是有时间进行创造性的知识迁移。他向孩子们解释说，美国公民参政的方式不止投票这一种形式，还包括向任何部门的负责人提出申诉的权利，包括教育管理部门、车辆管理部门、房屋管理部门、公立医院、税务评估局和垃圾清运公司等。有人写信请愿，有人打电话投诉。关键是当你对提供的产品或服务不满意时，不要忍气吞声，而是要提出抗议。

范伯格提醒五年级学生，让他们在向政府部门投诉时，注意有礼有节。坚持很重要，但礼节也不能少。他们必须表现出成年人那种严肃的样子。他说："注意，当你打电话的时候，一旦你开始傻笑，那一切都完了。"他站在一块写满关键词和短语的黑板前，挥舞着手臂。"这可不是闹着玩儿的。你没有必要像巴特·辛普森一样，给莫的酒馆打骚扰电话，捉弄酒保，故意让他说些难听的话。"①

他给了学生一段演练的台词："您好，我是阿曼多·鲁伊斯。我是一个非常勤奋的学生。我来自KIPP学校，我们有权利知道我们明年要去哪里上学，学校要搬往何处，但是现在我们还没收到任何消息。请问，您知道我

---

① 本桥段出自美国动画片《辛普森一家》，巴特·辛普森非常喜欢搞怪，经常打电话捉弄酒保。——译者注

们的新校舍在哪里吗？我和我的家人都非常担心学校的着落，因为我们想确保自己能继续接受良好的教育。"

范伯格告诉学生们，明天是他们打电话的好时机，因为那天正好是教师进修日，学生放假回家，只有老师才会留在学校。他发给每个孩子一份名单，上面列有20位管理人员的电话号码，包括休斯敦独立学区的督学、副督学、设施主管、交通主管、校董事会成员和帕特森本人的号码。

第二天上午9:30左右，他收到一条信息，说他有一个紧急电话。KIPP学校线路没有电话打进来。他不得不步行前往艾斯丘小学的总办公室，电话是帕特森打来的。

"迈克！让他们停下来！快让他们停下来，马上！"

"安妮，你在说什么？"

"你很清楚我在说什么。学生们在给我打电话。他们在给整个学区的领导打电话。学区领导都开始给我打电话，冲我大吼大叫了。让他们马上停止！"

"安妮，我做不到，"他回答说，"学生今天都不在学校。"

"不在学校，是什么意思？"

"今天是教师进修日。学生不上课。"

"那他们怎么知道给谁打电话的？"

"我把所有的电话号码都给他们了。"

"什么？电话号码是你给的？总机铃声正在响个不停。他们都在打电话。"

"他们说什么？"他问道。他很想知道学生的任务进展如何。

"他们想知道明年学校要搬到什么地方去。"

"这没什么问题啊！"范伯格说。他知道最好要先发制人。"既然你不告诉我明年我们要去哪里，我就让孩子们帮忙问问喽。"

帕特森很快结束了谈话。正如她所料想的那样，范伯格不会帮忙。她不得不向上司解释到底发生了什么事情。就像上级处理下属捣乱行为的标准流程一样，她会告诉所有人她将制止这种行为。

但那只是表面上的说辞。她认为迈克和他的朋友莱文身上有些东西值得她去保护和鼓励，即便他们是她见过的最让人恼火的教育工作者。

莱文在纽约也遇到了类似的麻烦。虽然相隔1400英里，他和范伯格仍然几乎每天都要通电话。听说范伯格让一群热衷于维权的学生游说休斯敦教育部门的领导，他对这种"厚脸皮"的行为很是羡慕。他知道休斯敦的官员们最终会屈服。他希望自己在纽约也能如此轻松。

和范伯格一样，莱文的外貌也很引人注目，他也是一米九的大个子，不过略瘦一些；上课时，他总是不停地走动、讲话、提问，让每个学生都能参与进来。莱文在课堂教学方面取得了一些进步。他正在成长为一名出色的教师，但显然现在还不够优秀。

第一年，莱文在南布朗克斯招收了47名学生，然而第二学年刚开始，就有12名学生离开了。他雇了一位女士担任学校的教务主管，她对莱文的处事方式十分不满，也离开了。弗兰克·科克伦从休斯敦一路跟来纽约帮他，但科克伦性格温和，在维持课堂纪律方面遇到了问题。学生们已经习惯了各种惩罚，表现出一副死皮赖脸的样子。罚他们坐在教室的角落里，不让他们与其他学生说话，在他们眼里，这都没什么大不了的。莱文想方设法提升学生的信心，也给自己打气。他让理发师把自己蓬松的卷发剪短，希望能让自己看起来更精神一些。但是，这些还远远不够。

莱文不知道该如何是好。他解雇原来的教务主管，之后又聘请了一位年轻的教师玛丽娜·伯纳德。她曾在166中学（Intermediate School 166）任教，这是一所面向6—8年级学生的公立学校，同样也在布朗克斯区。那里满是问题学生，他们的学习态度与KIPP的学生一样令人头疼。她给莱文提了一个建议。

"我知道你需要什么，"她对莱文说，"你需要去166中学看一看。那里有你要找的人。你只需要学会如何控制他的情绪即可。"

她说的是布朗克斯公立学校的传奇人物查理·兰德尔。他是一名音乐教师，那年他49岁；他自幼失去双亲，在佛罗里达州奥兰多市最贫困的社区长大。他因才华横溢而远近闻名，擅长培养音乐零基础的孩子，让他们有能力组建出色的管弦乐队。但是，大家也说他性情多变，喜怒无常。传闻他脾气暴躁，至少有两次，曾对学校工作人员造成严重伤害，因为那些人先伤害了他，他无法原谅他们。

兰德尔看到莱文的第一眼就证实了他的预判：又一个疯狂的白人大男孩。这个男孩也很傲慢。他以为自己是哪根葱，来到兰德尔的地盘，像是要来拯救这里的学生一样。兰德尔本身拥有丰富的教育经验，知道如何教育那些灰心丧气和迷茫无助的学生，帮助他们找到生活的方向，他自己曾经就是那样的学生。他知道如何触动这些学生的内心。但是眼前这个耶鲁大学的毕业生能理解这些孩子吗？

兰德尔很有礼貌地接待了莱文，但他说自己只想安于现状，无意出山。莱文一直给他打电话。他和范伯格一样，也知道如何与人拉近关系，知道如何"说服"别人，只需要坚持不懈地重复提出必要的观点，同时又保持礼貌。他几乎每天都给兰德尔打电话。"你好吗，查理？最近一切可好？"他说。兰德尔对莱文增加一节音乐课有什么建议吗？他能否在星期四下午过来教几个KIPP的孩子学音乐？

最后，兰德尔因莱文提供的赚外快的方法而答应了。他带来一直放在汽车后备箱里的破旧乐器：一个用胶带粘在一起的旧键盘、一把破破烂烂的小提琴、两面鼓和几只铃铛。来到KIPP学校，他惊呆了，这里有一种他在布朗克斯区的学校里感受不到的温暖。学校的公告栏色彩缤纷，令人感到惬意。孩子们全神贯注于自己所做的事情。

之后，莱文还是不断地找他，但是这位年轻的教师当时并没有什么总体规划。如果他能未卜先知，就可以预见兰德尔将创建一个管弦乐团，让学校里的每一个学生都参与其中，在东海岸一时风光无两；如果他胆敢向兰德尔提出这样的建议，这位老大哥肯定会对这个荒唐的提议嗤之以鼻。

最后莱文终于说到点子上了。在他们的一次电话交谈中，兰德尔不知道多少次地解释说，他年纪大了，习惯了现在的生活，不想换学校了。"我在这边已经很稳定了。我是学科主任，又有'年度教师奖'之类的荣誉，我不需要换学校了。"

"等一下。"莱文说，"等你退休以后，你能留下什么？"

兰德尔想了想。"没什么。"他说，"我有这些奖项，也有一些回忆。这是我想要的一切。"

"你错了。"莱文说，"如果你来我们这边，你会和我、玛丽娜以及其他要来学校工作的员工并肩合作。你可以把你知道的一切教给我们，我们可以继承你的衣钵。"

哇！兰德尔由衷地感叹道。这么坚定的话语，竟出自一个乳臭未干、自以为是的小子之口。他又对我的"衣钵"了解多少呢？兰德尔本以为他会放弃，但莱文依然穷追不舍。莱文说自己跟那些来"镀金"的常春藤学生不一样，他想一直留在贫民区做教育。既然他如此努力，只是为了赢得兰德尔的支持，或许他是真心的。

用教育改变世界

迈克·范伯格和大卫·莱文于1992年7月相识于洛杉矶,当时二人共同参加了"为美国而教"(Teach for America)的暑期培训学院。这是为刚毕业的大学生设立的新项目——从美国最好的大学挑选最优秀的毕业生,与之签订为期两年的协议,送去最贫穷的城市和最落后的乡村,并在那里最差的班级任教。

"为美国而教"的创始人温迪·科普毕业于普林斯顿大学,她只比范伯格大1岁,比莱文大3岁。她是个很现实的人,承认自己的想法有一定的风险。但至少,"为美国而教"的成员可以在这段社会经历中有所收获。当他们将来成为律师、医生或金融家时,她希望他们能记住自己曾在"为美国而教"的日子,并利用自己的经济和政治影响力,缓解他们曾亲眼目睹的贫困状况。

莱文和范伯格也认同这一观念。像许多"为美国而教"的新成员一样,他们想不出更好的事情来做。其他团队成员与他们年龄相仿。他们不准备去读研,也不准备投身正式的工作。这听起来像是一场冒险,如同再多读两年大学,白天可能会无聊,晚上却有很多乐子。

他们二人都被分配到休斯敦教书,住进了加州州立大学北岭分校的同一间宿舍,暑期学院的组织者将其戏称为"得州众议院"。第一天晚上,他们共同参加了迎新烧烤晚会。他们先注意到附近的篮球场,然后才注意到彼此。

范伯格记得,在经人介绍之后,他对莱文说的第一句话是:"嘿,莱文,你打篮球吗?"莱文回答说:"偶尔打一打。"范伯格很快发现,这种谦虚是典型的莱文式低调,既能吸引到陌生人,又能让自己处于有利的地位。

1992年夏天,为了解决美国最棘手且最具破坏性的社会问题——最大城市和最小村镇中根深蒂固的贫穷和无知,当时兴起了数十个相应的公益项目,"为美国而教"就是其中之一。美国郊区大多数公立学校的教育水准都是达标的,有些还相当不错。但是,学业成绩和社会地位排名后25%的学校却大多烂得一塌糊涂,而且丝毫没有改良的迹象。这些学校的学生在职业谋生方面也处于严重的劣势地位,就像他们的父辈一样,无法跳出贫穷的圈子。

美国教育进展评估(NAEP)是联邦政府对学生成绩进行抽样测试的一种体系,该体系显示,1971年至1992年间,9岁、13岁和17岁的学生在阅读方面几乎没有任何进步。数学成绩稍好一点儿,在这21年时间里,9岁、13岁和17岁孩子的数学成绩分别提高了10分、3分和2分。

在城市学区,大约40%的四年级学生阅读能力不达标,无法独立自主地学习。在以后求学的日子里,他们的进步可能会很缓慢,长大成人之后也可能会变成文盲,陷入频繁失业的恶性循环。1983年,美国教育部发布了全国报告《危险中的国家》,指出许多学生极其糟糕的学业状况;之后,几个州提高了教师的工资,并制定了新的测验方式,来衡量学生的进步和教师的能力。但数百万低收入家庭的孩子在阅读、写作和数学方面的学习仍然不达标，他们无法进入大学或找到一份好工作。许多人认为这是不可避免的。2001年的盖洛普民意调查①发现，46%的美国人认为只有一部分学生有能力达到较高的学习水平。

人们广泛讨论的一项教育补救措施是制定全国学习标准方案，为所有公立学校设定目标，学校应每年取得一定的进步，尤其是弱势学生的进步。支持者表示，应该让学校对学生的成绩负责。州和地方政府将为那些没有达标的学校提供额外的支持，联邦政府将为此编列额外的预算。

就在范伯格和莱文抵达洛杉矶前不久，老布什政府采纳了一项名为"2000年美国"（America 2000）的计划，后来变成了"2000年目标"（Goals 2000）②计划。阿肯色州的比尔·克林顿和南卡罗来纳州的理查德·W. 赖利等几位民主党州长都对这一计划表示支持。他们也在自己的州制定了类似的学校责任制，这样，跨国公司就会愿意在他们主管的州建立工厂和办公室，无须担心公立学校不够好，无法提供技术工人，或者无法为公司高管的子女提供良好的基础教育。

一些学者和立法者，其中许多是政治保守派，支持另外一种不同的学校改革方式。他们认为由于缺乏竞争，公立学校系统形成了垄断，没有改进的动力。他们建议进行两项改革：第一是建立税收资助的奖学金制度，即发放学券，允许公立学校的学生就读私立学校；另一项是建立新型的公立学校，称为特许学校，由创意十足且精力充沛的教育工作者来管理，不

---

① 盖洛普民意调查以其准确性和权威性在世界各地享有极高的声誉。乔治·盖洛普（George Gallup）为其创始人，著有《盖洛普优势识别器》等书。
② 1994年4月21日，美国克林顿政府宣布了题为《2000年目标：美国教育法》（Goals 2000: EducateAmerica Act）的全国性教育改革计划。——编者注

拘泥于常规的学区经费、人员聘任和课程政策。这些学者和立法者表示，特许学校不受教师工会和工作条例的限制，可以延长教学时间。

这两项改革派别，虽然有时相互对立，有时也会结成不稳定的联盟，但在接下来的15年里，它们将成为主导性的教育政策，为范伯格和莱文的学校的蓬勃发展提供条件。争论双方都会对公立学校教育方式的变革产生深远的影响。后来，"2000年目标"计划演变成一项两党联合推行的联邦法案——《不让一个孩子掉队法》（No Child Left Behind Act）。该项法案要求学校管理者提高黑人、拉美裔和低收入家庭儿童的成绩，否则就有可能需要让位，由致力于提升成绩的外来者接管。与此同时，各地也发起了挑战公立学校官僚权力的运动，导致公立特许学校的数量迅速增加，特别是在大城市。这将为莱文和范伯格的学校管理方式创造得天独厚的条件，比如增加学生的在校时间，校长有权辞退表现糟糕的教师，可以定期对学生进行家访等。

在1990年成立的第一年，"为美国而教"组织就向市中心贫民区和农村输送了约500名经验极其匮乏的新教师。其中30%的人没能履行为期两年的教学承诺。美国知名教育院校的一些最有声望的教师培训专家表示，"为美国而教"是一个危害极大的组织：它口口声声说要帮助那些低收入家庭的学生，却把他们交到了那些笨手笨脚、训练不良且经验匮乏的教师的手上。

但是大多数雇用这群新手教师的学校校长却表示，他们欣赏这些新教师充足的干劲和饱满的教学热情。参与该计划的学区数量也有所增加。1992年，"为美国而教"招收了560余名成员，莱文和范伯格就在其中。该计划发展得如火如荼，截至2007年，又招收了3000名新成员，总人数超过5000人。只有不到10%的成员在第一年之后退出。在许多大学校园里，"为美国而教"成为应届毕业生的最大雇主。

他们在洛杉矶"为美国而教"组织的烧烤晚会上初次见面时，范伯格颇有深度的自嘲和迅速与人打成一片的个性给莱文留下了深刻的印象。在莱文看来，范伯格似乎是他所见过的最和善、最风趣、最善于交际的人之一。所有人都喜欢范伯格。他成了小组的核心人物。范伯格在高中和大学时，朋友们也像众星拱月一样围着他转。莱文很高兴能成为他的朋友。

莱文那时刚满22岁，模样看起来比实际年龄还要小，一头乌黑卷曲的头发，脸上挂着天真的笑容。他的性格比范伯格更安静一些，但并不内向。尤其是和女性交谈时，他更是神采飞扬。那年10月份，范伯格刚满24岁，他在宾夕法尼亚大学延期一年，完成了本科学业；期间，他曾休学一段时间，在一家酒吧打工，赚了些钱。那时他留着一头棕色的长发，经常扎着马尾，但没几年光景，他的头发就掉得差不多了。

范伯格和莱文两人都很喜欢冒险，也很快因这一共同爱好而结下不解之缘。一天晚上，他们在得克萨斯州和团队成员一块儿喝酒，发现啤酒不够喝了。一个没尽兴的实习生说，她有一辆车，但不想那么晚开车去买酒。为了向这位年轻女士展示自己的勇气，范伯格主动献殷勤，自告奋勇提出开她的车出去买酒。他邀请莱文一起去。

"你会开手动挡的车吗？"范伯格问莱文。

"不会。"

"好吧，没关系。我来开。"

范伯格钻进车里，拧动钥匙，听着引擎启动的声音，一脸的得意。他转过头去，对着新朋友说，"其实，我也不会开手动挡的车。"莱文笑了。他就佩服范伯格这种做事的方式。不管怎样，他们还是出发了，走不了多远，汽车就会熄火一次，他们就这样走走停停，沿着瑞西达大道缓缓行进。

莱文和范伯格对他们接受培训的日程进行了精心的规划，二人一致认为下午的课堂管理和教育理论课程基本是在浪费时间。他们阅读了所有的复印材料并完成了课程要求的项目任务，却几乎从没有去上过课。对于上午在洛杉矶市内学校的实习教学，他们的态度会更认真一些。班车每天早上7点钟出发，这比他们在大学时习惯的起床时间还要早，但他们总是很准时；上身穿正装衬衫，下身穿卡其裤，打上领带，整装待发。

范伯格被分派在拉托纳大街小学。第一天，他听了一个班的课；第二天，按照原计划，他应该要上一个小时的课。然而他的导师认为一切太儿戏了。"听着，迈克，"她说，"成败靠你自己。我不打算只让你教一小时，你来接管整个班级。"在接下来3周时间里，他几乎每个上午都要给这个班上课。这个过程很艰难，也让人打怵，中间他的导师一直在给他以指引。他感觉自己取得了一定的进步。

另一边，莱文的导师却几乎对他不管不问。她分给了他一小批学生，交给了他一张问题清单，让他带领学生一起复习，并没有给出太多的建议。在莱文看来，上午这种"教学方式"与下午的方法论课程一样毫无意义。

一到了晚上，"得州众议院"的派对会继续上演，吃吃喝喝，当然也少不了经典的篮球项目。他们打发着无聊的时间，等着去休斯敦大展身手。

旅行的智慧

在洛杉矶暑期培训将要结束时,莱文把自己的车子从纽约运到了洛杉矶。范伯格答应帮他把车开到休斯敦。那是一辆灰色的福特金牛座汽车,他们在车子的后备箱里储备了多力多滋和可乐;在到达下一家麦当劳餐厅之前,他们可以将就着吃这些东西,熬过这段长途跋涉的旅程。

为了庆祝培训结业,"得州众议院"一伙人去参观了日落大道上美轮美奂的景观。范伯格还在左肩胛骨上做了一个文身,那是一个地球的图案,约有半枚硬币大小。纹身师告诉他要保持纹身处于湿润的状态。第二天,当他和莱文开车穿过莫哈韦沙漠时,每隔两小时就靠边停车,这样莱文就可以帮忙在文身处涂一些抗生素软膏,因为他自己很难够到。

虽然因此而耽搁了时间,但是这次公路旅行仍然是一次胜利,至少对两个信心满满的、二十出头的小伙子来说是这样。他们认为本次旅行的计划安排得相当周密,各方面都堪称完美。车载收音机播放了一条关于白宫"缉毒沙皇"威廉·贝内特的报道。他们想知道如果这个国家有一位"教育沙皇",不是像教育部部长那样的官僚,而是一位拥有改革实权的政治家,又会是怎样一种情景呢?

在亚利桑那州边境的布莱斯镇停下休息时,他们已经将美国国家公共教育体系进行了彻底的分解和重组,想出了解决一切问题的办法。对于建立更好的学校,他们已经敲定了详细的计划。他们提议为学生、家庭和教师提供物质激励,让更多的学生能够上大学。他们甚至制定了一项预算,大约1500亿美元,可以让美国国防部出资,因为冷战结束了,美国国防部可以把投入冷战的钱省下来。

他们到凤凰城的时候已经是下午了,见了范伯格的一位曾就读于亚利桑那州立大学的朋友,一起吃了一顿很晚的午餐。他们继续向前开。大约午夜时分,他们经过一块牌子,上面写着"州立公园在前方50英里处"。莱文说他太累了,不想再继续走了。范伯格却坚持要继续前进,走到那个州立公园再休息。公园大门是锁着的,他们就爬墙进去,把睡袋放在一片平坦的草地上,躺进去,睡着了,一觉睡到了天亮。

当天晚些时候,抵达休斯敦,他们与其他"为美国而教"的团队成员一起,在约克镇的克里奥尔公寓楼找到了一个住处,那是西休斯敦Galleria购物中心附近的一栋公寓。范伯格、莱文和他们来自阿肯色大学的室友蒂姆·迪布尔以每月750美元的价格租了一套位于二楼的三居室的公寓。两人在附近的篮球场打了一场21分制的比赛,决定了谁住进最大的卧室。不出所料,莱文赢了。

这里流行穿牛仔时装,酒类管制法令也很宽松,范伯格非常喜欢。他们去逛了"狂野西部服装店",范伯格试戴了一顶帽子。一位酷似克林特·伊斯特伍德[①]的男人走了过来,对他说,如果你那样戴帽子,会被人误认成游客。这个人叫桑尼,他为这位初来乍到的顾客调整了一下帽子。

---

① 克林特·伊斯特伍德是美国影坛非常受欢迎的硬汉明星,被称为"城市牛仔"。——译者注

"如果你在本店需要什么帮助，请告诉我，"他说，"也可以来喝杯啤酒。"

范伯格和莱文都惊讶地瞪大了眼睛。在服装店里喝酒？还有这等好事儿？他们在角落处看到了酒桶，很快就愉快地买了好几件东西。莱文买了靴子，但没有买帽子，因为每个人都说，他戴上帽子看起来像个小屁孩。范伯格买了整套衣服，马上就穿上身，甚至去学校上课也穿着它们。

范伯格声称自己有双语教学的能力，这让他在一所新学校——加西亚小学——谋得了一份教职；当时加西亚小学的教学楼还未完工，全校教员一直在借用贝瑞小学的教室。范伯格不确定这是不是最适合他的差事，他的西班牙语并不好。事实上，范伯格是最早接受培训的团队学员之一。6月份，他和其他30名新学员飞往墨西哥库埃纳瓦卡，进行为期3周的额外培训，提高西班牙语水平，以便为双语教师的工作做好准备。他后来回忆说，库埃纳瓦卡项目是一个3周的社交聚会。这次培训并没有提升他的语言流利程度，只是让他学会了一些简单的购物交流用语，比如在库埃纳瓦卡当地的杂货店买两瓶多瑟瑰啤酒需要花一美元。培训方意识到范伯格和其他3名学员的语言基础太差，跟不上正常的学习进度，就把他们降级到了范伯格所谓的"哑巴班"。大多数时间，他们都在玩一种西班牙语拼字游戏，即一种三线交叉的填字游戏。在离开墨西哥的前一天，范伯格因拼出了"zorro"这个词，得了3个单词的分数，赢下了一场比赛。

加西亚小学的校长是阿德里亚娜·韦尔丁女士，她个子不高，身材匀称，穿着考究。当范伯格对她坦白说自己并不是一名完全合格的双语教师，她并不十分在意。她打算让他带一个高年级班，对西班牙语水平要求不高。然而，在其他方面，她并没有打算降低对范伯格的严格要求。他必须在这个周末之前准备好一个学期的教学计划。他的班级花名册上有33人。第一天来了27人。他们都是五年级的学生，但年龄却在9岁到14岁之间不等。他们都是拉美裔学生，有几个学生甚至对英语一窍不通。上课第一天，一个小女孩心烦意乱，涕泪横流地说个不停。范伯格一个词也听不懂。他慌了，心想："天哪，我这是自己跳进了一个什么样的火坑里啊？"

莱文找工作花费的时间更长一些。"为美国而教"不负责为其学员安排任教的学校。学员们不得不和校长面谈。莱文记得与他面谈的前两位校长都无意雇用他，因为他是白人，而他们学校的学生几乎百分之百是非裔。在"为美国而教"的午餐会上，巴斯蒂安小学校长乔伊斯·安德鲁斯是会议的发言嘉宾之一，她貌似愿意给莱文一次机会。她学校90%的学生都是非裔，当莱文告诉她，自己刚大学毕业，还在找工作时，她似乎并不在意他的种族，有意接收这位聪明伶俐的小伙子。在问了他几个问题后，她说她不能聘用他。她的学校只有一个空缺的职位，需要一位持有"英语作为第二语言教学"证书的教师。而莱文没有那个证书。

城西的帕特森小学（Patterson Elementary）倒是可以为他提供一个职位。这是一所较为富裕的学校，白人、黑人和拉美裔大约各占学生人数的三分之一。可是，莱文并不想去。他认为自己在巴斯蒂安小学这样的学校可以更有作为。在开学前一周的周五下午，莱文开车来到巴斯蒂安小学，走进安德鲁斯的办公室。到了采取非常手段的时候了。当初他和范伯格半夜出去买酒时，范伯格假装会熟练操作手动挡的汽车，那份自信让他记忆犹新。

"我拿到证书了。"莱文对安德鲁斯说。

"真的？"

"当然。"

"你被录用了。"

他猜得很对，安德鲁斯要么太忙，要么太过精明，根本不会查他的证书。但他很快就后悔自己说了谎。第一周，他的班上只有16名六年级学生，看起来很乖巧的样子。到了第二周，由于一些学生来校报到迟了一些，按照惯例，学校对迟到的学生进行了重新排班；莱文班里的学生人数一下子增加到了32名。而且，一些学生还与对立帮派有瓜葛。像范伯格的学生一样，他班里的学生年龄差别也很大。有一个学生乱扔书，砸到了莱文的头。这个男孩在校长那里待了一个小时，就被送回了，回来时，他嘴里还吃着棒棒糖。

到了9月底，莱文和范伯格都在想，"为美国而教"是否本身就是一个错误。在其制定拯救公共教育的方案时，没有料到自己的老师会是如此的糟糕。很明显，没有人会听他们的说教，包括10岁的孩子。

他们在公寓备课到晚上11:00或者更晚，累得筋疲力尽，倒在床上就能睡着。感觉好像刚躺下没多久，起床的闹铃就嗡嗡地响了起来，漫长的又一天开始了。

两个人都不知道自己能否坚持下去。他们都为自己的糟糕表现感到羞愧，开始谈论或许可以采取什么措施，至少在这一学年结束时，能够让自己保持神志正常，他们不再寄希望于教学方面的改进，因为那简直就是痴人说梦。

4.

受挫休斯敦

教学管理的一片狼藉让莱文和范伯格对教育的憧憬化为了泡影,他们本以为凭借自身的魅力、智慧和精力可以取得教育的成功。然而,班上一片混乱,孩子们在走廊里来回乱窜。几乎没有人做作业,教学区内噪音不断。新教师的常春藤盟校学位和诙谐幽默的谈吐并不足以引起学生的兴趣。

昆西曾是莱文班上的一名学生。他当时上六年级,但看起来比实际年龄要成熟许多。他一米七八的大个儿,脾气暴躁易怒。他取笑、嘲弄甚至羞辱其他孩子。对于老师们的制止,他也不理不睬。他认为没有必要什么都要听莱文的吩咐,莱文也几乎没有任何管教孩子的经验。

莱文向校长和学校为他指派的导师求助。但是他们的建议也是含糊其辞,无济于事。学校这种混乱的风气让莱文确信,尽管校长心地善良,真心实意想让学校变得更好,但是在处理昆西的问题上,她也帮不了多少忙。

莱文和范伯格突然意识到,在与学生进行无聊的谈话过程中,他们过于刻意地表现出心目中教师的样子,而不是努力展示自己真实的一面。他们在生活的其他方面都能够应对自如,为什么到了班里就不灵了呢?有一天,出现了"剑拔弩张"的紧张局面,莱文突然心血来潮,做出了极其不明智的举动,完全没考虑到自己的行为可能会违反教师行为准则或触犯法律。那天，昆西像往常一样在教室里四处游荡，骚扰其他学生。"坐下，昆西。"莱文对他说。

昆西依旧我行我素，完全无视莱文的存在。

"赶快坐下！"昆西仍然没有回应。

莱文走到教室中间，到了昆西的跟前，一把抓住他的双臂，将他抱起，把他架到了座位上。莱文以前从未这样如此粗暴地抱起过一个孩子。在一阵慌乱当中，他甚至怀疑自己是否有足够的力气一路把他架到椅子上去。刚把昆西架到座位旁边，他就已经累得精疲力竭了。他没有轻轻地把他放在座位上，而是把他丢了进去，力气之大超出了他的本意。莱文为自己的行为感到羞愧难当，他回到自己的办公桌前，开始想自己到底什么时候会被解雇。

学校已经无数次地告知他，无论如何都不要与孩子发生肢体接触。那是管教行为的大忌，还可能会惹上官司，也可能会因此而被炒鱿鱼。莱文担心自己的工作，也很担心昆西的状况，对于一个可能从小就遭受虐待的孩子来说，被一位老师猛摔到椅子上，这意味着什么？

但莱文注意到，在昆西被扔进座位后，班里的学生明显安静了下来。昆西平日里横行霸道惯了。莱文在想，是否是因为他未能保护其他孩子不受昆西的伤害，才导致了不良风气一直在班里挥之不去。

莱文决定去拜访昆西的家长，并当面道歉；尽管学校告诉他，家访是另一大忌。学校规定只能通过电话联系家长，或者家长来学校与老师沟通。学校明确表示，年轻的白人教师不能进入巴斯蒂安小学服务的社区。

莱文可不管这些。他对自己的行为深感内疚，除了亲自登门道歉之外别无选择。他找到了昆西家的小木屋，离学校并不远。他敲了敲门，开门的是昆西的妈妈,她身材粗壮,比她六年级的儿子矮一些,看起来很疲惫的样子。"晚上好,夫人,"莱文说道,"我是昆西的老师,莱文。我可以进去吗?"

昆西的妈妈对他的到来很是吃惊。她看起来有些担心,因为她与老师之间关于儿子的谈话一般都不怎么愉快。但她还是邀请莱文进了家门。莱文坐在沙发上,真诚地看了她一眼,露出悲伤的神情。"晚上好,女士,"莱文说道,"今天课上出了点事。不知您是否知道您的儿子总是羞辱其他孩子?"

"我了解我的儿子。"她平静地说。

"嗯,今天他不听我的管教,所以我不得不把他架回座位。"

她点了点头。

"希望您能原谅我做出这样的举动。我也希望自己以后不会再这样了。"

"你想怎么做就怎么做。"她说。她看到莱文脸上如释重负的表情。

"听着,"她说,"你是第一个来我们家的老师。我的儿子,你想怎么管就怎么管,他不听我的。你该怎么办就怎么办。"

莱文走出昆西的家门,感觉好些了,但他也很困惑。为什么学校要警告他不要去家访呢?家访有什么问题呢?在这种情况下,家访是有帮助的,他见到了学生的母亲。据他所知,在这位母亲看来,老师直接去她家里,而不是打电话或把她叫到学校去,是对她的一种尊重。不可能期望昆西一下子变成模范生,但是自那天以后,他的行为有所收敛。莱文开始更加自信地应对课堂危机。他问自己,为什么他不能更积极地处理不当行为,避免自己一直躲在教室的角落里?为什么他不能像对待昆西的母亲那样,与其他家长建立同样的联系呢?

他为自己制定了家访时间表。他试着每天放学后,至少去拜访一个学生的家长。学生表现的好坏并不是家访的标准。他想见一见这些孩子的抚养人。他需要找到一些线索来激励这些孩子。更重要的是,他想让孩子们知道,他很关心他们,愿意在课余时间去他们家里拜访,那里是他们生活的中心。他想,一旦跟家长见了面,如果孩子们拒绝履行学习或行为义务时,他可以更容易地寻求相关的支持。

同时,范伯格也开始进行家访了。他违反禁止家访的规定,有自己特殊的理由:他需要提高自己的西班牙语水平。他班里只有一半的学生既能听懂他讲英文,又可以用英文做出回应。还有几个学生似乎可以听懂英文,但是他们回应时只说西班牙语。另外有几个学生完全听不懂英文,游离在课堂之外。

像莱文一样,学校也给范伯格指派了一位教学导师,但是她在教学方面提供的帮助,并不符合范伯格的期望。这位教师在教室装饰方面有一些很好的想法,但是一谈到教学,她就基本上没什么主意了。范伯格急需帮助,他想尽一切办法,联系一切可以联系的人,于是他找到了另一位"为美国而教"的成员弗兰克·科克伦。弗兰克身材瘦弱,金发碧眼,毕业于圣母大学。范伯格刚到休斯敦,他已经教书一年了。科克伦在艺术和音乐方面很有造诣。他最终成为KIPP纽约学校的初创教师,获得了美国国家级教育奖项;但在1992年,他对自己的能力充满了怀疑。他会回答范伯格提出的问题,但不会主动给他提供教学建议。

范伯格的学生大多住在小木屋里,木屋周围有一圈低矮的铁丝网。家里既种花,也养狗,各式各样的狗。范伯格去家访,敲门时,开门的一般都是学生本人或其兄弟姐妹。开门的孩子会一脸惊讶,然后"砰"的一声把门关上。范伯格能听到屋里传来的大笑声和耳语声。他会再次敲门。然后听到脚步声，这次是大人的脚步声，接着门就开了。这次开门的会是父亲、母亲、祖父或祖母。家长们感到意外的同时，也会很感动，他们会邀请他进屋。"老师，请进吧！"

他经常坐在一个狭小的客厅里，客厅的另一边就是厨房。屋里有些油漆已经剥落。墙上贴着旅行海报和耶稣画像。家长通常会给他端来一杯酒。范伯格会提到自己寄给家长的、用西班牙语写的信件，那是他的自我介绍。他在信里表示，自己很期待教他们的孩子，打算来家里看看。

"我是范伯格老师。"他再次用西班牙语介绍自己的名字，以帮助家长回想起这个名字。"您的孩子在班里的表现给我留下了深刻的印象。很抱歉我的西班牙语说得不好，还带点芝加哥口音。如果有什么我可以帮助您或孩子的，请与我联系。"

这些家庭大多来自墨西哥，虽然范伯格也曾见到过来自中美洲各地的家长。他们会经常邀请范伯格留下来吃晚饭。起初，他感觉自己留下吃饭很不合适，因为他的很多学生早上在学校看起来都是一副没吃饱的样子。他可不想让家长破费，买一些他们平时负担不起的食物。但是当他真的留下的时候，晚上总是过得很愉快，他发现自己之前的担心完全是多余的。如果他想融入他们的文化，就不应该拒绝共进晚餐的邀请。

但他仍然觉得很难抓住学生的兴趣，让他们专注于课堂学习。每周他都会尝试一些新花样：小组学习法、中心教学法、直接教学法和全语言教学。他陷入了迷茫。有一次，他把班上33名学生分成7个阅读小组。这是解决班级混乱问题的良策。他为会说英语的学生设立了高、中、低三个级别的阅读小组；也为那些只会讲西班牙语的学生设立了高、中、低三个级别的阅读小组；为那些无法交流的学生另外单独设立了一个小组。不管是哪一组，他都不知道如何去教。他无法向学生表达自己的教学期望。

但是听了莱文的经历后，他很庆幸自己的课上没有人打架，也没有像昆西那样的"小霸王"。他的学生在午餐或休息时间，才会进行这项"暴力活动"。虽然他表面上看不到学生的不尊重，但他开始意识到，学生会用西班牙语表达对他的蔑视。他不断地反复听到一个西班牙词"chupa"。

"'chupa'是什么意思？"他用西班牙语问一个小女孩。

"这个词的意思是'糟透了'。"她郑重地告诉他。

"噢，谢谢你。"他说。

每天晚上，他和莱文都努力找寻问题的解决之道。他们喜欢在下午6点前到家，这样在准备第二天的课程之前，还有时间看《星际迷航：下一代》。电影里充满了希望，与枯燥而单调的现实生活截然不同。他们在电影里看到，在25世纪，每个人都能接受良好的教育。所有不同种族的人们都带着小小的三录仪①走来走去，操作起来也非常娴熟。"企业号"上的那个15岁的孩子正在进行核聚变实验。

他们会从山姆会员店购买大量便宜的肉和蔬菜，简单烹调一下，就成了他们的晚饭；不管晚饭吃什么，食谱都是一样的：烤30分钟，然后狼吞虎咽地吃下去。

范伯格担心自己的课堂教学进度太慢。无论他每天想做什么，通常都只能完成预设内容的25%。他控制不了课堂节奏，总有什么事情会拖慢课堂进度。他教的五年级学生大多只能达到三年级或以下的阅读水平。他想

---

① 英文名：Tricorder。在《星际迷航》中"三录仪"是一个万用工具，能够感知环境四周，并将这些数据记录下来，然后进行计算。——编者注

省点事，自己在课上大声读一遍，匆忙了事，但那样会让学生觉得老师放弃了他们。他把课程进度放得更慢了，强迫学生去阅读。有的学生会跟着进度，磕磕绊绊地读，有的学生则会放弃阅读，感到很是无聊。

  这种慢节奏的课堂有助于范伯格和莱文在晚上相互交流想法。但这就像尝试学习如何驾驶"企业号"一样，俩人都不太清楚现在身处哪个星系。他们需要外界的帮助。

5.

教室魔法师

巴斯蒂安小学的校舍是一栋平房，四周环绕着低矮的灌木，校长办公室在正门入口的右手边。从大厅向前走30步，左手边就是莱文的教室，右手边是一位高个子女教师的教室，两间教室正对着。莱文开始注意到这位老师。她拥有很多优势，如创造力、个人魅力、组织能力，她还善于把握时机，能够抓住学生的心。这些都是莱文所欠缺的。

听说她叫哈里特·鲍尔。一有机会，莱文就会偷瞄一眼她的教室。她是个直性子，可以在班里又笑又唱，也能够在必要时斥责学生；语调和情绪变化非常之快，莱文要竖起耳朵去听，才能听懂她说的每一个词的意思。她像指挥管弦乐团一样，给学生们下达教学指令。她一点头，四年级的学生就会开始反复地咏唱，听起来唱的好像是乘法口诀；她举起手时，学生又会突然安静下来。

莱文听说过鲍尔的传奇经历。经过教师投票，她曾两次当选为"年度最佳教师"。她是非裔美国人，身高一米八五，长发披肩，声音低沉而浑厚。她幽默感十足，但是学生惹她生气时，她也会毫不留情地责骂他们。她还是个老烟枪。前一天她还一袭深色或纯色的正装打扮，第二天就可能会穿上自己最喜欢的豹纹装。46岁的鲍尔极具个人魅力。家长们也都想让孩子进入她的班级。孩子们也很喜欢她。她总会弯下腰来，身体前倾，努力吸引学生们的注意。她的一些课堂活动有时动静很大，会吵到附近教室的老师。但她班上学生优秀的成绩表明，这些活动都有助于孩子们的学习，尤其是那些不安分的男孩。对于莱文来说，这进一步说明，老师不应该怀疑低收入家庭学生的能力。一天早上，鲍尔让全班同学做课前热身练习，莱文犹豫不决地走进她的教室，过去和她搭话。鲍尔看到一个身材高大、略微有些驼背的年轻人。对于自己想说的话，他似乎已经排练了多次。"鲍尔女士？"他说，"不好意思，我是大卫·莱文。我的教室在大厅对面。我一直在关注您的课堂，我这辈子从没见过像您这样的老师。每次见到你们班里的孩子，我都十分惊羡。我是否可以在课余时间来听一听您的课？"

看到莱文在教学方面如此地上进，鲍尔非常高兴。毕竟，她已经习惯了一些同事散漫懒惰的心态，即便他们在教师职业发展课上听到了一些有用的东西，一回到教室，还是"闭门造车"，继续采用以往的教学方法。鲍尔称之为"咸鱼状态"。

她告诉莱文，欢迎他来听课，然后就回去上课了。有一次，莱文去她的教室参观时，将两只脚搁在课桌上，让她感到很不舒服。她起初并没有说什么，因为当时有学生在场，但她最终还是让他改掉了那个坏习惯。不管她有什么要求，莱文都会照做。

每天晚上回到公寓住处，莱文都会把他在鲍尔教室所观察到的一切告诉范伯格。范伯格想办法腾出半天的时间，这样他就可以去巴斯蒂安小学了。他要亲自去看一看那些让他的朋友感到兴奋的事情。起初，范伯格发现自己很难理解鲍尔在做什么。他并不能理解鲍尔的每一个表达用语和手势。她的动作太快，让他来不及反应。当范伯格听到一次又一次反复咏唱的歌词时，他开始理解那些号令和对答了。一连串非常简单的咏唱歌词包含了从2到12每个数字的不同倍数。鲍尔以列队行进的节奏开始领唱。学生们分组大声说出数字："7、14、21！28、35、42！49、56、63、70、77、84！喔，就是这样！"鲍尔称之为"手指翻转"，KIPP学校后来称之为"翻转数字"。

鲍尔反复训练学生学习乘法口诀、动词变化和地名，但是采用的训练方法不全是咏唱。范伯格观摩过鲍尔的一节阅读课。她的教法与自己的教法有很大的不同，这让他很感兴趣。和范伯格的学生一样，鲍尔的学生也一样会大声喊出来，但是节奏更快，对话更详细，也更吸引人。她会打断对话，提出问题，做出评论。

范伯格惊呆了。他在鲍尔的教室待了两个小时。之后，他与莱文和鲍尔三人共进午餐。从此以后，鲍尔与莱文和范伯格在接下来的两年里频频会面，这位大师级的教师开始指导两位教师新秀。他们会去鲍尔的教室听课。他们会选择在休斯敦的利奥国王（King Leo's）会面，或者去鲍尔喜欢的其他俱乐部，一边喝酒，一边向她讨教。他们会在周末不请自来，到她家里求教更多的问题。她警告他们，如果他们只是照搬她的套路，对学生不会有多大帮助。他们必须把自己的个性融入到课程中去。两个笨手笨脚的白人男孩想把自己变成独一无二的课堂"女主角"哈里特·鲍尔，这是行不通的。重点在于让课堂活泼有趣，让学生和他们自己感觉有意思。一个不喜欢教学的老师会把课堂搞得一团糟。

鲍尔曾提出一种教学概念，他们花了很长时间才真正掌握，但最终事实证明这一概念是至关重要的。鲍尔称之为"可丢掉的拐杖"。她的思路比较灵活，创造出了一连串反复的"唱词"，可以让9岁孩童牢牢记住重要的英文语法和数学基本规则。就像学说唱一样，孩子们学得非常带劲儿，而且还很轻松；这并不奇怪，因为鲍尔拥有高超的音乐天赋，丝毫不逊色于那些新都市音乐歌手和作曲家。"手指翻转"以及其他的咏唱内容简短有趣，像那些口水歌一样，节奏感强，很洗脑，可以让四年级的学生张口喊出"唱词"，就像在教堂唱赞美诗一样。鲍尔认为这种教法非常合适，因为正是上帝给了她灵感，让她采用这种有启发意义的教学方式。她之前也曾听到过上帝的谕言，在离婚之后，她带着4个孩子从奥斯汀搬到休斯敦，这是她在上帝的帮助下做出的另一个重大选择。

鲍尔非常仔细地向莱文和范伯格解释"手指翻转"教学法。她说，这一策略只是达到目的的一种权宜之计，就像是拐杖一样，终将被丢掉。他们不能给学生这样一种感觉，即每次做乘法题时都不得不背诵整篇乘法口诀。"唱词"口诀只是一种娱乐，让课堂更有趣一些，培养团队精神，找一种理由，让学生一遍又一遍地重复乘法口诀。他们"翻转"的数字越多，就越能将乘法表变成一种潜意识的记忆。9乘以8等于72，11乘以12等于132，诸如此类。

这种重复还有另外一个重要的作用。她多次强调这一点：虽然算术的难度不断增加，但学生们仍然能够学得很好，这种成功本身就可以为市中心贫民区的孩子带来一种成就感，足以让他们兴奋不已。如果莱文和范伯格能够成功地应用她的这一教学策略，他们的学生很快就可以准确快速地解决难题，令他们的父母和兄弟姐妹惊艳。学生们好像正在跨过一座桥，桥的一边是厌学的"今日"，对面就是好学的"明日"，他们能够理解一些难懂的概念，进而会想学更多的知识。

鲍尔有一个口号，就像那种贴在汽车屁股上的贴纸俏皮话一样，但具体起源不详。"如果你不能与高手并肩,就只能待在一边(门廊)。"范伯格和莱文就是她口中所说的两只爱嬉戏的大狗。她喜欢他们身上的幽默感。她自己也有很多幽默细胞。但是她告诉他们作为教师,必须要勤奋。

莱文和范伯格虽然花了好几周的时间才掌握了咏唱的节奏,但是渐渐地,他们发现自己班级的凝聚力增强了。学生们似乎很感激他们的努力。范伯格发现他能够赢得一些有影响力的学困生的支持,比如罗莎琳达。这个女孩虽然只有13岁,但是她把自己的头发染成了蓝色。她圆滑世故,很明显是班里的"领袖"。在她对范伯格产生好感之后,她开始替范伯格整顿班里的纪律问题。她对其他学生说:"我们都要听范伯格老师的话,好好表现。"她成了范伯格的首席西班牙语翻译。有些新学生初来乍到,不会说英文,一副战战兢兢的样子。罗莎琳达也会将他们纳入"麾下",把他们介绍给那些人高马大的美国佬。她身上有一种本能的母性,很会照顾他人,这一点刚开始让范伯格很高兴,但是后来却令他非常伤心:两年之后,正在读七年级的罗莎琳达怀孕了,之后就退学了。

到了11月份,范伯格和他的学生们终于从他们的临时校区——贝瑞小学——搬到了新建成的加西亚小学。他信心十足,不畏风险,开始在教学上大展拳脚。他在新教室的门上贴了一块牌子,上面用大写字母字体写着:"欢迎来到范伯格老师精彩绝妙的五年级课堂。"这些字母有几种不同的颜色。他的班级是唯一拥有这种标牌的班级。一些教师认为这个标牌有些过于招摇,但是他不在乎。范伯格认为这个标牌可以给学生带来这样一种感觉,即搬进新学校就是一次勇敢的探险。他教起课来还是笨手笨脚的,但他和莱文已经找到改进自身教学的方法了。

加西亚小学的校长阿德里亚娜·韦尔丁也很快注意到了这个标牌。她指责范伯格未经请示，就选择蓝色的粘胶，把标牌粘在了墙上。以后，范伯格若是再想在墙上做任何标记，必须得到校方的批准。"好的，夫人。"范伯格答应道。

他越来越多地使用鲍尔的咏唱教学法，吸引了外界的一些关注。当其他学生经过范伯格老师那精彩绝妙的五年级教室时，他们会偷偷地朝里窥探一番。范伯格班里的学生自己创作了圣诞迷你音乐剧。他的学生看起来更欢乐、更有秩序、更专注。

莱文发现他的班级也在以同样的方式进步。在新学年开始的时候，他和范伯格都会在班里明确一些基本纪律：互相尊重，不要动手打架，发言前要举手。到了12月，在和鲍尔见面谈了几次之后，他们开始把注意力集中在有效的教学方法上，比如对不当行为迅速做出反应，经常奖励勤奋努力的学生，精心编排大量的动作、韵律、歌曲，教师要保持活力。他们学会有效利用自己对每个学生的了解，特别是通过家访建立起来的联系，并适当地运用一点幽默，但他们绝不会降低对学生的高标准要求。

他们决定激励班里的学生，承诺如果班级能够不断进步，可以带学生去休斯敦的主题公园——"太空世界"（Astroworld）。莱文和范伯格将年底的实地研学旅行称为"研学课程"，最后变成了KIPP教学方式的重要组成部分。但是他们的初次尝试却是一次令人尴尬的经历。

这一年来，他们自掏腰包，组织学生进行了一些小型的外出活动，比如在周六带领学生去打迷你高尔夫。但是，范伯格班里有30名学生，莱文班里有25名学生，这些学生都去"太空世界"，门票要一千多美元。这可是一大笔钱。虽然范伯格和莱文均出身优渥，但是这两位年轻人都很独立且简朴，他们在大学时期就出去做兼职，这样就不需要向父母伸手要生活费了。他们决定靠自己的教师工资解决这个问题。范伯格为他的学生付了500美元的门票之后，发现自己银行账户里的钱已所剩无几，组织学生去游乐园需要租一辆巴士，但他手里的钱已经不够了。莱文班里学生的住处距离"太空世界"更近一些，家长那边也有足够的车辆带学生自行前往。范伯格并不想勉强学生家长拼凑交通工具，他决定租一辆U-Haul搬家用的货车。

范伯格认为这是一个绝妙的解决方案。他的学生和家长都没有抱怨他选择的这种交通工具。但在之后的几年里，随着范伯格越来越熟悉休斯敦西语区某些形象力量的影响，他为自己当时的做法感到羞愧；他将一辆U-Haul货车开进加西亚的停车场，在众目睽睽之下，将30个拉美裔的孩子放在货车后面。在范伯格看来，唯一的安慰是，他让另一位老师开着货车，自己和学生们一起坐在卡车后面，一同前往"太空世界"，和学生共同沉浸在旅行的兴奋之中。

6.

我们全都会学习

鲍尔将自己、莱文和范伯格称为"三个火枪手"。但他们更像格拉迪斯·奈特和皮普斯。①谁是"主唱",谁是"伴唱",显而易见。

他们三人在利奥国王俱乐部的谈话就像是一场嬉戏争斗,鲍尔想要放学后放松一下,但是范伯格和莱文这两个学徒就像两只麻雀一样,连珠炮似地提出各种问题。

"能告诉我你是如何快节奏地安排阅读课程吗?"他们刚坐下来要喝一杯,范伯格就迫不及待地问道。

"稍等一下,"她回答道,"我刚下班。"

"我知道,"范伯格说,"但是我就问这一个问题。"

她与莱文之间的关系更加融洽,也更加深入一些。他们两人的教室就隔了一个大厅。莱文会来她的教室,观摩她的课堂表现,听她发出的教学指令,也会采纳一些她提出的非常尖锐的意见。"所有的孩子都能够学习"(All Children Can Learn)这句流行的标语让她怒不可遏。她认为这个标语信息表述有误,应该是"所有的孩子都愿意学习"(All Children Will

---

① 格拉迪斯·奈特是美国著名演员、歌手,是20世纪最伟大的福音歌手之一,与皮普斯是音乐领域的黄金搭档。——译者注

Learn）。"能够"这个词的表述太被动了，这意味着孩子有能力学习，但这样表述尚且不够。能力和成就之间有很大的差别。许多教育工作者认为，应该由学生和家长共同来激发学生发挥自己的天赋。鲍尔对自身的教学职责更较真一些。每次见到这个标语，她都会提到这一点。"呃，我不想用'能够'这个词，"她说，"我们所有人都愿意学习。我愿意向孩子们学习。他们也愿意向我学习。我们都'愿意'学习，而不是'能够'学习。"

当莱文和范伯格周末去她家拜访时，针对课堂教学管理的细节，鲍尔表达了自己的看法。例如，她不喜欢莱文在墙上挂标牌。"大卫，"她说，"你那标语像'酒蒙子'写的一样。"标牌上的字体笔画纤细，歪歪扭扭地占满了整个牌面。她收拾了一下餐桌，在上面展开一张厚纸。在她的指挥下，莱文和范伯格把这张纸裁成不同的小块，就像挂在她教室的"单词云朵"一样。每一片云朵上都有一个单词，她希望学生们能够掌握这些词。她向莱文展示了如何让每一朵云中的字母变得更平直、更厚实、更清晰。

莱文和范伯格会去鲍尔的班里听课，他们会仔细观察她如何处理学生走神或捣乱的问题。鲍尔班里的学生表现很好，同时也很欢乐，这是她课堂的一个神奇之处。他们看到有些课堂就像食人魔管理的集中营一样，只不过这个食人魔是有教师资格证的，但是鲍尔的教室绝不是这个样子。她班里的孩子们似乎都很活泼开朗，班级管理井然有序。

一天，莱文看到鲍尔走向一个学生，那个四年级学生正在做白日梦，这个学生一点作业都没做。"怎么样？"她说，俯身贴近那个孩子，鼻子都快要碰到他的脸颊了。在这种情况下，她经常会转而使用贫民区的人们常用的谈话方式。"你不做作业，是吧？你有三条路可选。"她字正腔圆一字一句地说道，"你—可—以—换—个—班—级。"她长吸一口气。"你—

可—以—换—个—学—校。"接下来这一句,她一口气就说完了:"但是,除了我之外,没有老师想要你。"

"或者—你—可以—端正自己的学习态度,改正不良行为——因为我不会改变对你的要求。"那个孩子面色凝重地听着老师的教诲。当鲍尔老师跟你说话时,你根本不可能忽视她的存在。"现在,你要选哪条路?"她问道。她的语气很不耐烦,就像一个要赶着去招待其他顾客的女服务员。"A、B、C三个选项,选一个字母,挑一个……"

"我三条路都不想选,鲍尔老师。"

"你要选一个,"她坚持道,"这里不是汉堡王快餐店。你不能想怎么着就怎么着。换班级,换学校,还是改变自己?"

那个孩子看起来一脸茫然。鲍尔用一种温和的语气重复了这个包含三个选项的问题。这个学生终于鼓起勇气,做出了选择——第三个选项。鲍尔老师说可以给他一次机会。她提醒那个学生,他很幸运地被分到了鲍尔的班级,如果他想一直待在这个班里,必须靠自己的努力去争取。如果他不努力,鲍尔会把他送到其他班级、其他学校或者其他任何地方。这个孩子从她的话语中听到了爱意和关切。他感觉好多了。至少在这个时候,不管他遇到什么烦心的事,他已经没有必要去发泄内心的愤怒了。可能是那天他的哥哥对他说了什么,或者是那天他感觉肚子不舒服,又或者他对未来生活充满了迷茫。

莱文和范伯格与鲍尔长子的年龄相仿。她表现得像个"辣妈"一样。他们会时不时地遭到她的一顿奚落,尤其是莱文。如果有人问鲍尔,她与这位来自纽约的年轻教师是如何相识的,她会表现得很惊讶,回答说:"何出此言啊,我是她妈妈呀。你不觉得他那一头小卷毛跟我很像吗?"如果鲍尔和莱文感觉特别放得开，他们会假称是情侣关系。有一次，当莱文向一位朋友介绍鲍尔时，他说："这是我的妻子，我喜欢成熟一些的女人。"鲍尔表示认同，亲吻了莱文的脸颊。她说："常言道，一旦你了解黑人，你就会爱上他们。"这本是一句玩笑话，但是后来在莱文身上多多少少应验了。

巴斯蒂安小学依旧是乱糟糟的。就在那一年圣诞节前夕，校长宣布对学校进行人事改组。鲍尔成为了"一级头衔教师"（Title I）①。她可以穿梭于各个教室，为大家提供帮助，并且可以获得联邦政府的课程报酬。她坚持让莱文接管她的四年级班，另外一个教师接手莱文的六年级班。

要离开自己原来的班级，莱文很是遗憾。他认为自己在管教学生方面正在不断取得新的进展。但是他没有资格争辩，毕竟他只有4个月的教龄。他还是无法轻松自如地驾驭新班级。这个变化意味着他可以从鲍尔那里获得更多的教学指导。她观察他的课堂管理方法，也注意他努力让每个孩子都参与其中的过程。她有权将一些最难缠的问题学生赶出课堂，以儆效尤；但是莱文请求她不要驱逐他班里的学生。他想自己学会如何处理这些问题。她决定和莱文一起进行团队教学。有时候，鲍尔会亲自出马，接管课堂，莱文则在一旁看着。有时候，莱文负责上课，她在一旁看着。另外有些时候，他们两人共同上课。莱文开始看到，两位老师在同一间教室里，如何能够相互学习，相互促进。他经常与范伯格谈论这件事情。

多年以后，在莱文成为全国知名的高效能教学专家之后，他仍然记得

---

① "一级头衔教师"（Title I）是联邦政府资助的最大的中小学教育计划，旨在关注特殊需求人群并缩小教育差距。"一级头衔教师"与课堂教师就学生的教学和需求进行沟通，关注教学成绩、观摩、出勤、成绩和午餐减免情况，向审核员展示为什么该计划中的每个学生都有资格获得帮助。——译者注

和鲍尔一起合作教学的那几个月，完美的教师培训就应该是这个样子。他知道，对于一些年轻教师来说，看着别人管理自己的班级是一大难关。但他对鲍尔的教学才能深信不疑，因此可以压抑住内心的自负情绪，接受她给的一切馈赠。他必须对她所做的一切保持高度关注，因为她不能把所有的时间都花在他身上。鲍尔经常会在上课中途停下来，说："大卫，你来接着上。"不久以后，学生们就习惯了这种"教学接力"。

后来有人问他，接管鲍尔的班级是否会影响他的教学进度，因为这是一个经过大师级的教师调教过的班级。他笑着解释说，班级是不可能为教师量身定做的。他和鲍尔很熟，她的学生也经常在班里见到他，但在学生眼中，莱文就是一个"菜鸟老师"，更糟糕的是，他们把他视为代课老师。对于这个班级来说，他是个外人，一个饱受四年级学生摧残的受害者。当然，四年级的学生也最让老师头疼。为了赢得新班级的支持和配合，莱文必须要比在原来的班级更努力。

他的前任显然是全国最好的教师之一。鲍尔的学生对他的期望远高于他们对一个普通教师的期望。莱文必须要达到各种高标准的要求，不然他就会穷途末路，无法翻身。在学生眼中，他就是一个身材高大的卷毛废柴，就像是公路上被碾轧而死的动物一样。他担心自己会毁了鲍尔既有的成就。这就像在休斯敦火箭队进入NBA总决赛第七场时，要求替换哈基姆·奥拉朱旺①一样。

莱文会注意鲍尔与孩子们说话的方式，沟通必须是积极的。她会提高嗓门，但语气要恰到好处。他练习使用那种融合了悲伤与爱意的声音。学

---

① 哈基姆·奥拉朱旺是美国职业篮球运动员，曾获得两届NBA总冠军，1996年入选NBA五十大巨星。——译者注

生需要了解他谈话的用意。当他架起昆西，把他扔到座位上时，他认为自己可能冒着极大的风险，但鲍尔告诉他，他的直觉是正确的。那男孩一直在骚扰其他孩子，这是不能容忍的。"如果你不保护你班里的孩子，他们就不会尊重你，"她告诉他，"所以你看到学生打架，不能视而不见。"自此以后，在莱文和范伯格的课堂上，伤害或戏弄其他学生被视为最大的恶行。这两种行为都触及鲍尔式班级管理的底线，老师们会迅速做出反应，就像一只灰熊妈妈看到一只狼靠近，急忙护住自己的幼崽一样。

范伯格和莱文认为，他们的学生在生活中最需要的是关爱。他们在课堂上最需要的是阅读方面的帮助。学生薄弱的语言理解能力阻碍了他们在数学、社会研究、科学和写作等课程方面的进步。鲍尔总结了一些阅读、语言方法、科学和社会研究方面的反复咏唱的口诀，但是莱文和范伯格在实际教学中用的大部分都是自己编写的"口诀"。他们有标准的基础读物，里面满是一些简单的故事，他们可以和全班学生一起阅读和分析。他们有时会以小组形式进行阅读训练，有时则以个人形式进行。然后他们会提出问题，仔细地确保每个学生都能理解自己读到的内容。他们会玩一些游戏，比如"词汇跳房子"：将写有单词的卡片放在"跳房子"方块上，学生们会跳起来，从地板上把卡片拿出来。

学校下午3点放学，但是莱文和范伯格都会在学校待到很晚。有些学生需要额外学点东西。他们想方设法说服学生推迟回家的时间，尤其是那些远低于年级平均水平的学生。有的学生，老师只需要提出要求即可；有的学生，老师则需要跟他们讲条件。莱文和范伯格总是会先征求家长的同意，才会让学生留堂。看到莱文和范伯格老师愿意在孩子身上花这么多时间，学生的父母似乎很高兴，或者至少不太介意让孩子晚点儿回家。他们两人分别会有十几个学生留堂，尽管一般都不是同一批学生。这取决于学生需要哪方面的帮助。他们会专注于家庭作业，有时以小组的形式指导学生，有时则单独辅导。

两位老师都觉得自己的处境不再那么糟糕了。今年确实非常慌乱，可谓是开局不利，调换了班级，也搬到了新的学校。但是范伯格和莱文认为他们在班级管理上已经步入了正轨，迫不及待地想要开启第二学年的教学了。

大个子范伯格

迈克尔·哈里斯·范伯格从小就是个备受喜爱的孩子。他在芝加哥郊区学校的老师们喜欢他的勤奋，其他学生喜欢他的善良和幽默以及爽朗的性格。他跟所有人都能很快打成一片。他生活的社区以爱尔兰和意大利天主教人群居多，几乎没有其他犹太儿童，但这并没有给迈克尔带来什么麻烦。他的父亲弗雷德在家族企业工作，涉足管道制造业务，他们父子俩都热爱数学。迈克尔喜欢篮球，这是他最喜欢的运动，他和朋友之间也有很多共同的爱好。伊利诺伊州河畔得天独厚的森林公园就是他们经常运动和玩耍的地方。

不过，他的母亲阿历克斯一开始还是很担心他。她从小就口吃，娘家的其他人也一样。在迈克尔（她这样称呼自己的儿子）两岁半的时候，她开始看到困扰她已久的那种言语障碍的迹象。她查阅了一些研究资料，了解到口吃问题有情感或心理方面的原因。有一天，当迈克尔说话严重口吃时，她让他坐下来。"你知道吗，迈克尔，"她说，"你现在说话的这种方式叫作结巴，总有一天你会意识到这个问题。你应该把它当作一个烟雾信号，当你想告诉我一些对你很重要的事情时，你可以发出这种信号。"她告诉他不要隐瞒任何重要的事情。

"妈妈，过来一下。"他说。他想和妈妈玩捉迷藏的游戏，一起做一些积极活跃的事情。她认为儿子需要她更多的陪伴，需要与她交谈、玩耍和相处。于是，她放弃了原来说教的计划，答应和他一起捉迷藏。迈克尔成为了她自己治疗口吃的实验模型，后来，她又回到学校，继续深造，学习心理学，并将自身所学付诸实践，治疗口吃成为了她的专长。再后来，当迈克尔成为了一名教师，他也会延长与学生相处的时间，甚至是会进行家访，她从儿子的教学实践中也看到了陪伴的重要性。人际沟通是很重要的一个因素。陪伴和相处的时间也很珍贵。

　　在迈克尔4岁时，他开始定期接受语言治疗师的辅导，他的口吃问题也逐渐消退。到了二年级，口吃问题彻底消失了。他在一所主日学校上学，学校坐落在犹太教改革派的地盘上；在这所学校，他一直读到八年级，并在13岁时参加了成年礼。后来他到橡树公园与河林高中（Oak Park and River Forest High School）就读，这是一所规模较大的学校，仅他所在的毕业班就有九百多名学生；一开始，他很难适应，但很快他的身边就聚集了一堆朋友，他带着他们进行了各种冒险，就像他在整个小学期间那样。追随他的朋友都叫他"菲尼""好人菲尼"。一切事情都由他罩着。他家住在在威廉街的米色大砖房里，但是人们很难通过电话联系到他的家人，因为迈克尔总在打电话，安排大家的社交日程，就家庭作业提出一些建议。他喜欢自己组织的那些比较热闹的聚会，他也会特别努力地锻炼自己的酒量。高中毕业时，他又高又瘦；他加入了高尔夫球队，酷爱打高尔夫，他擅长挥杆，打得一手变化莫测的好球。他曾在校报工作，负责报道体育新闻，并当选为高年级学生会的副主席。尽管在理科课程上有些吃力，但他的成绩在班里排名第六。

范伯格在宾夕法尼亚大学进一步发挥了自己的社交和组织能力。他加入了一个名为西格玛·阿尔法·埃普西隆（Sigma Alpha Epsilon）的兄弟会，最终成为该兄弟会的外联部长和分会主席。在学生活动组织方面，他入选本科生协会会员，后来成为了该协会的副主席。大学三年级的时候，他做过安保工作，能成功应聘这份工作，并非因为他长相粗野，而是因为他的个子很高；他也在栗色歌厅（Chestnut Cabaret）当过酒保，那是一个很受欢迎的另类摇滚乐队的歌厅。这都是些很不错的工作，让他能赚够自己的生活费，他一直想自食其力，以此来报答父亲多年的养育之恩。

他很喜欢调酒师的工作，还为此缩减了自己的上课时间，开始全职工作，最终延迟半年才毕业，拿到了国际关系专业的学位。他顺利地避开了大部分理论课，只想和现实世界打交道。他毕业论文的主题与中东和平进程相关，并于1991年12月获得了学位。1992年的头几个月，他在伊利诺伊州参议员保罗·西蒙的办公室实习。他的家人察觉到了他的政治抱负。西蒙办公室的主管艾丽丝·约翰逊·凯恩多年后回忆说，范伯格是她共事过的最优秀的实习生之一。但是，他渐渐发现美国政府的现实一面令人大失所望。1991年夏天，他在以色列参加了一个为期6周的支教项目，感受到了更多的快乐。在那里，他的支教对象是逃离国家战乱的埃塞俄比亚犹太人的孩子。

范伯格很喜爱那些埃塞俄比亚的孩子。他的希伯来语捉襟见肘，孩子们也不怎么会说英语，但这个来自芝加哥的大个子与东非的身材瘦弱、大眼睛的孩子们相处得很是愉快，他们享受彼此的陪伴。当范伯格回到美国，孩子们还给他邮寄信件和照片。他认为"为美国而教"可能会喜欢像他这样善于交际的人，于是在1992年，他前往洛杉矶参加该组织的暑期学院。

8. 莱文的童年

大卫·约翰·莱文有一个欢乐的童年，他擅长体育运动，是4个孩子中最小的一个，他和他的兄弟姐妹都考上了耶鲁大学或哈佛大学。他们住在曼哈顿东侧八十一号街和公园大道拐角处的一套公寓里；他们的家在10楼，共有6间卧室。

他的母亲在他四年级时发现他存在学习障碍，这是他幸福的童年里唯一的重大问题。他当时就读于克里杰特学校（Collegiate School），这是曼哈顿一所著名的学校；他的妈妈贝蒂·莱文发现他在家庭作业上花费的时间明显长于完成作业所需的正常时间。她提出了一些问题，让学校的老师更加细致地观察自己的孩子。学校的一位咨询人员给莱文安排了一个项目，用以加强他对语音拼读的掌握，但并没有多大成效。

就像许多卓越的家庭一样，莱文一家也是一群力争上游的人。莱文的父亲约翰·莱文是一名律师，后来像莱文的外祖父一样，成为了一名成功的基金经理。在莱文被推荐接受特殊教育的那一年，他的哥哥亨利收到了耶鲁大学的录取通知书。这个9岁的孩子甚至怀疑自己是不是一家人当中唯一的傻瓜。贝蒂·莱文和阿历克斯·范伯格一样，不会让某种恼人的障碍影响儿子的未来。她联系了著名的阅读专家珍妮特·詹斯基，并为儿子莱文安排了定期的预约辅导。詹斯基发现，语音教学并不适合莱文，因为他听辨不出很多声音之间的区别。她教给他一种"结构分析"的方法。他可以记住单词的各个部分，这样无论在哪里看到这些词汇，他都能更容易地辨认出来。一开始，他学得很慢，但很快就进入了状态。

他和詹斯基一起度过的那些下午是他一生中的关键时刻，不仅是因为他的功课进步了，还因为他体会到了被一些刻薄的孩子称为"傻子"的感觉。他渐渐适应了学生在学习上的那种应有的紧迫感。当他成为一名教师时，看到有学生因某种人身缺陷而企图嘲笑他人，他会及时出手制止。或许是出于同样的原因，范伯格也有这种本能的反应，但是由于男性普遍不愿讨论这种话题，他和莱文很少谈论他们受困于人身缺陷的那段童年经历。然而，最后他们殊途同归，都选择了教书，部分原因似乎是因为他们都记得在自己童年时期受过良好培训，有爱心的成年人曾给予他们莫大的帮助。

莱文的母亲和他一样讨厌不公平的比较。莱文的哥哥亨利也毕业于克里杰特学校，在莱文就读该校期间，他的母亲就一直在留意，是否会有老师拿莱文与哥哥相提并论。在上八年级的时候，贝蒂·莱文听到有人偶然间提到了亨利和莱文，大多数母亲可能会对此不屑一顾，但她却很在意。她把莱文转到了上布朗克斯的河谷学校（Riverdale Country School），这是一所同样享有盛名的私立学校。莱文对于转学并不介意。他参加过成人礼，现在已经是一位成年人了。与克里杰特学校不同，河谷学校里也有女生，他很喜欢这一点。

其实他心里还在盘算着其他一些事情。他当时正在参加篮球训练，锻炼一系列的篮球技能；虽然他以后的身高长到了一米八三，但当时他只是河谷学校一名初二年级的学生,身高只有一米六多一点,而且瘦得皮包骨头;他很难在体育运动方面有所建树,就像高中时他的学习成绩很难提高一样。他不想让自己表现得像个傻子。周围的人都对他抱有很高的期望,希望他能出类拔萃,像他的兄弟姐妹一样站在高高的领奖台上,但是这种期望的压力让他感觉很不舒服。

所以在他15岁时,莱文下定决心要和他的兄弟姐妹们一样,做一个杰出的学生,向着自己心目中优秀运动员的样子努力,但他不会跟其他人去谈论这些。他不是书呆子,也不是狂热分子。他永远不会挥舞那些智力或身体优势的旗帜。他打算以自己的方式来定义自己的生活,对于所面临的挑战和取得的成功,保持一种闲庭信步的态度。河谷学校有很多小圈子。他尽力去适应,但他并不想融入任何一个群体。他拒绝被贴上任何标签。

河谷学校的校队会与其他几所私立学校(也属于常春藤预科学校联盟)举行篮球比赛。到了高中三年级,他经常乘地铁去哈林区和城市的其他地方,因为那里公共球场上的篮球比赛水平更高一些。他感觉那里的球赛非常精彩,对自己遇到的截然不同的文化保持一种欣赏的态度。

高中毕业那年,莱文的成绩排名全班第一,本来已经宣布他作为最佳毕业生代表,在毕业典礼上致辞,但是他说服学校的管理者,不让他们公布这一消息;当然学校的管理者也都很喜爱这样一位优秀且谦虚的学生。他甚至没有告诉自己的家人他是以班级第一名的成绩毕业的。当学校邀请他在毕业典礼上致辞演讲时,他也拒绝了这份荣誉。如果他在毕业典礼上致辞,他肯定忍不住要尖锐地批判学校对模式化观念的容忍政策,这会伤害到他喜欢的老师和学校管理者的感情。

到了申请大学的时候,莱文没有丝毫的犹豫。他想去耶鲁大学。他的父亲、哥哥亨利和姐姐詹妮弗均毕业于耶鲁大学（他的另一位姐姐杰西卡则选择了哈佛大学）。耶鲁大学录取了他。他让父母提前两天把自己送到学校所在的纽黑文市，以便让自己尽快适应大学的生活。当他的室友来到宿舍时，发现房间里堆满了啤酒罐，那是他们来自曼哈顿的新室友的"杰作"。经常会有三四个年轻女孩陪在莱文身边。

从一开始，他就感觉住在纽黑文很自在。与高中不同，大学里有很多乐子。也没有人盯着他的成绩了。他可以做自己喜欢的事情，再也不需要向全世界证明他和哥哥一样聪明了。他开始学习哲学和经济学课程，并发现自己对于知识的兴趣越来越浓厚。

为了达到毕业的要求，他还必须要学西班牙语。在河谷学校就读时，由于存在一定的学习障碍，学校的老师劝他不要选修外语，尽管他自己感觉学西班牙语没有什么问题。问题在于大学一年级的西班牙语课早上八点半开始上课，这个时间对于莱文来说太早了，因为他要忙于各种社交活动，起不了那么早。他经常翘课，但是他能够想办法获得一个不错的成绩。他开始和教这门课的研究生约会，并和她私下达成了协议。如果莱文愿意学习教材和词汇，帮助一个致力于优化纽黑文低收入社区儿童教育的社区组织，用西班牙语表演木偶戏，莱文缺席的所有课程都可以一笔勾销。

大学一年级结束时，他爱上了一位来自纽约斯卡斯代尔的大二学生克里斯·林。她是第一个说服莱文去市中心贫民区做家教的人。莱文同意担任两个男孩的家教，10岁的蒂龙和9岁的约翰是两兄弟，当时两人是纽黑文一所公立学校的学困生。他每周给他们上一次课，每次两个小时。他几乎没有接受过教学培训，也会犯一些错误，但他发现自己很喜欢教书。

一些不太了解莱文的人以为他一天到晚只会喝酒玩乐。但是莱文的学习习惯非同寻常，这才让周围人产生了错觉；他的学习习惯有一定的隐蔽性，就像他掩饰自己的学术抱负一样。晚饭后，他不再参与宿舍里关于体育、性、政治和耶鲁校友乔治·布什总统职位的话题争论，而是回到自己的房间。他每周一、周二和周三晚上安排3个小时的学习时间，从晚上7:00到10:00，这样就足以保证自己的学习不会被落下。

学习之余，他主导着耶鲁的社交圈子。在没有告诉父母的情况下，他在纽黑文一家名为"品质葡萄酒店"（Quality Wine Shop）的酒类商店兼职。他再也不需要伸手跟家里要钱了。很快，他在校园里树立起了"酒品店大卫"的形象，他对各种聚会的时间和地点都了如指掌。他的父母听说了他的新形象，责备他荒废了学业。之后，为了说服父母，他不得不告诉他们自己的平均学分绩点达到了3.7，而且也曾经被推荐为河谷学校的毕业生致辞代表。

莱文的大学四年就是这样度过的，表面上活跃于各种社交活动，私下里用功学习。正当莱文对毕业后的生活感到迷茫时，辅导蒂龙和约翰的经历让他对教育产生了兴趣。他决定主修教育史。他读了劳伦斯·A.克雷明[①]关于教育主题的佳作，整整3卷。他深受伊利诺伊大学学者詹姆斯·安德森（James Anderson）的《南方黑人教育（1860–1935）》（*The Education of Blacks in the South, 1860-1935*）的影响，该书的主要观点是美国学校是专门为压迫黑人而设计的。这也是他毕业论文的主题。

[①] 克雷明（Lawrence·A. Cremin），美国教育家、历史学家。出生于纽约市。1947年起任哥伦比亚大学师范学院院长。曾发表多部著作，其中《美国教育史》（1980）第2卷获1981年普利策历史奖，全书共3卷。

他的学业导师伊迪·麦克马伦（Edie MacMullen）也是耶鲁大学的师资培训主任。莱文不想参加任何教师培训班。他认为那些教学方法论过于枯燥。但他对低收入家庭少数族裔儿童的教育依然兴趣盎然。尽管一直保持着社交达人的形象，热衷于参加各种聚会，莱文还是会广泛阅读与教育相关的书籍。

整个大学期间，他做过各种各样的暑期工作。有一年，他为纽约市长候选人理查德·拉维奇收集请愿签名。还有一年夏天，他为国会议员查尔斯·兰格尔（Charles Rangel）工作，在毒品滥用特别委员会干些杂活。他因此有机会获得了一张与兰格尔合影的签名照，上面写着："致杰森：感谢你的帮助。"大三那年夏天，他的父亲为他在东京的所罗门兄弟公司（Solomon Brothers）找到了一份差事。这份工作让他坚信自己无意追随祖父、父亲和哥哥从事投资行业。

莱文决定毕业后尝试一下公共服务方面的工作。他申请了3家公益组织的工作："为美国而教"、国家城市研究员公司和科罗基金会。前一年，两个耶鲁的朋友加入了"为美国而教"，说他们很喜欢在那里工作。但是国家城市研究员公司和科罗基金会的工作机会竞争更激烈一些，作为勇争上游的莱文家的一员，他重点关注这两份工作。

这两个组织的工作地点都在纽约。他向两家组织提交了同一种提案，他计划建立一所以社区为中心的综合性中学，为家长提供职业培训和英语指导，为孕妇提供产前护理，为学龄前儿童提供日托服务，开展福利咨询，开设艺术工作坊，等等。在这两项工作竞争中，他都进入了最终的面试阶段，但被告知他的计划一点儿都不切实际。麦克马伦之后表示，她很高兴他没有被选中。"你的知识面不够广，不足以胜任大型政策规划的工作。"

她对莱文说,"去教书吧。"

申请"为美国而教"的工作,他只需写两页说明即可,解释一下自己为什么想成为一名教师。他描述了自己以前那种力不从心的感觉,当时他的哥哥被耶鲁大学录取,而他自己则出现了学习障碍,需要阅读专家的帮助。他也提到了詹斯基和其他几位老师帮助他走出困境。他写道,从他们的工作中,他看到了教育者改变生活的魅力。

9.

与家长成为盟友

1993年,莱文在休斯敦参加了"为美国而教"的教师资格认证课程,他希望这些课程可以为自己第二年的教学提供一些思路。范伯格去了洛杉矶,在"为美国而教"的暑期学院工作。"为美国而教"的管理者已经收到了关于他们二人良好的表现报告。该组织很乐意利用范伯格和莱文等团队成员的课堂经验,虽然他们只教过一年书。

范伯格开着他的那辆红色吉普"自由光"来到洛杉矶加利福尼亚大学,"为美国而教"的总部就设立在这所大学。他将自己的教学材料放在牛奶箱里,带进了课堂,他教授的课程内容主题是他和莱文第一年教学实践踩过的所有的"坑"。去年夏天,他和莱文在加州州立大学北岭分校接受培训时,就曾逃过类似的课程;但是,范伯格决定将自己的课程变成一门"必修课",让学员欲罢不能。虽年仅24岁,他就为自己的教学经历代言,教授了一些鲍尔创作的歌谣。他负责指导一个由新成员组成的学习小组。这些新学员一边教学生,一边接受教师培训。他告诉他们,如果能够在享受乐趣和专注学习之间找到平衡,他们就会走得很远。

回到休斯敦后,范伯格发现,校长韦尔丁又对他委以重任。在他的推荐下,韦尔丁聘请了加州大学洛杉矶分校学习小组的一名成员——安德里亚·科尔曼（Andrea Coleman）——担任加西亚小学五年级的双语教师。范伯格成为了五年级的年级主任。

他的西班牙语水平也在不断提高。他已经可以用西班牙语自由表达，尽管他还是要努力理解别人的话。在他的新的五年级班里，学生的多样性也比上一年更丰富一些。虽然跟以前一样，大部分学生也都是西班牙裔，但是那些几乎不会讲英文的学生都已经交给了科尔曼。范伯格则接手了上一年四年级最不守规矩的问题学生。

他和科尔曼决定进行分工合作教学。科尔曼的西班牙语很好，并且喜爱文学，所以由她来教阅读和写作。范伯格负责教数学和历史。这样的教学分工看似是有效果的，也最终影响了范伯格和莱文对KIPP学校的管理，他们后来决定以同样的方式来对KIPP学校的首届五年级进行合作教学。

鲍尔让莱文和范伯格坚信，只有在秩序井然的课堂上，才能让学习成为可能；只有教师表现出坚定的态度，才能保证良好的课堂秩序。他们两人都是魅力十足的年轻人。大多数人都认为，他们俩都给人一种平易近人的感觉，至少在他们为KIPP学校和学生奔走呼号而惹人厌之前是这样。但是他们觉得必须要严格要求学生，否则不良行为的干扰会让整个班级人心惶惶。除了少数例外的情况，他们也很少对那些可爱的孩子们如此严厉。有些教师会心慈手软，向学生妥协，导致班级管理一塌糊涂，这些情况他们两人都曾见过。因此，两人都十分严格，当学生在教室后排窃窃私语，或者不做家庭作业，抑或取笑同班同学时，他们都会严格管教，绝不退让半步。他们对学生的严厉态度也是出了名的，有时会遭到其他教育界同仁或家长的非议，指责他们过于严苛，甚至达到了虐待的程度。久而久之，他们不再像以前那样大声吼叫（这种方式虽然严厉，但有时却非常奏效），而是转向更安静但仍很严肃的对话。有人建议他们要更加宽容孩子的幼稚行为，但他们却不以为然。他们认为孩子们只有一种选择：无论喜欢与否，他们都可以去学习。鲍尔坚持所有的孩子都"愿意"学习，他们就是从中受到了启发。

在范伯格的新生当中，有一名叫埃尔伯特的学生，与莱文的学生昆西很相像。一年前，范伯格曾看到埃尔伯特一拳打在了另一个孩子的脸上，而他以前的老师却没有采取任何惩戒措施。埃尔伯特当时身高一米七五左右，范伯格比他高半头，所以他可以利用自己的身高优势。每当埃尔伯特开始骚扰其他学生时，范伯格就会探过身去，盯着他的脸。如果埃尔伯特看向别处或者翻白眼，范伯格就会用手指压住他的下巴，迫使他与老师进行眼神交流。每当看到埃尔伯特出现不良行为，范伯格都会迅速做出反应。这个男孩并不喜欢这种近距离的接触，但是他似乎很感激这种特别的关注，这表明他值得老师如此大费周章的管教。他开始有所收敛了。

当埃尔伯特为学习不专心或不做作业找借口时，范伯格都会一一驳回。有一次，他在操场上跟人打了一架，回到教室，告诉范伯格，这让他很恼火，因为他想要收留街上的一条流浪狗，但是他妈妈不同意。范伯格那天跟着埃尔伯特一起回家，与他妈妈达成了一项协议。他们把小狗带到兽医那里，做了个检查，费用由范伯格来付。他跟埃尔伯特解释说，他必须要规范自己的行为，才能继续收留那条小狗，并且说服了他的妈妈，这是男孩用自己的努力换来的特权。从此以后，每当埃尔伯特表现不好时，范伯格就会说，"别忘了，我可是帮你争取过养狗的权利。你就是这么回报我的？"

放学后，学生们会留在学校，完成学习任务或复习功课。有时候，范伯格和莱文会带他们去"小童群益会"（Boys and Girls Club）[1]打篮球或参加其他活动。如果孩子留校到很晚，他们就开自己的车送他们回家。莱文的座驾还是原来那辆金牛座福特，范伯格则换掉了原来的吉普"自由光"，开一辆白色加长版的雪佛兰卡车，因为他觉得这辆车与他的牛仔帽和靴子很搭。当他们把孩子送到家时，他们经常会进门与孩子的家长聊天。学生的家人本来已经允许他们在放学后把孩子留在学校，但进门打个招呼也无妨。这种私下的接触让他们有机会就父母管教孩子的方式提出一些异议。有一次，学校要举行音乐剧表演，演出的前一天，扮演主角的女生突然被他的父亲拖回家了，原因是她因洗碗的事情顶撞了父亲；范伯格恳求家长通过剥夺家庭权利的方式来惩罚孩子，而不是剥夺孩子在学校的权利。那位父亲最终妥协了，同意了让孩子继续表演，这样他就可以得到一张休斯敦火箭队篮球赛的门票。

与家长保持良好的关系对曼纽尔这样的学生特别有帮助。在埃尔伯特开始进步之后，曼纽尔成了范伯格班里问题最大的学生。范伯格顺道来到曼纽尔的家，告诉他妈妈，他认为曼纽尔很有潜力，但这次他带来的是不好的消息。"曼纽尔，你听到我们希望你应该怎么表现吗？"他母亲说道，"这个周末我不带你去参加足球训练了。"对于10岁的曼纽尔来说，足球是他生活中最大的乐趣。随后不时地听见他因此而啜泣，但是谈话还是要继续。"我知道这个决定让你很难过，"他妈妈接着说道，"但是你不应该浪费范伯格老师的时间，让他大晚上跑一趟，和我们讨论你的问题。我感到很惭愧。你必须改正自己的错误。"

---

[1] 小童群益会是一个为青少年提供课后项目的非营利组织。——译者注

莱文和范伯格发现家访非常重要，不仅可以让学生知道不守规矩就要承担后果，而且还可以与家长结成教育同盟。甚至一些表现较好的学生的家长也开始打电话，请范伯格或莱文晚上到家里聊一聊。"我需要你和我的孩子谈谈。"他们说。

10.

传奇的雷夫老师

1993年春天,从加西亚小学毕业的五年级学生为范伯格颁发了感谢奖。起初,范伯格还为此感到骄傲。但到了秋天,他的荣誉感就消失了。这批加西亚小学的毕业生变成了初中阶段六年级的学生,他开始听到关于他们的一些不好的传闻,让他认为自己配不上那个荣誉。帮助这些学生应对未来的挑战,他做得还不够。

范伯格和莱文以前的学生大多都有他们公寓的电话号码,会经常给他们打电话。两位老师希望听到一些鼓舞人心的消息,比如他们挑战中学数学难题啦,提高自己的思维能力啦,或者又读了什么新书啦。然而,他们听到的都是些不好的消息,比如有男孩在校外的饭馆挨打了,有女孩已经开始约会了,或者有些学生就要辍学了。

莱文和范伯格也爱莫能助,只能尽量多给他们一些鼓励。"坚持住,"范伯格对一个男孩说,"记住,我们知道你能行。记住你跟我一起坚持了多久,你学到了多少东西。如果你觉得老师讲得不够明白,记住在我的课上你是怎么做的。举手求助。"

"范伯格老师,那些老师跟您可不一样。"

"你必须为自己的学业负责。"他说。他知道在那种情况下,对一个孩子来说，这种劝告方式很可笑，但他必须要说点什么。"迫使他们像我一样。"范伯格说。多么蹩脚的说辞啊，他心里想。他是在给一个六年级的学生施加压力，让他去做一件不可能的事情。

范伯格和莱文曾到访过学生们就读的一些中学。他们和学生的新老师交谈，但谈话过程很是尴尬。中学老师用奇怪的眼神看着他们。这两个家伙在他们的学校干什么？

范伯格尝试了一种教学方法，他称之为"逆向设计"（reverse engineering）。他研究中学的教学内容，基于此，他希望能让自己的学生做更充足的准备，或许还可以帮助他们给六年级老师留下更好的印象，获得老师更多的关注。然而，他对这些中学的了解越多，就越怀疑其教学效果。一天早上，在他访问哈特曼中学时，一个与他素不相识的男人从一间教室出来。"嘿，你是老师吗？"那个男人说。

"是的。"

"来我班里，帮我看一会儿，可以吗？"

范伯格走了进去。当他回头去问想让他做些什么时，那个人已经走了。范伯格以为他是个老师，可能恰好有急事，没有时间跟他解释。范伯格环顾整个教室。他感觉自己走进了一部现实版的《黑板丛林》(Blackboard Jungle)[①]。那是一堂英语课，但是没有一个学生在做阅读或写作任务。一群男孩在教室后面掷骰子。几个女孩拿出了化妆包，正在涂口红，聊着她们晚上打算约会的对象。毫无疑问，这些学生在老师离开之前就已经是这个

[①]《黑板丛林》是1955年上映的一部新派校园电影，讲述了一群无法无天的学生肆虐校园的乱象，"黑板"象征着充满爱与希望的教育，而"丛林"则象征着弱肉强食的生存法则。——译者注

样子了。

这种场景让范伯格瞠目结舌，他自己描述说就像看到了"人间炼狱"。每当他给学生讲这段经历时，他的语气听起来就像一个传教士警示所多玛和蛾摩拉①的毁灭一样。他说："我希望你们永远都不会在这样的班里，但如果你们不幸赶上了，就会很容易为自己的堕落找到借口。"他接着说："如果你沦落到在街头乞讨，有人问你为何会沦落至此，你可以怪你那差劲的中学英语老师。"

那天在哈特曼中学，范伯格在教室里四处走动，询问学生们是否有需要预习的课程。每个学生都回答说"没有"。15分钟以后，他们的老师终于回来了。"感谢，"那个男人说，"我有点儿急事，去打了个电话。"

范伯格和莱文意识到，他们在小学为学生所做的一切，就像在科尼岛的海滩上建造的一座沙堡：海滩上喧闹的游客、潮水或其他什么东西很快就会摧毁他们所做的一切。当他们询问这些中学老师自己过去的学生表现如何时，得到的回答总是很敷衍："还行，他们表现还可以。"这些中学本身就有问题。

莱文和范伯格对此很是愤慨。他们彼此表示，中学教育糟糕透顶。中学教育体系也是一塌糊涂。当他们在休斯敦开启第二个学年时，他们努力保持对学生的高标准要求。学校把最让人头疼的学生分到了他们的班里。在某种程度上，这是"委以重任"，但仍然会额外给他们增加一些负担。他们和鲍尔都认为高标准要求很重要，当他们尽力保持高水平教学时，他们开始思考继续教书是否还有意义。

---

① 《圣经》记载，所多玛和蛾摩拉是两座邪恶之城，被上帝用燃烧的硫磺摧毁。——译者注

乔·索耶是"为美国而教"的一名学员，他当时也在加西亚小学教书。10月下旬，他告诉范伯格，一位很有趣的演讲者即将到访休斯敦。这位演讲者就是雷夫·艾斯奎斯（Rafe Esquith）——洛杉矶的一名小学教师。艾斯奎斯应邀在休斯敦研讨会上演讲，这是一个关于社会问题的系列讲座，赞助者之一是索耶认识的一位社会知名女性。演讲前一天晚上，索耶出席了由他的朋友和其他赞助者为艾斯奎斯安排的晚宴。第二天，他兴奋地回到学校，坚持让范伯格去听一听这个演讲，领略一下艾斯奎斯独特的教学方法。

自从到访那些中学之后，范伯格还没有走出失望的阴影。他反问道，自己为什么要浪费时间去听一个陌生教师的演讲。"因为你们的教学方式有很多相似之处，"索耶说，"他今晚的演讲地点在李高中（Lee High School），你应该去听一听。"

范伯格回到家，把演讲的事情告诉了莱文。俩人当时的情绪都很低落。范伯格想攻读法律。莱文想回纽约。但是他们那天晚上也没什么特殊的安排，所以就去听了艾斯奎斯的演讲。他们坐在李高中校礼堂的中间，靠近过道的地方。一名圆脸男子，一米八多一点的个头，留着棕色胡子，上身穿正装衬衫，打着领带，外加运动外套，下身着宽松裤和网球鞋，走到了约200名观众的前面。"非常感谢盛情邀约，"艾斯奎斯说，"我带来了我的几个学生。他们有一大堆经验想与诸位分享。当选为'迪士尼年度教师'是一种莫大的荣誉，但我认为自己并不比其他教师优秀。我只是在努力做好本职工作。"

他站在台上，身后坐着两个女孩，一个是亚裔，另一个是拉美裔。他向她们做了一个手势。"我们相信学习没有捷径可走，"艾斯奎斯高声说道，

"这就是为什么我的学生要早上7点到校,下午5点才放学,每年坚持50个周的学习时间。甚至在他们上了初中和高中,他们周六还会来找我,让我给他们辅导大学入学考试(SAT)备考。我和孩子们共同努力,把他们送进大学;因为只有上了大学,他们才有机会做自己需要做的事情。"

在接下来的90分钟时间里,范伯格和莱文感觉自己仿佛置身于《星际迷航》的模拟飞行器中,在时空中静止。他们不记得自己曾经像这样如此专注地听过别人演讲。这个人回答了他们那么多的问题。他的演讲解决了他们很多悬而未决的疑虑,这些疑虑曾一度让他们有放弃教书的念头。他有办法解决他们的痛苦和绝望。偶尔,他们也会扬起眉毛四目相对,或者低声发出惊叹声。哇!太厉害了!

他们一边感受艾斯奎斯战胜愚昧、贫穷、虚伪和官僚的兴奋,一边开始仔细打量这位演讲者。他的岁数比他俩大一些,但也不至于比他们大一辈。虽然他很聪明,也很自信,甚至到了一种自负的程度,但是他看上去只是个普通人。他的演讲是发自肺腑的。他说的一切似乎都能让人产生共鸣。

他向观众介绍自己的两位学生,一个是五年级学生,另一个是六年级学生。莱文和范伯格知道这个年龄段低收入家庭的少数族裔的孩子一般会是什么样子。艾斯奎斯的学生会有什么不同呢?艾斯奎斯给她们出了一些数学应用题:"4名女服务员在一家餐馆工作。一天晚上下班后,她们要平分当天的小费。她们总共收到了20美元的小费。第一个女服务员拿走了全部小费的三分之一,第二个女服务员拿走了剩下的三分之二,第三个女服务员又拿走剩下的四分之三,第四个女服务员最后拿走剩下的六分之五。小费最后还剩下多少?"

这两个学生很轻松地解答了这个问题，他们不用纸笔，而是直接口算。当她们得出答案后，就大声而清晰地说出来，莱文和范伯格的学生很少会这样做。她们似乎没有提前记任何台词，而是用自己的话很自然地说了出来。她们向观众展示这道题的解答方法，描述她们是如何完成每一个步骤的。莱文和范伯格相互对望了一眼。

最能引起他们共鸣的是莎士比亚的戏剧，即莎翁的幽默讽刺短剧。艾斯奎斯说："我非常喜欢读莎士比亚的作品，我的学生也对莎士比亚很感兴趣。每年我们都选择一部戏剧。我们会去阅读和学习，然后我们把它表演出来。莎士比亚的作品学起来真是太酷了，现在我们想和大家分享一些东西。"

莱文和范伯格对他们的学生有很高的期望，但他们从来没有想过要教那些喜欢说唱和MTV的孩子们学习16世纪伊丽莎白时代的戏剧。他们无法否认当时所看到的一切：两个女孩在表演一个20分钟的短剧，剧里满是莎士比亚的语录和场景。为了达到幽默的效果，她们还加入了一些现代社会评论。她们对语言节奏的把握很准确，看似对整部剧背景的理解也很透彻，而且她们表演得很开心。这位老师究竟是如何教的？

演讲于当天晚上7点开始。两位小演员回答了观众提出的很多问题，之后，艾斯奎斯向现场观众表示感谢，把两位学生送回了家。对于范伯格和莱文来说，时间好像静止了一样。他们想认识一下艾斯奎斯和他的学生们，但一群人已经把艾斯奎斯团团围住了。他们性格腼腆，加上那天也很累。他们需要几天的时间来消化今天的所见所闻。

在开车回家的路上，他们不停地回想那天晚上的场景。在经历过一切挫折和失败，在走访中学过程中遭受残酷打击之后，艾斯奎斯又激发了他们的斗志。他们眼中看到的不再是问题，而是机遇。遇到难题，他们首先想到的是可以解决它。艾斯奎斯所取得的成就令人难以置信，但是他已经向他们提供了足够的信息，证明他在演讲一开始所说的都是真的，并不是魔法的力量。他们一门心思只想自己如何才能像艾斯奎斯那样教学。

他们到家之后，虽然很疲惫，但并不想睡觉。他们打开了范伯格的苹果电脑Macintosh Classic（第一代苹果电脑），循环播放爱尔兰摇滚传奇乐队U2的经典专辑《阿什堂宝贝》（*Achtung Baby*），开始在电脑上编写他们新的教学计划。他们认为与去年驾车穿越莫哈韦沙漠时那些天马行空的想法相比，新计划好太多了。新计划包括一切他们自认为可以做到的事情，艾斯奎斯的激励给了他们很大的信心。新计划应该叫什么名字呢？他们认为名字很重要。如果新计划有了名字，他们就可以把它挂在教室的门上，也可以将其印在T恤衫上。他们可以将这个名字作为提案的标题，提交给校长，这样她就可以看到他们有多出色，并给予他们所需的一切支持。多年之后，当被问及此事，范伯格和莱文都想不起来是谁先提出的这个名字。据他们二人回忆，可能是两人同时想出来的。他们认为这个名字是如此的完美，谁先想出来的并不重要。他们将计划命名为"知识就是力量"项目（Knowledge Is Power Program），简称为"KIPP"，来源于他们最喜欢的鲍尔的歌谣之一。

这句话源自《读书吧，宝贝，读吧》。这首歌谣热情奔放，朗朗上口，学生们很是喜欢。

你要读书，宝贝，读吧。

你要读书，宝贝，读吧。

读得越多，知道的越多，

因为知识就是力量，
知识就是金钱，
我要读书。

研修室

今日KIPP——杰奎恩的新起点

莱文和范伯格开办KIPP学校的前几年，吸引了华盛顿特区市中心贫民区的成千上万名家长，沙伦·霍尔就是其中一位。霍尔16岁时高中没毕业就辍学了，虽然她口才很好，很上进，同时也在一所浸信会学校担任助理教师，但在2006年春天，女儿和3个儿子的教育让她很是头疼。

她曾在报纸上看到一篇文章，说一位名叫苏珊·舍弗勒的女子在阿纳卡斯蒂亚一座教堂的地下室创办了一所学校，后来这所学校成了这个城市最优秀的公立中学。这所学校的名字叫KIPP特区：KEY学校。据报道，舍弗勒的第一个班的学生都是非裔美国人，与霍尔的孩子一样。84%的KIPP学生家庭收入都很低，低到可以领取联邦午餐补贴，霍尔的家庭也是如此。文章说，舍弗勒的学生在2001年进入学校时，数学平均成绩排名处于前66%，但到2005年，等到这批学生八年级毕业时，他们的数学平均成绩排名达到了前8%。

KEY学校既是一所特许学校，也是一所独立的公立学校，享受税收资助。霍尔尚且不太了解特许学校。那一年，全美共有近三千所特许学校，包括遍及全国十六个州和华盛顿特区的五十多所KIPP学校。报道文章称，KIPP的两位创始人大卫·莱文和迈克·范伯格曾在休斯敦的小学任教。霍尔认为KIPP学校的成绩特别突出。但4年前，她把女儿送进了华盛顿特区的一所特许学校读四年级，女儿的成绩并不太理想。

女儿在那所学校待到第一学年快结束时，霍尔问她："58减去32等于多少？"那孩子看上去很困惑。"55？"她回答说。霍尔请求学校让女儿留级。一位学校负责人说他们认为没有必要。现在，霍尔最小的孩子杰奎恩也已经上四年级了。杰奎恩是一个活泼可爱又爱笑的小男孩，但不太爱学习。霍尔想要让老师们知道，自己的孩子需要更多的教学关注，但她不知道在交流过程中是否会遇到同样的困难。

那时，她的4个孩子都在华盛顿的普通公立学校上学。霍尔向杰奎恩的四年级老师打听KIPP学校的情况。那位女教师在网上查阅了一番，告诉霍尔她感觉还不错。她认为KEY学校应该很适合杰奎恩。霍尔发现KEY学校已经从原来的教堂地下室搬到了M街SE商业区的一座天蓝色的大楼里，靠近海军陆战队的兵营。她去参观了KEY学校，顺手拿了一本入学手册，在学校里逛了逛。学校里的学生与她的孩子年龄相仿，他们在校园里直线穿梭，从一间教室走到另一间教室。这些学生看似很安静，也很机敏。他们把衬衫束在裤子里，一副很利落的样子，这一点与她所了解的华盛顿公立学校不同。两名KIPP的教师到访了她的公寓。她家住在阿纳卡斯蒂亚的马丁·路德·金大道附近。一个周六的上午，五年级写作老师朱莉娅·布尔格勒和六年级阅读老师凯西·富勒顿坐在霍尔家的客厅里，向她介绍KIPP学校的基本情况：学生在校时间较长，要求参加学校开设的暑期课程，每隔一周的周六那天都要上课，老师会把自己的手机号码告诉学生，学生要经常与老师联系。

两位老师让霍尔和儿子杰奎恩读一读他们的《卓越承诺书》。杰奎恩大声朗读了学生的承诺,这是他做的第一份KIPP阅读测试。老师们要求看一下他们一家的居住证明。KIPP学校那时已经声名远播,好评如潮,一些非华盛顿特区的家长也想把孩子偷偷送进KEY学校。

两位老师离开之后,霍尔跟杰奎恩讨论去新学校的事情。这个男孩不太愿意转学。他在现在的学校已经交到了朋友。但是在霍尔向他解释转学对妈妈和他自己有多重要时,他说他可以试一试。

杰奎恩·霍尔进入了KIPP特区:KEY学校的2014班,班级的名字是以本班学生上大学的年份命名的。五年级的老师们都很欣赏杰奎恩的精神风貌。这个孩子快乐、友好又热情。他最喜欢的老师是梅卡·洛夫,洛夫是一位阅读专家,担任五年级的年级主任。每天早晨,孩子们见到她,都会与她握一下手,杰奎恩则坚持每天跟她拥抱一下。

他有很多功课要补。刚入学时,他的"斯坦福成就测验"的成绩表明,他的阅读水平至少要比同年级学生落后一个半年级。他的数学能力也很差。虽然他很难集中精力学习,但是KIPP学校的老师认为他是一个可塑之才。2006年7月10日,开学第一天,杰奎恩穿着白色衬衫和米色短裤,看起来又瘦又小。在学校小体育馆里,他和其他300名学生席地而坐。那天是周一,也是KIPP暑期课程开始的第一天。

这所KIPP学校成立于2001年,当时舍弗勒刚满31岁。舍弗勒是范伯格和莱文首批招募的校长之一。在接下来的6年时间里,舍弗勒开设了3所KIPP学校,即AIM、WILL和LEAP,并计划再开办两所,舍弗勒的3个孩子也在此期间出生。在全国范围内,每一所KIPP学校都有自己的校名,自行聘任教职员工并制定学校规则。2005年,舍弗勒成为KIPP特区学校的执行董事,她把KEY学校的管理权交给了萨拉·海耶斯。萨拉是舍弗勒在2001

年聘请的首批教师之一。

那一天，海耶斯第一次见到杰奎恩和其他KEY学校的新生，当时她才29岁。她穿着一套棕色的西装，顶着一头棕色的齐肩内鬈短发。她向各个年级学生表示欢迎，然后就让他们回各自的教室。只有杰奎恩和其他五年级的学生，也就是所谓的新生，留在了体育馆里，五年级的老师则靠墙站着。

暑期学校最重要的作用之一是让新生习惯KIPP学校的规则、教学风格、游戏活动、歌谣口诀，以及最重要的一点——KIPP对学生的期望。海耶斯面向84名新生发表讲话："在你们见到自己的老师之前，我必须要送给你们一份礼物。你们一拿到这份礼物，就要把它放进口袋里。"

她从夹克里掏出一个看不见的东西，放在每个孩子的手里，遇到像杰奎恩那样个子稍微矮一些的孩子，她就俯下身去。"这份礼物是我的信任，"她说，"如果你们失去了我的信任，你是不可能像买东西一样再买一份的。你要自己把它争取回来。我希望你们在有生之年都不要失去它。"

"你们想留下我的信任吗？"几个孩子点了点头。有些孩子给出了肯定的回答。

"你们觉得什么情况下会失去我的信任？"

这里有几条提示：打架、撒谎、不交作业。她表示所有这些行为都会导致他们失去她的信任。

"现在我身后有几位同学，"她说，"你们失去我的信任的另一种方式就是在背后议论别人。"

有孩子提到"不尊重他人"。海耶斯瞪大了眼睛，问道："是不尊重我吗？啊！我现在就告诉你，想都不要想。因为那样会让你很难堪，你也会失去我的信任。"

"虽然也有一些办法重新赢得我的信任,但是那是很困难的事情,"她说,"相比之下,在有生之年保持我对你的信任会容易很多。"

她再次对他们来到KIPP学校表示欢迎。老师们给每个孩子发了一件KEY学校的深绿色马球衫,背后写着"努力做事,善良做人"。之后导师开始点名,新生需要先去导师班报到。每个导师班的教室都是以导师毕业的大学命名——"马里兰班"、"莱斯班"和"科罗拉多班"。杰奎恩被分到了"科罗拉多班",导师是负责教授阅读的梅卡·洛夫老师。

3年前开学的那一天,舍弗勒那时还是校长,她正在向五年级新生介绍自己和学校;她看到一个小男孩坐在后面,一边心不在焉地听着,一边在跟朋友低声说笑。那个男孩长得乖巧可爱,脸上洋溢着笑容,跟杰奎恩的笑容一样灿烂。舍弗勒让其他学生离开,单独留下了那个男孩。她坐在他旁边,要单独跟他聊一聊。

"你觉得自己很可爱,对吧?"她说,"你的确很可爱。但是你现在已经上五年级了。你已经长大了,不能再以低声说笑的方式表现自己的可爱了。从现在起,老师讲话时,你要注视着老师,认真听老师讲了什么。你来到了KIPP学校,也该懂事了。我对你抱有很大的期望。"

开学第一天,在2014班的学生中间,海耶斯并没有看到这样行为不端的学生。杰奎恩认真听着她说的每一个字。但随着新学期的展开,对杰奎恩和这所学校来说,都会有一段艰难的路要走。

第二时期

启动KIPP

11.

四处碰壁

范伯格从索耶那里要到了雷夫·艾斯奎斯的地址。他在自己的苹果电脑上给这位洛杉矶的教师写了一封邮件，介绍了一下自己以及亦师亦友的搭档大卫·莱文。

信的开头是这样写的："亲爱的艾斯奎斯先生，很荣幸能在李高中听到您的演讲。祝贺您所取得的一切成就。关于您的教学，我们希望了解更多。我们想知道是否有机会再和您谈一谈，并且很乐意从您那里得到一些启发，学着去做更多您正在做的事情。"

3周之后，他们的公寓里响起了一阵电话铃声。当时是范伯格去接的电话，电话是艾斯奎斯从加州打来的。他说他很高兴收到他们的来信，也很乐意提供帮助。他说："跟我讲讲你们的课堂吧。你们现在有什么想法？"

这次对话开启了他们之后持续数年的交流。每当莱文和范伯格有了新的教学灵感或遭遇了一次课堂事故，他们总会与这位洛杉矶的导师交流，征求他的意见。莱文交流的方式是打电话，范伯格则选择写邮件。

艾斯奎斯让他的学生读莎士比亚的戏剧以及约翰·斯坦贝克的《人鼠之间》、马克·吐温的《汤姆·索亚历险记》和《哈克贝利·费恩历险记》、亚历克斯·海利的《马尔科姆·利特尔自传》、理查德·赖特的《土生子》、艾米·谭的《喜福会》、迪伊·布朗的《魂归伤膝谷》和罗伯特·路易斯·史蒂文森的《金银岛》。一开始，霍巴特大道小学的一些领导对此表示反对，认为这些书都是给成年人读的，不适合小学生。他们不了解为什么艾斯奎斯要放弃学校提供的基础性阅读材料，因为他班里的学生大都来自贫困家庭，这些孩子的英语基础较差，阅读能力普遍较低，他却要求他们读莎士比亚的戏剧？

没想到56号教室的孩子们很喜欢读艾斯奎斯推荐的经典作品。学生的父母都是拉美裔和韩国裔，与美国的中产阶级不同，对于那些经典小说揭示的赤裸裸的种族主义和贫困事实，这些家长并没有觉得有什么不妥。家长也没有抱怨家庭作业难度过大。学生的英语成绩飞速提升。当艾斯奎斯在1992年获得"迪士尼年度教师奖"时，他意识到或许有机会与更多的老师分享自己的教学心得。

范伯格和莱文尽情地向艾斯奎斯请教教学的每一个细节，正如他们当初向鲍尔求教一样。鲍尔是一位课堂"魔术师"，她的课堂充满动感、乐趣和专注，让每一刻能体现出真正的课堂价值。她也是莱文和范伯格课堂教学方面的"贤内助"，帮助他们把每个孩子的教育工作都做精做细。她教他们如何确保关注到每一个学生，如何在每节课中找到对每个学生都有意义的东西。艾斯奎斯则会为他们提供一些明确的指导。他的优势在于制定宏观的策略——延长学生的在校时间，开展各种短途旅行。

在某种程度上，鲍尔和艾斯奎斯之间的这种区别是由他们各自的工作状态决定的；但正因为如此，莱文和范伯格可以从两位前辈的身上学到不同的东西。艾斯奎斯与鲍尔一样，也是一位卓越的课堂教师，能让五六十名学生同时专注于他的课堂。课堂之外，鲍尔也能变得像艾斯奎斯一样活力四射，有很大的影响力。但是，在那个时候，鲍尔只在巴斯蒂安小学教学。相比之下，艾斯奎斯则开始走向世界，做教育宣讲，带着学生表演戏剧，参观博物馆，或去公园旅行。他把自己的班级变成了一个剧团。班级不再是课堂的形式，而是变成了一个社团——霍巴特莎士比亚剧团。至少他的学生是这样想的。为了抢先一步到达"剧团"，学生会高兴地早早起床。他们问艾斯奎斯是否可以在周六开放教室。他们喜欢和老师待在一起，艾斯奎斯坚持让学生叫他雷夫。最重要的是，他们喜欢彼此的陪伴，在艾斯奎斯的鼓励下，学生们一起分享脑海里迸发出来的奇思妙想。

霍巴特小学56号教室的社团每年都在扩大，而且已经演化成了一种自我延续的状态。在艾斯奎斯的学生小学毕业之后很长的一段时间内，他们仍然会不时地回到56号教室看一看。艾斯奎斯拒绝接受传统公立学校的标准和做法，例如学生6小时的在校时间、基础入门的读物、标准化课程以及对校长的新课程建议唯命是从的态度等。这是令范伯格和莱文最为佩服的一点。艾斯奎斯之所以能够获得国家级的教育奖项，不是因为他墨守成规，而是因为他敢于打破陈规。他认为公立学校学生的在校时间受很多不良习惯的影响，这些习惯有悖于常理，且具有一定的危害性和压迫性，也正是这些不良习惯导致了学生家庭的贫困，不利于学生的健康成长。

他认为老师们也不应该接受这种时间安排。很多同事得过且过，只是把教学当作一份普通的工作，当一天和尚撞一天钟，表示对这些处境不利的孩子无能为力，他认为这种教学心态很可怕。他认为更好的方法是顺理成章地解决问题，即便是单枪匹马，他也无所畏惧。尽管他承认，很少有人能够像他一样，为班级的学生投入如此多的时间和精力，但是他认为理性和创造力可以帮助教师打破失败的魔咒。除了他的妻子和继子，56号教室的学生就是他生活的全部。从他早上5点钟起床那一刻开始，直到晚上11点睡觉，他脑子里想的事情通常都与学生相关。

随着时间的推移，莱文和范伯格形成了自己的教学风格和教学重点。他们在纪律管理等方面与艾斯奎斯产生了分歧，导致他们与这位导师的关系也受到了影响。这两位年轻教师认为，传统的课堂礼仪规则对健康的学习环境至关重要。尽管每一位新的KIPP校长都会与自己学校的老师协商制定本校的校规，但大多数还是采用范伯格和莱文的教学管理方式，即SLANT规则——端正坐直（Sit up straight）、边看边听（Look and listen）、提出问题（Ask questions）、点头示意（Nod your head）、跟上节奏（Track the teacher），来管理所有五年级的学生，以确保教师可以快速处理违纪行为，并进行后续的跟踪管理。KIPP的创始人让学生称他们为范伯格老师和莱文老师。KIPP的教师队伍不断壮大，师资管理同样也很正规。

艾斯奎斯从来没有想过像范伯格和莱文那样创办新学校，但他花了很多时间向那些观摩听课的年轻教师展示自己的教学方法。在顺其自然建立良好的课堂秩序方面，他很有天赋。他在霍巴特小学的家长群体中享有传奇般的声誉，这是他的一大优势。年复一年，他都会对来访者表示自己很少责骂学生。他有时会抱怨说KIPP学校的一些教师过于独断专行。

但是，在范伯格和莱文听完艾斯奎斯的演讲回来的那天晚上，他们还觉得自己的教学方式与这位洛杉矶的老师的做法如出一辙。他们想要将艾斯奎斯在演讲中表达的内容付诸实践。他们选择的名字"知识就是力量"计划（Knowledge Is Power Program）似乎恰到好处，这个名字出自鲍尔创作的歌谣，但他们在唱词上做了一些改动。原作的歌词是："知识就是力量/知识就是金钱/我想要学习。"他们避讳原词中那种劳动阶级未加掩饰的情绪。为了让他们的提案迎合美国教育行政官员和私人募捐者的喜好，也为了符合他们自己的价值观，他们对歌词稍加改编，变成了"知识就是力量/力量就是自由/我要学知识"。对于年龄较小的学生，范伯格仍然采用鲍尔原创的唱词版本。他认为与"自由"相比，年龄较小的孩子对"金钱"的认知更为清晰。但他也会与他们谈论"自由"的力量，让他们在生活中做出选择，包括那些会带来经济成功的选择。

莱文和范伯格希望KIPP学校的学生每天的在校时间达到九个半小时。莱文每天早上7点会在校门口迎接学生，并让他们一直在学校待到下午四点半。莱文和范伯格认为，早上7点太早了一点，所以他们商定了早上七点半到下午五点的时间安排。每个周六会有补课安排，每个月大约有两到三次。

到了1993年的圣诞节，他们自认为五年级的KIPP课程已经达到了可以接受的程度。现在他们必须决定是否由衷想要做这项事业。他们真的要把这项事业进行下去吗？他们与"为美国而教"签订的两年协议将于当年6月到期。他们会在波士顿教书吗？如果他们尝试将KIPP的想法付诸实践，他们会选择在哪里实施呢？在莱文和鲍尔执教的巴斯蒂安小学？他们能说服鲍尔加入吗？如果这样行不通，他们可以在加西亚小学试一试吗？加西亚小学的校长会同意吗？

过完了暑假，范伯格知道如果执教两年之后，就这样离开休斯敦，他会很不甘心。他认为自己的工作做得还不错，但与那些升入初中的学生谈话，仍让他感到沮丧。在把这件事做好之前，他不能离开这个城市。

莱文和范伯格起初认为他们会在巴斯蒂安小学启动KIPP，因为鲍尔就在那里执教。他们想拉她入伙。他们想在巴斯蒂安小学给范伯格安排一份工作。当他们正在酝酿KIPP时，乔伊斯·安德鲁斯还是巴斯蒂安小学的校长,所以范伯格在面试时见到了乔伊斯和学校的家庭教育协调员。那位协调员问及范伯格与非裔美国学生相处的经历。范伯格任教的加西亚小学的学生主要是拉美裔,而巴斯蒂安小学的学生大多是黑人。协调员不确定范伯格是否具备在巴斯蒂安小学任教的能力。他描述了自己在以色列面向埃塞俄比亚犹太人的支教经历。他尽量以一种生动有趣的方式描述自己在难民营支教的那段经历。但协调员并没有被他逗乐,这让他感到不安。

面试结束后,范伯格就离开了,那位协调员告诉莱文和鲍尔,他们的朋友貌似在取笑埃塞俄比亚的孩子。巴斯蒂安小学的非裔美国家长可容忍不了这种无礼的态度,所以学校不会录用范伯格。莱文和范伯格转而采用备用计划,在范伯格的学校开展KIPP。

范伯格不确定校长韦尔丁对这个想法会作何反应。对于范伯格临时延长学生在校时间的做法,她并没有提出异议,但是她忍受不了那些不按学校要求做事的教师。在范伯格看来,韦尔丁对他不合常规的做法感到很不爽。

他递给韦尔丁一份长达27页的KIPP提案。"我们想在五年级组建一个大班。"范伯格说,"我们想把所有的学生都安排在同一个教室里。"

"多少人?"她问道。

"大约45人。"他回答说。

"你的目标是什么?"

"我们想帮助学生备考,让他们考上重点中学,相比于管理混乱的普通中学,这些学校的招生标准更高一些,具有一定的选择性。"

通过在某些中学实地走访,范伯格和莱文发现这些管理较差的学校对他们在休斯敦输送的第一批毕业生的帮助微乎其微。

"嗯，范伯格老师，"她说，"听起来似乎很有意思。"她答应会尽快给他们一个明确的答复，但是她需要先找时间审读并考虑他们的提案。日子就这样一天天过去了。韦尔丁一直没有明确表态。最后，在范伯格的多次追问下，她才说会给他一些反馈意见。

"太好了，韦尔丁女士。您觉得提案怎么样？"

"我觉得提案的打印字号太小了，读起来很费劲。你应该把字号调大一些。但是你的提案需要获得学区的批准。"

从她的语气中很难判断出她对提案的真实态度，但她并没有表示否定。她很高兴莱文能来加西亚小学任教。暂且不论范伯格是否合群，在韦尔丁看来，他都是一位卓有成效的年轻教师。她认为他的朋友应该也会像他一样优秀。同时，作为一所新学校，加西亚小学需要赢得外界的口碑。她认为像KIPP这样的创新项目可以提高学校的声誉。

正如韦尔丁所言，他们必须要首先得到休斯敦独立学区的批准。范伯格和莱文穿上他们最好的西装，直奔"泰姬陵"，这是对独立学区总部那座令人望而生畏的灰色混凝土建筑的戏称；"泰姬陵"位于里士满大道，靠近卫斯理安达街，看起来不像是出自一位悲伤的印度王子之手。这可不是一个热情好客的地方。

他们把提案交到了负责拨款的办公室。这是KIPP的启动环节，因为周六上课的学生需要在学校吃午饭，他们需要为其募集资金。还有一些特殊的郊游和旅行的费用，他们称之为"快乐因子"。既然要求孩子们如此努力地学习，就需要给他们一些值得期待的奖励。在艾斯奎斯的启发下，他们计划去休斯敦的博物馆、剧院和主题公园游览，并在学年结束时到华盛顿特区进行为期一周的旅行。他们会自行筹集资金，但需要获得学区的许可，才能进行资金募集。每次会面，他们总是无功而返。莱文和范伯格的提案不符合学区的现行规定，他们向对方极力解释自己的想法和规划。

"这个KIPP项目是要进行教育改革，对吧？"

"嗯，当然，是教育改革。"

"那么，你们现在开设了什么新课程呢？"

"哦，其实并不会推出什么新课程。这个学区有非常出色的课程制定者，他们已经制定了非常优秀的课程，我们只是想确保学生有机会学到这些课程。"

一位学区的官员斜睨着他们。"既然没有新课程，为什么要称之为教育改革呢？"

"嗯，我们打算让孩子早上7点30分到校。"

"好的，我们明白。你们是要办一个课前补习班吧？"

"呃，不。我们把孩子们留到下午5点。"

"那就是课后补习班喽？"

"我们只是想延长学生的在校时间。"

"然而我们并没有这方面的预算。"

"我们并不是想从你们这里申请资金，我们不需要学区出钱。如果我们需要资金，我们可以自己筹集。"

他们还是一无所获，于是向艾斯奎斯请教如何跟教育官员打交道。艾斯奎斯说如果对方比较友好，那就客气点儿。范伯格问："如果他们成了'拦路虎'呢？"艾斯奎斯回答说："那就软磨硬泡，死缠烂打，不达目的不罢休。"那些蓄意制造阻碍的官员跟家具一样，也是可以"移动"的，要耐心地与之周旋。

最后，他们被带进了休斯敦学区督学罗德·佩吉的首席副手苏珊·斯克拉法尼的办公室。她表现得并不十分热情，但还是很有礼貌地听取范伯格和莱文的意见。毕竟他们都是"为美国而教"的教师，这一点她很喜欢。当初正是在她的助力下，"为美国而教"才得以扎根休斯敦。

"只要能招到学生，你们可以去做这件事情。"她说。

范伯格和莱文对她表示感谢。如果范伯格下次再与她会面，她就不会这么友好了。不管怎样，只要苏珊同意了，他们就可以开始启动招生了。

12.

莱文的解雇风波

在巴斯蒂安小学教书的第二个学年结束时，莱文确信自己入职加西亚小学并在此开启KIPP是一项明智之举。巴斯蒂安小学也在经历重大的人事调整。在春季学期刚开始时，当初聘用莱文的校长乔伊斯·安德鲁斯就转到了另一所学校。校园里发生了一起强奸案，几个五年级的男孩下课后强暴了一个女孩。这件事闹得沸沸扬扬，惊动了学区的督学。他考虑换一位自认为强硬的新校长，于是这次选了一位男校长。

几乎在同一时间，巴斯蒂安小学也开始选举本校的"年度教师"。鲍尔似乎获得了大多数选票，但也有一些抱怨的声音。有人低声抱怨为什么每年都要选她。鲍尔很反感这种有失水准的评论。她决定停止这种抱怨。

"你们知道吗？"她说着站了起来，环视了一下房间。"我甚至都不想去做你们的代表。你们的抱怨太多了。'年度教师'不是校长任命的，是全体教员投票选出来的。"她稍停顿了一下，喘了口气。"这样吧，把我的选票拿出来吧。我不想代表你们。把我的票给莱文，或者直接把我排除在外！"

"你确定？"那个收集选票的女人问道。

"拿出来，拿出来！这下你们开心了吧。"她说着走出了房间。

现场一片哗然，教师群里炸开了锅，鲍尔的朋友们追了出去，试图劝阻她，投票也不了了之。她如此器重莱文，得罪了某些老师。他们认为这样一个新教师不值得这般推崇。有些人似乎公开对他怀有敌意，其中一个人甚至称呼他为"白人版鲍尔"。那一年早些时候，莱文发现有人在教工停车场划破了他的车胎。

但也有一些人对莱文颇为欣赏，他们像鲍尔一样很喜欢这个年轻人。他们再次进行了投票。在公立学校从教的第二学年末，大卫·莱文当选为巴斯蒂安小学1994年的"年度教师"。

新校长似乎对此没有异议。和其他校长一样，他专注于准备得克萨斯州学业技能测评（TAAS），莱文的孩子们当时学得不错。TAAS评估学校的方式后来成了联邦《不让一个孩子掉队法》的一种实践模板，该法案由前得克萨斯州州长乔治·W.布什总统于2002年签署。

1994年的规定是，在任何一所学校，如果有任何一个种族的学生的TAAS考试通过率低于75%，那么该学校将被评为不合格。这是新校长面临的一个棘手的问题，因为学校里的白人和拉美裔的学生非常少，几乎没有犯错的空间，所以要尽量保证所有学生都能通过考试。巴斯蒂安小学只有10名拉美裔学生和一名白人学生，他们都在莱文的班里。莱文被告知，至少要保证8名拉美裔学生和那名白人学生通过考试，否则学校就会有麻烦。

莱文后来回忆说，学校管理人员和特殊教育管理人员告诉他，避免成绩不理想的最好办法是不让这11名学生参加考试。如果这些学生的老师或家长签署一份声明，证明他们的语言技能不足以参加考试，或者他们自身存在学习障碍，通过考试来判断他们的进步是不公平的，这样他们就可以获得免考资格。学校要求莱文填写免考表格证明并在上面签字。其他老师也都是这样做的。这些教师当中的许多人都不喜欢让学生参加州考。他们认为对孩子施加这种考试的压力是一种错误，尤其是那些来自贫困家庭的孩子。

莱文拒绝在免考证明上签字。普通中学的这种学习标准令他深感失望。他想让自己的学生有资格进入一所重点中学，他希望他们能够发起挑战实现这个目标，就像完成他平时给他们布置的挑战任务一样。有些重点中学会从五年级开始招生。如果他班里四年级的学生去参加TAAS考试且能考得高分，那么他们就有机会被一所重点中学直接录取。毕竟，他和范伯格正在启动一个特殊的五年级项目，让学生有资格进入重点中学。如果他不尽力帮助班里四年级的学生备考TAAS考试并确保他们通过，那么，KIPP还没启动，他就违背了这一项目的初衷。

巴斯蒂安小学的管理者们对这些少数族裔学生所抱有的怀疑态度也是有事实根据的。去年，这些学生考试成绩在学校垫底。这就是为什么他们会被分到哈里特·鲍尔的得意门生——莱文——的班里。三年级时，莱文班里只有一个拉美裔学生通过了TAAS的阅读测试，另外还有两名学生通过了数学测试。

即便这样，莱文仍然认为他的学生在他的班里表现不错，如果再给他们一次机会，他们就可以通过TAAS考试。在巴斯蒂安小学教学的第一年，他班里70%的学生通过了这项考试。当然，那些孩子一开始是由鲍尔带的，但是今年他认为可以凭自己的本事，让班级学生的通过率超过去年。至少，他想要抓住这次机会，去尝试一下。相比于保证巴斯蒂安小学避免在TAAS方面获得不满意的评级，他更在意的是提高学生的学习水平。虽然人们普遍认为低收入家庭的孩子不可能取得太大的进步，但是他不打算屈从于这种令人沮丧的观念。

学校领导放弃了对莱文的签字要求，转而请求让那些拉美裔学生的家长在免考声明上签字。家长们也拒绝签字。他们解释说，亲善可人的莱文老师非常有礼貌地来家访，告知他们孩子的进步，告诉他们不要在免考声明上签字。莱文老师说他们的孩子可以通过考试。他们了解莱文老师，他是不会说谎的。

后来证明莱文是对的。在全班学生当中，没有通过数学测验的仅有一人，没有通过阅读测验的仅有两人。学校并没有在TAAS评级中惨遭滑铁卢，莱文的学生现在也可以申请进入重点中学。但是考试结果是在几周之后才公布的。对于他的做法，校长怒不可遏。但是校长也知道莱文下个学年就要转到加西亚小学了，也没有必要想方设法把他挤走。但他决定向这位年轻的老师传达一个明确的信号，让他明白自己此时的感受。

校长在其他几位校方领导的陪同下，在学年结束前一周，亲自将一封信函通知送到了莱文的教室。他让莱文阅读通知内容，并在上面签字，保留复印件，将原件交回。当时全班正在上课。四年级的学生们对于学校高层代表团的到访很是好奇，饶有兴致地在一旁围观。莱文在读那封信函通知时，极力不动声色。

通知里说下个学年巴斯蒂安小学不再聘用他。他被炒了鱿鱼，没有给出任何缘由。（后来校方的说法是：不服从管理。）他按照要求在信函通知上签了字，将原件交到了校长手里，校长就离开了。之后的一两天，莱文担心自己可能无法应聘到加西亚小学与范伯格一起工作，他担心自己已经被整个休斯敦独立学区解雇了。教师工会代表解释说，事实并非如此，解雇的效力范围仅限于巴斯蒂安小学。工会想要发起抗议。这将成为一条具有煽动性的头条新闻：年度教师遭解雇。莱文拒绝了。他不想让任何事情妨碍他和范伯格开展KIPP。

在他被解雇的那天，校长刚离开，他就把通知信揉成了一个小球，用一道漂亮的弧线，干净利落地投进了教室的废纸篓。当他离开巴斯蒂安小学的那天，他钻进车里，准备开车回家，发现车子的后视镜掉了。这次并不是有人故意搞破坏，罪魁祸首是一颗生锈的螺丝钉。像很多运动员一样，莱文相信体育运动中出现的神秘力量，生活中也是一样。鲍尔给他讲过许多神谕的故事。他选择像鲍尔一样，相信这些神圣的启示，将脱落的后视镜视为一种征兆。上帝在告诉他，去往加西亚小学任教，去开展KIPP，让他不再回头。

这是一个好兆头，之后的几个月，他都没有修理后视镜。他用侧视镜来观察后方有没有快车靠近。他马不停蹄，一直在路上。

13.

KIPP的承诺

为了给KIPP招募第一批五年级学生，范伯格和莱文探访了加西亚小学的四年级班。他们打算一开始只招45到50名学生，组建两个完整的班级，在一个大房间里一起上课。如果有家长不同意将孩子交到范伯格和莱文老师的手里，可以选择让孩子进入普通的五年级班。

他们排练了好几次招募宣传。他们大步走到每个四年级教室的前面。俩人块头都很大，而且声音洪亮，很是扎眼。范伯格会先开口，因为四年级的学生在校园里见过他。"你们这批学生非常幸运，"他说，"通常情况下，四年级的学生在年底会被分配至五年级的班级，但现在你们有了新的选择。Qué suerte！（西班牙语，意为'真幸运啊！'）"

"这位是莱文老师，他会和我搭班教学。如果你们愿意，明年可以来我的班里，我们称之为KIPP。"范伯格和莱文在前面的黑板上挂了一面KIPP的白色横幅：上面用红蓝字体写着"知识就是力量"项目（Knowledge Is Power Program）。他们认为这样可以让KIPP在这些懵懂单纯的四年级学生眼里显得更加真切。

范伯格说："现在我们要解释一下KIPP是什么，看一看哪位同学有兴趣了解更多，想要抓住这个机会。"

"在此之前，我们还有一个问题：如果你能去美国的任何地方，你想去哪里？"

"迪士尼乐园！"一个孩子喊道。

"加利福尼亚！"

"华盛顿特区！"

四年级的学生喜欢玩许愿游戏。他们有更多的提议：新奥尔良、圣安东尼奥、达拉斯、阿拉斯加、夏威夷。就像排练的那样，范伯格和莱文等待全班安静下来。然后，他们就像交通电台主持人一样开始相互调侃起来。"如果你可以去休斯敦的任何地方，你想去哪里？"范伯格问班里的学生，"你们喜欢'太空世界'游乐园吗？你们喜欢轮滑和溜冰吗？刚才说的那些所有地方！你们认为怎么样？"

"明年的KIPP班，"莱文说，"我不确定能不能去佛罗里达，但我们可能会带孩子们去华盛顿，对吧？"

"应该可以，"范伯格回答说，"刚才提到的所有当地的地方，我们都可以在课后带学生们去参观。但是学生们必须得自己争取，而且我们可以带他们去。"

莱文面露喜色，好像是第一次听到这个绝妙的建议。"好啊！"他激动地说，"当然！"

范伯格举起手中的带写字夹板，上面满是给父母的通知。"所以，如果你选择参加KIPP，你可以做的事情有很多。"他说。他可以在学生的脸上看出他们对此有一些兴趣，至少有一些好奇。一些年龄稍大一些的四年级学生试图装出漠不关心的样子，但两位老师看得出他们也在听。

"这是KIPP一些好的方面，"范伯格说，"如果你们加入KIPP，你们可以做很多事情。这是福利。还有超大福利。你们想要听吗？"

有几个学生点点头。

范伯格脸上露出灿烂的笑容。"KIPP的超大福利就是你可以早上7点半到校，下午5点钟离校，周六也可以来学校，多出4个小时的学习时间。你们暑假也可以有几周的到校学习时间，每天晚上都可以做家庭作业，所有这些都会让你做好上大学的准备，以后可以过上美好的生活。这真的是超大福利。"

他们非常细致地排练了这一部分的宣讲内容。他们知道如果这段导向性陈词的语气表达不当，会让他们听起来像个傻子一样。招生宣传的说辞非常重要。在接下来的几年时间里，他们会多次用到这段说辞。他们对其进行加工和润色，使之成为美国公共教育史上非常不寻常的一件事——成功地要求小学生选择完成比以往更多的学习任务。

他们第一次尝试这段说辞时，面对的听众是加西亚小学四年级的学生，学生们一脸困惑，所以他们也不确定是否能奏效。从本质上讲，他们给孩子们描绘了一个巧克力蛋糕和冰激凌的愿景，却把一锅热气腾腾的菠菜倒在上面。片刻的沉默之后，令他们感到欣慰的是，这些学生并没有拒绝他们的提议，至少现在还没有。他们正在考虑这件事。只需要再轻轻一推，就可以说服他们。范伯格和莱文继续按脚本进行对话。

"所以周六学生来学校学习，我们需要带着他们吃午餐，是吗，莱文老师？"

"我想是的。"

"嗯，那你觉得我们应该去哪里吃午餐？"范伯格说着，转而面对全班学生。

这些学生都是20世纪末的城市孩子。他们特别喜爱的就餐地点虽不多，但有一个地方却异常火爆。"麦当劳！"几个学生高声喊道。

"好吧，"范伯格转头对他的伙伴说，"你觉得我们可以去麦当劳吗？莱文老师。"

莱文说他认为可以。

"条件交易"还没结束。他们有更多的"甜头"。在艾斯奎斯的建议下，他们一直在课堂上使用所谓的"工资支票"策略。他们把学生的进步报告设计成类似工薪阶层每周工资的存根。他们在一张又大又硬的金色硬纸板上打印了一张KIPP"工资支票"的样本。如果学生努力学习，表现良好，老师可以在支票上方空白处给学生打分，分数就相当于"KIPP币"。他们也会给那些付出额外努力的学生加分，这种加分被称为"ganas"分数，致敬洛杉矶的数学老师杰米·埃斯卡兰特（Jaime Escalante）。埃斯卡兰特的事迹被改编成了电影《为人师表》（*Stand and Deliver*），"ganas"是他最喜欢说的一个词，意思是"对成功的渴望"。

学生们相互传阅着"工资支票"，但他们不确定这种支票在学校会是一种怎样的使用方式。范伯格继续讲解，他的语速很慢，这样所有的学生都能够理解这个奇怪的新班级是怎样运转的。"没错，"他说，"如果你们加入KIPP，你们可以赚取报酬。""KIPP币"可以用来兑换学习用品或糖果，也可以存起来，支付年终旅行的费用。"所以，超级福利就是，如果你们来KIPP，可以去旅行，可以去麦当劳，也可以赚取报酬。这才是真正的超大福利。"

范伯格和莱文曾关注过一些评级较低的独立电视台，比如在休斯敦播放《星际迷航》的电视台，研究它们的电视购物广告。从那些售卖清洁剂和小扳手的电视推销员身上，他们找到了推销阅读和数学学习的灵感。在KIPP的宣传中，他们借用了几个小技巧，包括主持人一再欣喜地强调更大的优惠还在后头。他们避免使用标准电视购物诱导的方式——"等等，还有更多优惠！"那些精明的听众可能已经注意到了这一点，会认为他们是骗子。但是他们真的是在诱导学生加入KIPP。

不要让顾客觉得这是"一锤子买卖"，他们已经领会到了这一点的威力。如果他们不喜欢某件商品，可以退货。"如果你们感兴趣的话，"范伯格挥舞着手里的一沓表格说，"没有必要立马就做决定，我们想知道哪些学生想了解关于这个项目的更多信息。我们有一封通知信，希望你们能够带回家，给父母看一下。如果你感兴趣的话，让父母在上面签字，然后把它带回来给我们，我们会去找你多聊一聊，让你多了解一下这个项目。"

1994年KIPP营销活动的反馈率令人振奋不已。加西亚小学四年级共有94名学生，其中大约65名学生带回了父母签字后的通知信。范伯格和莱文本想先招收75名学生，让鲍尔也一起转到加西亚小学教书，担任KIPP的第三位老师，但她拒绝了他们。莱文花了两年时间试图改变她的想法，但她仍然不为所动。对于两位无牵无挂的单身冒险者来说，这个新项目着实令人激动。但鲍尔有4个孩子要抚养，有房贷要还，又是一位资深教师，好不容易赢得了校领导和学生家长的信任；这个项目对她来说实在是太冒险了。

所以，在没有鲍尔加入的情况下，针对那些对项目感兴趣的孩子，范伯格和莱文展开了家访。他们在放学后挨家挨户地走访，直到街面华灯初上。他们也会把家访安排在周末。两个大个子白人在少数族裔社区很是惹人注目。但家长们传言说范伯格老师和莱文老师真的很关心学生。范伯格的西班牙语很烂，当然莱文的也好不到哪儿去，但至少他们会努力用西班牙语与家长交流。在很多情况下，虽然一些学生的家长比他们大不了多少，但是他们都展现出极大的尊重。

莱文和范伯格的鼓励性家访最终成为了KIPP最特立独行的招生策略之一。无论是贫穷社区还是富裕社区，许多学区管理者都不鼓励这种做法。但范伯格和莱文发现，大多数学生家长都认为教师家访是一种体现尊重的表现，即使他们事先没有打电话告知。加西亚小学的学生以墨西哥裔为主，对于这些家庭而言，情况尤其如此。在学生的父母或祖父母所居住的社区里，经常可以看到牧师和教师登门造访。出于偶然的机会，或者主要是因为别无他法，范伯格和莱文沿用了这一光荣的传统。

在招生访问中，他们拟写了一份所谓的《卓越承诺书》。表格分为两面，一面是英语，另一面是西班牙语。这份表格列出了教师、学生和家长的承诺。首先是教师的承诺：

教师的承诺

我们致力于KIPP教育，承诺履行以下义务：

- 我们每天（周一至周五）会在早上7:15之前到达KIPP。
- 我们从周一至周四会在学校工作到下午5:00，周五工作到下午4:00。
- 我们会在合适的周六于上午9:15到校，一直待到下午1:05。
- 我们会负责KIPP的暑期课程。
- 我们会始终以自己所知的最佳方式进行教学，我们将采取一切措施帮助学生学习。
- 我们将随时为学生和家长提供帮助，解决他们的任何问题。

- 我们将永远保护教室里所有人的安全、利益和权利。

如果我们未能遵守这些承诺，KIPP有权解雇我们。

_____

承诺人签名

家长或监护人的承诺

我们致力于KIPP教育，承诺履行以下义务：

- 我们将保证让孩子每天（周一至周五）早上7:15之前到达KIPP。
- 我们将做好各种安排，确保孩子可以从周一至周四在KIPP一直待到下午5:00，周五在学校待到下午4:00。
- 我们会在合适的周六让孩子于上午9:15到校，一直待到下午1:05。
- 我们会确保自己的孩子参加KIPP的暑期课程。
- 我们会始终以自己所知的最佳方式帮助孩子，我们将采取一切措施帮助孩子学习，即每天晚上检查孩子的家庭作业，如果孩子有疑问，会让孩子打电话给老师，并尽量每天晚上和孩子一起读书。
- 我们将始终为自己的孩子和学校提供帮助，并解决他们可能存在的任何问题，即如果我们的孩子不能来上课，我们会第一时间通知老师，我们会仔细阅读学校寄给我们的所有试卷。
- 我们会允许孩子参加KIPP的实地考察旅行。
- 我们会确保孩子遵守KIPP的着装要求。
- 我们理解，我们的孩子必须遵守KIPP规则，以保护教室中所有个人的安全、利益和权利。对孩子的行为举止负责的是我们家长，而不是学校。如果我们未能遵守这些承诺，KIPP学校有权取消我们孩子在KIPP的一切优惠待遇。

承诺人签名

承诺人签名

我致力于KIPP教育,承诺履行以下义务:

- 我会每天(周一至周五)早上7:15之前到达KIPP。
- 我从周一至周四会在学校待到下午5:00,周五待到下午4:00。
- 我会在合适的周六于上午9:15到校,并一直待到下午1:05。
- 我会参加KIPP的暑期课程。
- 我们会始终以自己所知的最佳方式进行学习和思考,我们将采取一切措施为自己和其他同学创造良好的学习条件,即我会在每天晚上完成当天的家庭作业,如果对家庭作业有疑问或者不能去上学,我会打电话给老师;如果我在学习中有不懂的地方,我会举手提问。
- 我会随时为家长和老师提供帮助,解决他们可能存在的任何问题。如果我犯了错误,我会向老师坦白事实,并为自己的行为承担相应的责任。
- 我会遵守规则,永远保护教室里所有人的安全、利益和权利。我会一直倾听KIPP学习伙伴的意见,尊重所有人。
- 我会遵守KIPP的着装要求。
- 我会对自身的行为负责,听从老师的意见。

如果我未能遵守这些承诺,KIPP学校有权取消我在KIPP的一切优惠待遇。

承诺人签名

莱文和范伯格在他们公寓的墙上贴了一张大大的图表，上面有1到50的数字标志。每招收一名新学生，他们就划掉一个数字。他们也在努力地筹集资金。范伯格向100多家公司和基金会提出了申请。实际上他并不清楚具体该如何操作，但是"为美国而教"的区域主管表示，这样申请可能是一个好办法，所以他满怀热情地启动了筹款计划，尽管这种申请方式并没有什么技巧可言。他把电话簿翻了一遍，记下了休斯敦几个最大的公司的名字和电话号码。他给这些公司打电话，问及各个公司社区主管的名字。他给这些公司领导写信，跟他们说明KIPP的情况，并请求约见他们，进一步探讨该项目的相关事宜。

在一百多封信中，有回复的只有三分之一。大多数回信都带着一种客套的官方口吻，表示他们从未听说过KIPP，也不喜欢这个项目名字的发音，却没有一个人答应给钱。范伯格则选择给自己的朋友和父母的朋友写信，效果更好一些。他募集到了大约2000美元，其中有很多20元面值的小额支票。

莱文也差不多募集到了同等数额的资金，然而他不需要写那么多的信件。范伯格总结道，莱文的联络更加有效，其宣传风格也更具吸引力。对于范伯格而言，这是展示他们二人之间差异的一个完美例证。范伯格可以说是一个"铲球手"，在中场打得甚是激烈，遍体鳞伤，满身是血。莱文则更像是一名"四分卫"，他敏捷地避开了对方的传球，并以一记精彩的传球赢得了比赛，但他身上依然干净如初。

范伯格经常打比方，说他是一匹驮运重物的老马，而莱文则是一匹表演才艺的骏马。莱文觉得这个比喻很好笑，虽然他并不完全赞同朋友的这种描述。他们都知道，与周围的其他人相比，他们都是完全的工作狂。范伯格时常故意夸大他们两人之间这种微小的差异，这种打趣方式营造出了一种幽默轻松的氛围。对于这种二人之间的关系，莱文想到了一个更合适且更具文学性的比喻。他让范伯格去读一读拉里·麦克穆特瑞的畅销书《寂寞之鸽》(*Lonesome Dove*)，书中讲述了两位西部老牛仔的故事，他们性格迥异，但关系仍然亲密无间。

这本书令范伯格大为惊讶。这不就是对莱文和他自己的完美诠释吗？他立马对号入座，认为自己就是书中的农场主伍德罗·F.考尔，努力奋斗，起早贪黑地干活，事业却鲜有起色；而他的朋友格斯·麦克雷则要么坐在农庄的门廊上喝着威士忌，要么进城去撩妹调情。然而，当危机出现之时，颓丧消沉的麦克雷，就像被施了魔法一样，突然间神采飞扬，一跃成为力挽狂澜的大英雄。他会将恶人绳之以法，救出落难的少女，他的朋友考尔则会在一旁惊愕且羡慕地看着这一切。从此以后，每当范伯格需要莱文的紧急援助，他只需要给莱文留个话儿——"该格斯出手了"。

暂且不论两人的风格如何迥异，范伯格和莱文已经为KIPP筹到了4000美元。他们应该怎么用这笔钱呢？他们又去拜访了学区负责拨款的官员，也就是那个对KIPP项目一头雾水的官员。负责拨款的官员见到他俩也是非常惊讶。他们竟然能筹集到4000美元，这让他颇为震惊。两位老师耐心地坐着，办公室里的人们窃窃私语，来回忙碌着。最终，他们告诉范伯格和莱文，已经帮他们建立了一个KIPP筹款账户，他们可以把钱存在这个账户里。作为KIPP的创始人，他们可以决定如何支出这笔钱，不过每笔花费都要征得韦尔丁的同意。

开启新征程是一件令人兴奋的事情。莱文大学时期女友的弟弟约翰·林是一名平面设计师，他为KIPP设计了项目徽标，其中包括KIPP四个字母的时尚写法，看起来像是黑板上的粉笔字一样。范伯格和莱文负责设计项目主题的T恤、课时安排和课程内容。他们相互探讨如何布置教室。他们将在6月开始为期3周的暑期课程，让学生们习惯许多新的规则。

韦尔丁一开始说可能会给他们安排一间学前班教室，比普通的教室要大一些。后来，她给他们找了一处更大的场地——一间宽敞的多功能厅，位于加西亚小学的一楼，容纳50名学生绰绰有余。

范伯格请休斯敦快印公司（FastSigns）制作了一张巨大的标牌，8英尺长，4英尺高。白色的广告背景牌上面写着"KIPP：知识就是力量项目"。"KIPP"用的是红色字体，"知识就是力量项目"则是亮蓝色字体。他们从加西亚小学门卫那里借来了自动升降梯，那是给学校两层楼高的大厅换灯泡用的梯子。他们把横幅悬挂在40英尺高的空中，像优胜旗一样，高高地飘扬在学校体育馆的上空。

韦尔丁把范伯格叫到她的办公室。"范伯格老师，谁允许你挂那条横幅的？"

"噢。"他回答道。范伯格对这种与校长之间的谈话已经习以为常。他总是会回答同样的话，"我觉得挂横幅不需要请求许可。"

韦尔丁也会给出她的标准指示："从现在开始，就要征求我的许可。"

"好的，夫人。"

14.

我们将改变世界

在寻找金主的过程中，莱文、范伯格考虑过接洽休斯敦的"床垫大王"吉姆·麦辛维尔（Jim McIngvale）。"家具展馆"（Gallery Furniture）就是麦辛维尔开的。这家店当初只是在I-45商业街搭了几顶帐篷，作为临时店面；经过多年的发展，已经发展成为休斯敦北部（加西亚小学所在地）乃至整个休斯敦地区最成功的企业之一。范伯格曾给麦辛维尔写信，但没有得到回复。当看到麦辛维尔的电视广告时，他突然想到，去他的家具店里逛一逛，遇到他的几率可能会更大一些。

许多美国城市都有像麦辛维尔这样的企业家，他们痴迷于电视宣传的力量，不介意自己在荧幕上那种傻乎乎的形象。莱文和范伯格兴致勃勃地看着电视里的"床垫大王"。他们要把教学中的阅读、写作和数学课程"推销"给一些不愿主动学习的"买家"，他们很乐意从"床垫大王"那里学习一些新式销售技巧。

"逛一逛家具展馆，来到就是赚到！""床垫大王"在电视里高声喊道。他手里攥着一大把钱，砸向镜头，卖力地强调，他的生意蒸蒸日上，一定会让到店光顾的客户感到物超所值。

他会向KIPP砸钱吗？范伯格和莱文开车过去一探究竟。他们感觉这样一个外向开朗的人应该不难找。麦辛维尔当时正在展厅，旁边放着一个大的扬声器。"嗨，麦克先生！"范伯格先打了一声招呼，"我们是附近加西亚小学的两位老师。"

"老师！"他说，"我喜欢老师。教育是固国强基之本。请稍等一下。"

他一把抓起了扬声器。"请注意！今天，仅限今天。沙发打八折。一定得买张沙发。"

然后，他把注意力转回到来访者身上。范伯格来不及思考，开门见山地说："我们的这个项目从五年级学生开始做起。"

"噢，五年级学生！"麦辛维尔热情地回应道，"这是一个非常重要的年龄段。马上就要升入中学了。请稍等一下。"

他再次按开了扬声器的按钮。"躺椅！躺椅！去躺椅区看一看。"

莱文和范伯格判断，这是一种非常严重的注意力缺陷障碍，表现为一种商业宣传的变体形式。留给他们的说话时间只有10秒钟。莱文说："我们正在启动一个名为KIPP的项目，即'知识就是力量计划'。我们相信没有捷径可走。"

麦辛维尔一挑眉，问道："你说什么？"

"我们相信没有捷径可走。"

这位家具经销商赚钱谋生的手段就依赖于快速且引人注目的信息交流。他也热衷于引用各种名人名言。"你说的没错，"他说，"千真万确。没有捷径可走。所以我们要努力奋斗，对吧？那么，你们今天来这里的目的是什么，兄弟？"

范伯格的嘴比较快。"嗯，我们正在启动这个项目，让孩子早上7点半到校，每年夏天都会开展暑期课程——"

麦辛维尔咧嘴大笑。"很好啊！"他回应道，"公立学校就应该这么做。所以，需要我做些什么呢？"

"这个，"莱文说，"这是我们整理好的提案。"他递给麦辛维尔一份KIPP项目的计划书。"不知您是否可以施以援手。我们需要筹集资金，用于开展项目活动，比如孩子们周六的午餐、实地考察旅行以及——"

"好吧，兄弟们，我真的很喜欢你们，"他说，"这样吧，我需要让公司的教育顾问看一下这个计划书。你们听说过撒迪厄斯·洛特吗？"

他俩表示有所耳闻。洛特是一位名人，《ABC 20/20》杂志上曾报道过他的事迹。"洛特，撒迪厄斯·洛特，"麦辛维尔强调说，"他是休斯敦韦斯利小学的校长。他会让孩子们整齐划一地排队出行，教孩子们学习自然拼读，也善于基础知识教学。他是我的教育顾问。他知道该怎么办。跟我来。"

他们穿过商店来到停车场。"这是我的车。"

麦辛维尔说道："你们跟着我走。"

他们开着范伯格的小皮卡，到达韦斯利小学只需要15分钟。这一路上，范伯格一头雾水，连连摇头。"莱文，"他说，"这是我遇到的最奇怪的事儿。"

到了韦斯利小学，麦辛维尔向文员们挥手打招呼，范伯格和莱文则紧随其后，三人走进了洛特的办公室。"撒迪厄斯，"他对坐在桌子后面的高个子男人说，"你好吗？"他将KIPP的计划书"啪"的一下扔在校长的桌子上。"撒迪厄斯，这两个小兄弟来找我。他们有一个叫作'知识就是力量'的项目，寻求我的帮助。我想要让你看一看，这是不是一个好项目。"

麦辛维尔自行坐下，毫不客气地拿起桌上罐子里的糖果，吃了起来。撒迪厄斯浏览着计划书，范伯格和莱文在旁边等着。他问了一连串的问题。

如，他们招了多少学生？他们的课程重点是什么？他们会使用自然拼读吗？韦尔丁女士对他们的项目有什么看法？他们需要多少钱？他们怎么使用这笔钱？这些问题比学区总部提出的问题更有洞察力，也更切实际。过了一会儿，撒迪厄斯向麦辛维尔表示，这两个小兄弟看起来考虑得十分周详，应该值得一试。

"床垫大王"听到这个反馈，就好像刚从万豪连锁酒店接到了一个大订单。"我们要改变世界！"他说，"我们要改变世界！"

"兄弟们，"他说，"你们猜怎么着。我觉得撒迪厄斯先生讲得很好，我觉得你们应该采用SRA阅读课程，撒迪厄斯也在用这个课程。如果你们同意采用SRA阅读课程，我就为这个项目买单。"

莱文和范伯格当时没有考虑过阅读课程的内容。他们的课程将重点关注小说的阅读和分析，就像艾斯奎斯的课程一样。对他们来说，补充什么阅读课程并不重要。他们回答说很乐意采用SRA阅读课程。双方就此达成了交易。从那以后，"床垫大王"就成了范伯格和莱文以及KIPP最大的出资人，这个金主喜欢向他们砸钱，就像他喜欢在电视里向摄像机扔钱一样豪爽。

15.

每个孩子都愿意学

当年6月初,KIPP的第一批学生走进了加西亚小学,进入了范伯格和莱文的教室。他们既好奇又兴奋,有点担心额外的作业任务。他们的新老师则担心有些学生可能会参加不了暑期课程,因为他们的家人通常会在夏天回墨西哥探亲。但是,第一天,几乎所有的学生都到齐了。

莱文和范伯格依然记得1994年为期3周的暑期课程时光,那是他们教学生涯中最美好的经历之一。他们的班级规模超级大,是他们以前班级的两倍。但两人是合作教学,可以发挥彼此的优势。教学进展比他们预想的要好一些。

他们将教学比作周末的激情篮球赛,两个配合默契的球员可谓是无所不能。他们施展各种花式招数,不看人传球啦、大灌篮啦、背后传球啦、空中接力扣篮啦,等等,只不过这个秀场变成了教室。他们从教的第一年,弄得一团糟。到了第二年,他们明白了自己必须要做些什么。现在,他们教学的第三年刚刚开始,一切条件都具备了。他们想让学生们明白,KIPP和他们以前做过的任何事情都不一样。范伯格称之为一种全新的场景,就像《绿野仙踪》里多萝西被龙卷风吹入仙境后,对她的宠物小狗说:"多多,我们已经不在堪萨斯了。"开学第一天,他们两人都穿上了西装,而不是小学教师的普通装束。他们打算稍后举行一场仪式，给学生们分发KIPP的T恤。

教室门的牌子上写着："欢迎来到范伯格老师精彩绝伦的五年级课堂。"作为教室装饰大师哈里特·鲍尔的学徒，他们下定决心，把自己的新教室打造成一件杰作。教室里有非常可爱的公告板，其中一张上面写着鲍尔的座右铭：我们都愿意学习；另一张是一幅画，画的是海豚潜入三个字母"D"——Desire（渴望）、Discipline（纪律）和Dedication（专注）。画上有50只小海豚，每一只上面对应班里一名学生的名字。在孩子们头顶上，悬挂着单词"Cloud（云朵）"，用钓鱼线从天花板上垂挂下来。无论学生在房间里看向哪里，都能学到一些东西。至少这是两位老师所希望的。第一天，在报名参加KIPP的50名学生中，只有一名学生缺席。范伯格和莱文当天就去了这位学生的家里，发现她改变了主意，不想再参加KIPP了。她更喜欢普通的上课时间。本次共有49名学生，包括42名拉美裔、6名非裔和1名白人。他们都是加西亚小学的学生，来自两个普通的四年级班，英语说得还不太好，在语言交流方面，仍处在从西班牙语到英语的过渡阶段。

范伯格和莱文明白，在夏天开始这样一个新项目，显得有些不太合适。他们本来可以等到8月份，即普通学校开学的时间。但是他们想要延长学生每天的在校时间，也想延长每年的在校时间，并且想要立刻开始。在传统观念里，暑期学校的名声一般都不太好，主要是为了给差生补课；范伯格和莱文想为其正名，表明暑期学校对提高每个学生的成绩是有帮助的。他们也可以借此了解一下学生，学生也可以顺道了解他们以及他们的教学方式。这样，等到常规学年开始时，他们就不需要再花前几周的时间向学生们介绍KIPP了。

悬挂在大厅天花板上硕大的KIPP横幅，着实有些引人注目，但很少有人对KIPP班级大惊小怪。加西亚小学每年也会开设同样为期3周的暑期课程。乍一看，莱文和范伯格的教学方式与其他暑期课程的教师并没有太大的不同。合作教学？这一套已经过时了。那些对答和歌谣呢？自从范伯格开始定期向鲍尔请教，他在加西亚小学已经这样教了两年，其他老师也觉得没什么大不了的。

学生们坐在蓝色的塑料椅子上，两人一桌，课桌的排列呈两个叠加的U形。两个U的开口端都指向教室的前方。如果不在教室里来回走动，范伯格或莱文会站在中间位置讲课。这样的桌椅排列有些拥挤，也显得有些混乱，像围成两圈表演的马戏团一样，两位人高马大的老师站在中间，看起来就像是演出指挥一样。

那年6月，他们采用了正常的暑期课程时间，从上午8点到下午2点。他们想在学习时间变长之前，营造一种团队和家庭的氛围。他们希望学生从一开始就能适应老师的期望，慢慢步入正轨。开学第一天，范伯格、莱文和全体学生共同大声朗读了苏斯博士的《史尼奇》(Sneetche)，生动地介绍了团队和家庭的概念。然后，他们读了一些历史性的演讲，包括马丁·路德·金的名为《我有一个梦想》的著名演说。第二天，他们读了更多的书，包括《极地特快》。老师每天都会留家庭作业，需要学生花费一到两个小时完成。正如他们所料想的那样，很多学生没有完成作业任务。这让他们第一次有机会证明，与休斯敦其他学校不同，这样的错误在KIPP是不能容忍的。

在KIPP班级开学的第二天，一个深色头发的女孩梅丽莎告诉范伯格和莱文，她没有做作业。但是她并没有解释原因。范伯格站在她桌子旁边，和她讲这件事情。他把莱文也叫来一起讨论。"莱文老师，你还记得我们和每位同学签的协议，对吧？《卓越承诺书》？"

"当然记得，范伯格先生。""梅丽莎，你也签了，对吧？"

她点点头。

"协议上说，作为学生，你会始终以自己所知的最佳方式学习和思考，并将采取一切措施为自己和其他同学创造良好的学习条件？"

她面带疑惑地盯着面前这两位西装革履的男人。发生了什么事情？她感觉到自己要有麻烦了，但却不知道为什么。以前从来没有人这样跟她谈过家庭作业的事情。

"记住，梅丽莎，"莱文说，"没有捷径可走。"

"当然！"范伯格大声地附和说，"我们谈过这个事情了！我们每天都在努力教你们，也需要你们努力学习，完成家庭作业……"

他停下不说了，因为梅丽莎开始哭了起来。这两位教师的语气也因此变得缓和起来。范伯格在她旁边坐下，开始仔细检查她的作业。他说她有能力完成这项作业，她所要做的只是抽出一些时间而已。但他继续强调说，在这个班里，必须要完成作业。"梅丽莎，亲爱的，"他说，"我们希望你能把作业做完。"她停止了哭泣，开始听老师讲话。

他们使用的教学内容是鲍尔的经典训练。他们利用鲍尔的经验，将数字的位值提高到了33位，并将其称为"得州规模数字"。五年级学生很喜欢"万亿"和"千万亿"的概念。他们回到家，向他们的兄弟姐妹们展示了自己所学到的新知识，他们的兄弟姐妹以前从未听过任何人能够正确地背诵美国的国民生产总值。他们学习了短元音和长元音。他们唱道："你要读书，宝贝，读吧。"他们翻转了所有的数字。数字"9"特别受欢迎。

教师：听说KIPP班的数学很好。

学生：不是吹的，这是真的！

教师：你们能说出"9"的倍数吗？

学生：能！

教师：KIPP！KIPP！

学生：快数一数，让我看到，手指翻转。（快速地）九，十八，二十七，三十六，四十五，五十四，六十三，七十二，八十一，九十，九十九，一百零八，喔，就这样数！

他们学习了生活的技巧：如何应对困境，如何坚持，如何保持友善，如何帮助他人。他们学了艾斯奎斯的座右铭，比如"没有捷径可走"，也包括"努力做事，善良做人"。随着KIPP以后的不断发展，这条格言也越来越流行。范伯格和莱文认为他们项目的这一部分是最重要的，它使所有其他的学习成为可能。他们记得他们在中学走访时和以前学生的谈话，这些孩子对学校的看法、他们的目标感和责任感，都在迅速恶化，导致他们更难在阅读、写作和数学方面取得进步。

在莱文和范伯格看来，家庭作业的地位非常重要。如果学生对家庭作业有任何疑问，他们希望学生可以在家里给老师打电话。全班大约有40名学生的家里安装了电话。一些学生可以在所住公寓附近的街边使用付费电话。学生经常会给他们打电话，电话里的问题也是五花八门。"我看不懂这些题目要求，莱文老师。""我读不懂这个，范伯格老师。"教师公寓里只有一部电话，所以他们轮流接听电话，通常一晚上会接到10到20个电话。

KIPP的大部分内容都是从鲍尔和艾斯奎斯那里学来的，但让学生们就家庭作业给老师打电话则是他们自己的想法。这一想法成为了KIPP最具独创性的特色。这种做法似乎减轻了学生的家庭作业压力，让他们更有可能完成作业，也可以帮助莱文和范伯格了解哪些家庭作业清晰有效，哪些需要调整。

几乎每天晚上，他们都会捎带几个孩子回家，停下来和孩子的父母聊一聊。他们会在晚上7点左右回到公寓，继续工作，一直到11点才会休息。他们不能再看《星际迷航》了。因为没有时间了。

建立KIPP文化是一件非常艰难的事情。有时范伯格和莱文并没有解释清楚他们想要什么。班里很多学生的英语还不太好，存在一定的语言障碍，有时候学生也会误解他们的意思。有时，为了激起学生们的兴趣，也为了委婉地表达，他们会使用孩子们很难理解的密语，即将一连串词放在一起，听起来不太合乎逻辑，但如果把每个词的第一个字母串在一起，就能讲得通。

KIPP开始的前几周，师生之间就家庭作业丢失问题进行了多次讨论。作业去哪儿了呢？"我做了，"学生会这样说，"但是我不知道放哪儿了。""基普生"（莱文和范伯格开始这样称呼他们的学生）开始明白，这里的学生每天都要交作业。他们刚升入五年级，也才10岁，正是儿童丢三落四的年纪。所以他们的老师要教他们如何找到"神秘"失踪的家庭作业，以及生活中丢失的任何东西。

"你不知道自己的作业在哪里？"范伯格问道，"哎，我知道。我知道它在哪里。"

孩子们已经习惯了老师们宣称自己拥有的魔力。事实证明，有时候这种魔力是真的。他们不能再不假思索地反驳范伯格或莱文所说的任何话。"在哪里？"一个孩子问道。

"就在你上次放作业的地方。"范伯格回答说。

学生们看起来很困惑。"你上次把它放在哪儿了,"他接着问道,"想一想你上次放在哪里了,去那里找。作业又没长脚,不会自己跑了。去你上次放作业的地方,它就在那儿。"

学生会将这个建议铭记于心,努力去执行。他们一般很难记得自己上次放东西的地方,但许多学生发现,当他们坐下来静静地思考这个问题时,可能会想到一些蛛丝马迹。就像范伯格和莱文先生说的那样,他们经常能够找到丢失的家庭作业。

其中有一个"基普生"叫辛西娅,她的英语不是很好;那年夏天,她和其他非KIPP班的五年级学生一起参加了学校组织的实地考察旅行。在公共汽车上,一位老师正在翻找自己的钱包,抱怨钥匙找不到了。

"我知道你的钥匙在哪儿。"辛西娅说。

那位老师一脸疑惑。难道是有学生拿走了她的钥匙?"你知道钥匙在哪儿?"那位老师问道,"在哪儿呢?"

辛西娅一字不落地重复了范伯格先生给他们的建议:"就在你这个傻瓜上次放钥匙的那个地方。"

"什么?"

"就在你这个傻瓜上次放钥匙的那个地方。"辛西娅重复道。

那位老师不觉得这有什么好笑的。"你为什么跟我说这些?"她大声吼道。

辛西娅感到十分惊讶,哭了起来。"但范伯格先生一直都是这么说的!"直到韦尔丁将范伯格叫来解释,这些成年人才知道是怎么一回事。

1994年夏天,还发生了其他一些小事故,但KIPP的总体评价还是不错的。加西亚小学的其他学生可以看到KIPP的孩子们玩得很开心。其中一个学生对这个新项目非常感兴趣，她决定跳过家长咨询环节，直接转入KIPP班。她叫瓦妮莎，刚来加西亚小学不久，是1994年春季晚些时候转过来的；那时候，KIPP班的报名已经结束了。她几乎不懂英文，但是她看到了KIPP教室里悬挂的单词"Cloud（云朵）"，听到过那个班上孩子们的欢声笑语。她来到KIPP教室，告诉莱文和范伯格，她不想参加学校为基础较差的英语学习者专门开设的普通暑期课程，她想来KIPP班。

他们告诉她，班级已经满员了。那年夏天以及接下来的新学年，她只能待在原来的班级。她不明白什么意思。那天下午两点，放学铃响后，她一言不发地走到教室后面，跪在一个书架旁，挑了一本书，开始读起来。至少她看起来像是在看书。她不懂英语，但显然她很想试一试。莱文和范伯格交换了一下眼色。他们走进校长办公室。校长起初并不同意。难道他俩认为可以打破所有的规则吗？但最终校长允许让瓦妮莎进入KIPP的秋季学生名单。

他们迫不及待地想知道，当8月来临，KIPP开始了每天9个半小时的日程安排，届时会是怎样一种情形。后来，韦尔丁背叛了他们，至少他们这么认为。当他们休完短暂的暑假，回到学校时，他们发现韦尔丁把一楼的大教室分给了一位美术老师。范伯格极力劝说韦尔丁，想让她改变主意。他指出了另一间教室同样适合上艺术课。但是校长主意已定，她认为自己没有必要向一个仅有两年教学经验的25岁青年解释她所做的每一个决定。在她的领导下，加西亚小学的入学人数不断增加。消防条例规定，年龄较小的孩子必须待在一楼，所以五年级的所有学生都必须在楼上上课。

"范伯格老师，我意已决。"

"可是，韦尔丁校长——"

"范伯格老师，这件事到此为止。"

"可是，韦尔丁校长——"

"范伯格老师，不要再说了。"

"可是，韦尔丁校长——"

"范伯格老师，我警告你。"

他终于放弃了。他和莱文感到很沮丧，就上楼去查看他们分到的教室。情况比他们想象的还要糟糕。他们分到了210和220两间教室，这两个房间分别位于走廊的两端，相距太远，不适于合作教学。他们注意到，220教室旁边的218教室没有启用，里面存放着一些设备，但是可以把设备搬到210，这样两间教室就能挨在一起了。他们曾提出要砸掉218和220教室之间的墙壁，韦尔丁记得她当时否决了他们的提议，她不想让他们把新学校搞得乌烟瘴气。

其实他们也不想搞那样一个"大工程"，他们只是觉得或许有这种可能。他们可以将25张双人课桌和50把椅子都塞进220教室，在218教室储藏一些东西，也可以在里面组织学生开展一些特殊活动。他们给每个房间起了名字。220房间叫"比格"（Big），218房间叫"道格"（Dog）。

"比格"是他们的主教室，但里面只有一张黑板。他们需要更多的黑板。他们打算安装几张干擦板，即老师可以使用彩色记号笔在上面写字的那种白板，且比较了一下干擦板的价格。欧迪办公最便宜的干擦板售价180美元。对于是否要花这笔钱，他们讨论了整整两个小时。对他们来说，这个价格太高了，但最终他们还是买了，并把那块白板挂在了教室的一面墙上。

这一次，他们并没有征求韦尔丁的允许。

16.

激励与处罚

休斯敦第一个KIPP班的常规学年于1994年8月底正式开始。范伯格和莱文踌躇满志。到了10月份,他们确信KIPP实验成功了,从孩子们表现出的学习热情和完成作业的质量中,他们可以看出一些端倪。为了跟踪每个孩子的进步,他们会进行阅读和数学相关的测试,孩子们的测试成绩不断提升,这也是一个好的迹象。五年级的学生非常喜欢鲍尔编排的那些歌谣,他们在操场上也会不由自主地唱起来。午餐时间,莱文和范伯格也会听到校园的某个角落传来孩子们的歌声"你要读书,宝贝,读吧"。

这一消息也传到了"为美国而教"休斯敦地区办事处。该组织派遣新学员去观摩学习莱文和范伯格的教学,为此韦尔丁特意安排丽莎·梅迪纳担任他们的助教,负责安排新学员到220教室听课。经常会有学员过来听课,他们有的坐在角落里,有的靠墙坐着,让原本狭小的教室显得更加拥挤。过了一段时间,两位讲课的老师几乎就感觉不到他们的存在了。

一天早上,在几个"为美国而教"的学员在场的情况下,两位老师发现自己进入了一种"理想状态",即运动员和演员们所谓的神奇的完美境界,一切尽在掌握之中。鲍尔称之为"来自上帝的点触"。他们上了一堂活力四射的课,学生们载歌载舞,沉浸于学习当中。那堂课非常精彩,但是他们很多课都是同样精彩的。他们让学生安静下来，排队去吃午饭。当学生们离开时，教室里响起了一阵奇怪的声音。他们环顾四周，看到"为美国而教"的新学员们正在起立为他们鼓掌。

事实上，即便在充满乐趣的日子里，针对来自贫困家庭的学生，取得如此精彩的教学效果，也是很少见的。要让学生保持专注，保持学习兴趣，防止他们影响其他学生，仍然是一件很困难的事情。莱文和范伯格需要采用各种惩戒手段。至少在开始的时候，最有效的方法是对工作投入热情，愿意迅速采取行动，转移学生突然爆发的敌意或厌倦。

鲍尔的标语提到了其中一种技巧："如果你不能和大狗一起奔跑，就乖乖地待在门廊上。"这意味着良好的教育是为那些努力的学生提供的，他们对自己和同学都抱有很高的期望。如果某个学生不想和那些在学习方面雄心勃勃的"大狗"并肩战斗，那么唯一适合他的地方就是"门廊"，一个平淡无奇的地方，生活一如既往，也没太多乐趣。甚至在KIPP开始之前，范伯格和莱文就已经尝试将"隔离"作为一种惩戒手段。他们的想法是利用"门廊"，把问题学生与其他学生隔离开来，以此作为一种激励。不努力学习或行为不端的学生会暂时被迫离开"大狗"的团队，但他们仍可以与老师保持密切联系，老师将向他们展示如何克服挫折和不足。

这种惩罚方式非常老套，有很多形式，包括一些过时的做法，比如让孩子戴着"傻瓜帽"坐在教室的角落里。乍一看，KIPP的"隔离"惩戒方式并没什么不同。"门廊"位于220教室后面空旷的区域，由一张单人课桌、一把椅子和一个从墙体中央突出的橱柜组成。《卓越承诺书》载明：KIPP承诺保护学生在教室的安全、利益和权利，并竭力确保每个学生都能享受良好的学习环境。任何妨碍学习的人都有被推到"门廊"的风险。一旦他们走上"门廊",就不能和别的学生说话了。午餐时,他们必须坐在一张单独的桌子旁,远离他们的朋友。他们只能和老师说话。事实上,和老师说话是走下"门廊"的必要条件。做功课和遵守校规将为他们赢得重新加入"大狗"团队的权利。

范伯格和莱文知道,同伴压力是班级管理最强大的力量之一。学生们想要和朋友们待在一起,不想被区别对待。切断他们与朋友的联系是一种有效的激励。至少,范伯格和莱文认为这样是可行的。他们就"门廊"激励法和其他被动的惩戒方式,开始了一系列无休无止的实验;没有一种惩戒方式能够完全令人满意,但是每一种方式都可以为一些学生指明正确的方向。几年后,随着KIPP学校数量的增加,"门廊"激励法也演变成几种不同的形式。一些学校,包括莱文创建的学校就完全放弃了这种惩戒方式。但在一开始,"门廊"只是一种标志线,在"隔离期"结束之前,被隔离的学生不能越过这条线。

"门廊"惩戒对应的行为通常都与学习态度相关,它评判的是学生的努力程度,而非做题的正确率。"基普生"不会因为考试成绩差而受到惩罚,走上"门廊"。如果学生不做家庭作业或者耍了小聪明,比如抄作业,则会被赶上"门廊"。学生们还会因为欺负其他学生、扰乱课堂、不尊重老师、偷窃、撒谎和其他违规行为而受到"门廊"隔离的惩罚。如果被赶上"门廊"的学生不止一个,他们则会坐在教室后面的其他课桌旁。

KIPP开始的第一年,很少有学生被赶上"门廊"。即便被赶去了,也通常只会在上面待一天。等到下午快5点时,莱文或范伯格会问坐在"门廊"上的学生一些问题。问题与学生的学习和态度有关。学生被问到的最后一个问题是:"好吧,你知道错了吗?"通常学生都会给出肯定的回答。

"如果我们让你走下'门廊',你会用自己的行动,向我们证明你已经吸取了教训,不会再犯这样的错误吗?"

同样,回答一般都是肯定的。

"好了,你可以走下'门廊'了。"

对一些学生来说,这种惩戒的作用很快就会被他们抛之脑后。家庭作业是一个主要问题。莱文和范伯格要求每个学生每天晚上都必须完成作业,以便为第二天的课做好准备,但有些孩子的作业好几天都交不上来。对于这些孩子来说,待在"门廊"上的时间会更长一些。"你还没有完成这项作业,"老师会这样告诉学生,"所以下个星期你都必须待在'门廊'上。但如果这几天时间里,你每天都能交作业,到了周末,你就可以离开'门廊'了。"

教师们也对"门廊"惩戒方式进行了个性化的调整。"好像每次我们恢复了你正常的自由,你就又会犯错误,"范伯格对一个男孩说,"你又会回到'门廊',但是在'门廊'上,你就会表现得更好一些,然后我们就会说,你可以离开门廊了。可能下一次当你走下'门廊'时,我们会保留两项对你的限制。或许你可以在午餐时和朋友说话,但是课上不允许你和朋友交谈。或者我们可以让你坐在房间的另一边,远离你的朋友。我们想让你学业有成。"

霍华德就是第一年"门廊"上的常客之一。莱文和范伯格认为他是世界上最迟钝的孩子。他很少能够按时完成作业,也很容易走神。在"思考技巧"训练过程中,学生们一边吃免费早餐,一边做书面练习,霍华德的节奏太慢了,他们只好在他旁边放了一个计时器。效果也不是太好。他们把墙上的钟表取了下来,放在他的桌上,提醒他必须继续努力解决拖延的问题。他们在他脖子上挂了一个秒表，邀请其他学生把他们的手表放在他的桌子上。如果这种活动方式令他感到不适，他们会尝试采用其他的方式。但是霍华德是一个开朗外向的孩子，他喜欢得到这种关注。他加快了自己的学习节奏，但是效果依然不理想。

"门廊"上的另一位常客是拉里。他与母亲和妹妹住在一起。他以前的老师对他的要求并不高，即便犯了错误，老师也不怎么惩罚他。拉里习惯了这种松懈的管教方式，经常会出言不逊，辱骂同学。对于这种冒犯他人的行为，莱文和范伯格则会立马出手管教。这样做的目的是让霍华德和拉里这样的孩子把精力集中在学习上。如果他们对学生的不当行为视而不见，可能会导致学生表现出更多的不良行为，分散其他学生的注意力，拖慢课堂进度。如果放任一些学生肆意取笑他人，就会增加学生之间的怨恨，对学习环境的破坏就会更加严重。

出于这些原因，范伯格和莱文都不喜欢学校标准的课间休息时间。这段时间严重分散学生的注意力，打乱了他们教学的节奏。他们不得不让所有学生排好队走出教室，然后再排好队回教室上课。课间休息时间还会引发学生之间的冲突，对接下来一整天的课程都会造成不良的影响。莱文和范伯格拒绝在上午的课间休息时段把学生带出教室，因为那个时候，学生精力和注意力都处于巅峰状态。韦尔丁很讨厌这种不遵守学校时间规定的做法。但课间休息时，学生人数少了，干扰也就少了，所以她就顺其自然了。

范伯格和莱文每天下午会专门为他们的学生们安排一场45分钟的躲避球比赛，作为课间休息的一种方式。下午3点30分左右，在加西亚小学普通班学生放学回家之后，KIPP班的学生会稍作休息，吃点零食，然后去体育馆。他们会使用篮球场地。全班分成两个大组，球场中线两边各站一组。这些老师和学生会尝试一些新的游戏规则。如果能从中线的另一边把球投进篮筐，团队中的所有成员都可以回到比赛中。有些人扮演的是"幽灵"角色，即便被球击中，也死不了，因为他们可以隐身。为了保证游戏的公平，这种角色一般会分配给弱小者或新手。

到了感恩节，KIPP班级的进展非常顺利，以至于莱文和范伯格开始怀疑，他们最初的目标——让学生有资格进入重点中学——是不是定的太低了。他们的学生能成为重点中学的尖子生吗？他们决定当务之急还是要先把学生送进重点中学。他们努力让学生们为重点中学的入学考试做好准备。普通中学的重点班就相当于是加西亚小学的KIPP班。考试在二月份举行。范伯格和莱文研究了历年入学考试的考题，在他们上午的教学内容中加入了考试模拟题。

这是一种"应试教育"。随着得克萨斯州等州以及联邦政府要求所有公立学校的学生每年都要参加考试，这种教育方式变得越来越有争议。批评人士称，根据州考试的内容量身定做的课程缩小了课程范围，不利于学生的学习。包括莱文和范伯格在内的支持者表示，这种做法只是对州考命题人（大多数是教师）认为的对学生学习很重要的技能和概念的回顾。既然没有人抱怨学生根据任课老师的考试内容进行复习备考，那么学生准备州考试有什么问题呢？重复是人们学习的一种方式，适用于实习飞行员、高尔夫球新手、外语学习者，也同样适用于五年级的学生。

范伯格和莱文注意到，重点中学考试的阅读部分通常包括一个句子排序题。在一个方框中有10个被打乱顺序的词语，学生必须把单词排列成一个连贯的句子，并在答题纸上用重新排列的句子中第三个单词的最后一个字母做标记。数学问题包括数字模型和数感（即数字的应用能力），用数学的方法去思考问题。他们上午的教学内容涵盖了所有考题的考查方式。据莱文和范伯格所知，除了他们，没有其他老师会这样费尽心思让自己的学生考入重点学校。从某种意义上说，这种现象不容乐观，因为这表明教师对学生的期望值非常低，但从另一种意义上说，这意味着他们的孩子更有可能在考试中击败竞争对手。

他们的期望实现了。测试结果显示，几乎所有的KIPP学生都在一年内提高了两个年级的水平。大多数学生都有资格进入重点班。范伯格和莱文问韦尔丁，学校明年是否有可能增加一个六年级。他们想要让五年级KIPP班的学生集体升入六年级，让KIPP贯穿五、六两个年级。他们建议韦尔丁在操场边上增加两间可移动教室，这样新班级的教室就有了着落。

"嗯，我认为这个想法非常好，我们从长计议吧。"然后就没有了下文。当他们再催她时，她说这样的项目必须要得到休斯敦北部学区督学的批准。于是，他们就去拜访北部学区的督学。督学说："这个计划听起来还不错。我们再想一想，从长计议吧。"这跟韦尔丁的说辞如出一辙。他们意识到这种说辞其实是一种礼貌的拒绝。他们已经不再习惯接受任何出于礼貌或其他原因的拒绝。他们四处寻找能让学生的进步更上一层楼的其他办法。

17.

学习动起来

关于KIPP第一年所发生的事情，最生动形象的记录是由助教丽莎·梅迪纳在1994年末或1995年初拍摄的一段18分12秒的视频。这段视频是为了让未来KIPP的教师、家长、学生和捐赠者了解范伯格和莱文在做什么。在这段视频中，范伯格、莱文和47名学生一边咏唱，一边在教室里踱步，尽管他们的教室空间非常狭小，原本仅能容纳一半的学生。双人课桌紧凑在一起，学生并排坐着，教室里刚好有足够的空间，学生有地方做作业，老师们也勉强可以在教室里走动。

教室里铺着灰色的地毯，中间摆着4排课桌，前排坐5个学生，紧跟着后两排坐6个学生，最后一排坐7个学生。这样就可以坐24名学生，均面向教室前面的长黑板。站在黑板前，可以看到教室右边还有两排课桌，与中间几排课桌垂直。8名学生坐在靠右墙的那排，前面一排坐6人，他们都面朝教室中央。左边是一长排课桌，坐8名学生，也都面向教室中央。

这样，整个教室就能容纳46名学生。视频中还有另外一名学生——一个瘦削的男孩——坐在教室后面一个座位上，在一根柱子和一个书架之间的空地上。在他的书桌上方有一块大牌子，上面写着"门廊"（Porch）。

在梅迪纳的镜头下，学生们正趴在桌上做作业。没有喧哗声，也没有叽叽喳喳的讨论声。两位老师也不再像暑期课程开始前几天那样穿得西装革履了。范伯格身穿牛仔裤和KIPP的白色T恤，背部印有"知识就是力量"（Knowledge Is Power），前胸上印有一块黑板的图案，上面写着"KIPP"。莱文也穿着牛仔裤和一模一样的T恤，在范伯格一旁弯着腰。俩人正在小声交谈。

从教师面向学生的角度看，教室右侧有几扇大窗。所有的遮光窗帘都拉上了。一些窗帘上贴着很多海报和标语。有些学生（但不是全部）也穿着同款T恤。

在视频中，学生做完了作业，然后开始咏唱鲍尔编排的歌曲，他们在空中挥舞着手臂，拍着桌子，打着响指。有这么一个时刻，几排学生站在桌椅上，一边唱着7个大洲的名字，一边跟着歌曲的节奏，做出踢腿的动作。

范伯格在教室前面踱来踱去，高声喊道："这是什么教室？"

全体学生齐声回答：

这是勤奋学生的教室

我们喜欢学习

想多读书

去创造更—美—好—的

未—来！

范伯格边走边微笑着说："打起拍子来！"

学生们开始用手拍打课桌。啪，啪，啪！啪，啪，啪！他们唱着鲍尔的歌谣：

你要读书，宝贝，读吧。

你要读书，宝贝，读吧。

范伯格和莱文在教室里走来走去，用双手拍打着大腿，响亮地拍打着节奏。五年级的学生更讲求实际应用，所以他们使用的仍然是鲍尔的原版歌词：

读得越多，知道的越多，

知识就是力量，知识就是金钱，我要读书。

你要读书，宝贝，读吧。

你要读书，宝贝，读吧。

不要为了金钱才接受教育。

学艺不精，只能向人索取。

你要读书，宝贝，读吧。

你要读书，宝贝，读吧。

你会向妈妈索取，向朋友索取。

难道你不知道自己可以学习？

难道你不知道自己可以胜利？

你要读书，宝贝，读吧。

你要读书，宝贝，读吧。

在教室右边的墙上，高高挂着这样一句标语："如果你不能与高手并肩，就只能待在一边（门廊）。"在教室前面的墙壁上，黑板与挂钟中间，还有一条标语，用大写英文字母写着：ALL OF US WILL LEARN（我们都愿意学习）。"愿意"（will）是红色字体，其他所有的字都是黑色字体。后墙上贴了一幅矮胖墩儿（Humpty Dumpty）①的大画像和一首改写的童谣：他读了那么多的书/他忘记了自己会摔倒。

全班一起先翻转了数字"9"的倍数，然后翻转了数字"8"，最后翻转了数字"7"。范伯格用手捂住右耳，摆出一副听不清的样子。学生们翻转数字"6"时，声音更大了。

"打扰一下，孩子们，"范伯格站在教室前面喊道，"有谁知道在哪里可以找到一些'高手'吗？"他故意在中间停顿了一下，以便引起学生的注意。

"呜哇！'高手'在此！"学生们大声回应道。在范伯格的引导和提示下，他们转向了美国各州首府的话题。

"奥斯汀？"

"得克萨斯！"

"圣达菲？"

"新墨西哥！"

"萨克拉门托？"

"加利福尼亚！"

"奥林匹亚？"

"华盛顿！"

"朱诺？"

"我知道！"

"是什么？"

---

① 矮胖墩儿是著名英文儿歌《鹅妈妈童谣》（Mother Goose）里面的人物。——译者注

"阿拉斯加!"

他问"林肯"是哪个州的首府,学生的回应不够热烈。他又问了一遍,学生提高了嗓门,回答道:"内布拉斯加!""杰克逊"一时间难倒了许多学生。范伯格不得不再问一遍,学生才给出了响亮的回应:"密西西比!"课程继续向前推进,这是一场知识记忆的盛会。莱文接替范伯格,担任"啦啦队队长",他大声问道:"一杯等于多少盎司?"

"8!"

"一杯等于多少盎司?"

"8!"

"喝掉它!"每个学生都做出喝掉一杯水的样子。莱文在走廊里踱着步,也做出了同样的动作。每个人都从1数到8。"我喝(ate)了一杯羹"——记忆的要诀在这里(ate与数字8的英文eight发音相同)。"一杯8盎司!"

两位老师在过道里走来走去,做着和学生一样的手势。"请站起来!"范伯格说。很多学生就站到了椅子上面。这种行为在很多教室里都是明令禁止的,但在这里,却没有人让学生从椅子上下来。学生没有足够的空间可站立,只能站到椅子上了。

"共有多少个大洲?"

"有7个!有7个!"

学生们依次说出七大洲的名称,举起双臂,跳向空中,把腿踢向一边。踢腿的动作看起来有些危险,但是没有人摔倒。

这种知识复习方式如此之快,令人应接不暇,在回顾了杯数、夸脱数和加仑数之后,这一阵急速的咏唱就结束了。

"我数5个数,你们就可以坐下了。"范伯格说,"1、2、3、4、5。"

莱文则站在黑板前。"请抬起头来。"他说。他带学生做了一个长除法的题目,用鲍尔的暗语代表每一阶段的算术过程——"看门口方向,拉下帘子"。然后范伯格在板上写了一个巨大的数字——足足有30位数。范伯格让他们一边唱着"个、十、百,勾一下!",一边让学生帮忙标出每组的3个数字。

"很棒,"范伯格说,"为了读出这个数字,我们今晚试一试'巨无霸'单位——千、百万、十亿、万亿。"

老师指着每一组数字,他们就读出来。孩子们深呼吸,准备大声说出每个3位数的正确读法。他们读的数字越来越大。"说出你看到的,说出逗号对应的数字单位:Quarked、Quastar、Sexy、September、October、November、December"——这是百万的四次幂(*quadrillion*)、五次幂(*quintillion*)、六次幂(*sextillion*)、七次幂(*septillion*)、八次幂(*octillion*)九次幂(*nonillion*)、十次幂(*decillion*)的记忆符号。这段视频很短,展示教学过程的时间没有多少,主要是给学生提供一个又一个"可丢掉的拐杖"。然而合作教学是显而易见的。这间教室空间有限,太多的学生挤在狭小的空间内,他们的动作却整齐划一,俨然是一个集体。视频拍摄的效果也不太好,影像有时会随着学生歌声的起伏上下晃动。但是,里面的学生们看上去很快乐。

18. 纽约调研

1994年夏季的某一天，纽约市前教育行政长官西·弗莱格尔（Sy Fliegel）接到了莱文打来的电话。莱文说他听说弗莱格尔在曼哈顿研究院工作。在一次非同寻常的合作中，这家偏保守派的研究院出资，让偏自由派的弗莱格尔在纽约建立一所规模较小的创新型公立学校。弗莱格尔创立了教育创新中心（Center for Educational Innovation），一个领先的教育改革组织。

莱文说他想和弗莱格尔谈一谈关于在纽约建学校的事情。他和一个朋友正在休斯敦开展一个项目，但他们不确定该项目在纽约是否有发展的空间。并询问下次他们来的时候，弗莱格尔是否愿意和他们谈一谈。

弗莱格尔说："可以，你们什么时候来？"莱文说："秋天吧，我们现在真的很忙。"

弗莱格尔说："来的时候告诉我一声，我们坐下来聊一聊。"

直到当年10月份，莱文才去拜访弗莱格尔，那时候KIPP正处于第一学期的试点阶段。他来到弗莱格尔在曼哈顿研究院的办公室，研究院大楼位于范德比尔特大厦与第44大街交汇处，弗莱格尔的办公室就在三楼。这次范伯格没有跟他一起来，之后每次去拜访弗莱格尔，范伯格都会一同前往。

弗莱格尔是纽约教育界的传奇人物。20世纪七八十年代，作为一名公立学校的管理者，他在东哈莱姆区成功地创建了几所学校。其中最著名的当属中央公园东部中学（CPESS），其校长黛博拉·迈耶（Deborah Meier）成为了美国最受敬重的教育家之一。她和学校的老师像对待研究生一样，对市中心贫民区的青少年进行教育，大幅提升学生的学习成绩。CPESS没有作业任务单和选择题考试，而是开展研究项目和口头测试。为了确保迈耶能够挑选合适的教师团队，弗莱格尔打破了几项人事规定，其中一项是这样的：当公立学校发布空缺职位，那些符合条件的资历最老的教师都可以申请。这所学校的成功彰显了他过人的胆识和管理的高效，让他声名鹊起；他的故事被写进了《东哈莱姆的奇迹》(*Miracle in East Harlem*)一书，讲述了他是如何帮助东哈莱姆区的学校将阅读和数学成绩从全市的第32名提升至第15名。

莱文和范伯格针对市中心贫民区儿童所采取的教学方式不同于迈耶的教学法，但弗莱格尔愿意帮助任何敢想敢干的人。这两位老师认为，如果他们留在休斯敦，不到一年时间，KIPP项目就可能会被扼杀在摇篮里。他们明年还想继续带现在班里五年级的学生，让他们升到六年级，并再招收一个新五年级班。他们想再聘请至少两名教师，最终建立一所五至八年级的完整规模的初中。韦尔丁最终给他们的答复是，她没有多余的校舍，没有权力，也没有经费。莱文希望能改变她的想法，他回忆说，曾经约她外出谈一谈，但遭到了拒绝。韦尔丁则表示没有这回事。

弗莱格尔没有要求莱文提供KIPP的任何数据，只是想听这个年轻人讲一讲。像他这样的纽约学校管理者以及教育改革实干家，经常会听到正反两方面的意见。对此，他总是能够给出积极的回应。如果听到有人向他抱怨什么事情，他会严肃地点头说："谢谢你让我注意到这么重要的事情，我马上调查，然后给你答复。"甚至当他的妻子抱怨他把袜子扔在地板上时，他也会微笑着说："谢谢你让我注意到这么重要的事情。"

每当有人带着拯救美国学校的新方案找到他时，他的第二个标准回应是叩问申请者的灵魂。他会问："你的梦想是什么？"掌管曼哈顿研究院的保守派可不喜欢这样的提问。弗莱格尔便会这样问他们："你的目标是什么？"关于"梦想"的提问，莱文给出了满腔热忱的回答，弗莱格尔被成功说服。

"好吧，"弗莱格尔说，"可以在南布朗克斯给你安排两个五年级班。"他不能保证莱文和范伯格一定会成功，毕竟这两个年轻人初出茅庐，当然不如迈耶那样能够深谋远虑；但好在他们与他一样，都认为"低收入家庭的孩子具有成功的潜力"。这两位常春藤名校的毕业生履行完他们"为美国而教"的义务后，仍然想留在市中心贫民区教学，这一点也令他刮目相看。

弗莱格尔认为，在人生的这个阶段，他可以利用自己作为奇迹创造者的声誉，将朝气蓬勃、满腔热血的教育者安排在合适的环境中，这是他的人生价值所在。弗莱格尔知道，在纽约教育体系的第七学区（包括南布朗克斯），有一位督学，名叫佩德罗·克雷斯波（Pedro Crespo），他对这种实验学校的态度很友好。他也知道，无论莱文和范伯格的计划多么地与众不同，纽约的校长们都会注重实效，就像当初韦尔丁答应他们在加西亚小学建立新五年级时的想法一样。作为老师，他们才智过人、精力充沛，在教学方面，可能也会比其他任何申请者都更优秀。并且，他们二人都是身材魁梧、体格健壮的男性，在满是不安分男孩的校园里，他们都属于不可多得的人才。

弗莱格尔认为，教育机构的成功不仅取决于良好的理念，也取决于领导力。有人带着他们认为自以为会成功的理念，踌躇满志地找到他，仅仅是因为这些想法和计划本身很不错。弗莱格尔认为那是无稽之谈。只有具备强大的领导力，想法才有机会落地，才能成功。莱文去见克雷斯波以及第七学区的其他高层官员。他们的说法和弗莱格尔料想的一模一样。他们对KIPP计划很感兴趣，欣然同意让他们在现有的K-5学校开设两个五年级班。第七区的官员都知道弗莱格尔过去的辉煌成就。借助弗莱格尔的人脉关系，莱文和范伯格在纽约开启了KIPP，但莱文很快就意识到，在南布朗克斯立足绝非易事。

19.

声名大噪

1994年12月18日，周日上午8时30分，休斯敦独立学区西区的督学安妮·帕特森的卧室响起了一阵电话铃声。是她的朋友凯茜·明克伯格（Cathy Mincberg）打来的，凯茜是市教育委员会的一名成员。帕特森身材高挑，一头红发，喜欢在周日睡懒觉。她被电话铃声吵醒了，还没有完全清醒。她很奇怪谁会在这个时候打来电话，这个点儿对她来说太早了。但是电话那头的明克伯格却很兴奋，她对着电话大声喊道：

"安妮，你看报纸了吗？"

"呃，没有。"

"看一下！快去！报纸上说北区有两个小伙子，他们想开办自己的学校，但没有人愿意帮助他们。他们打算搬到纽约去。你为什么不给他们打个电话呢？"明克伯格曾听说过加西亚小学两位老师的趣闻，并跟《休斯敦邮报》的作家苏珊·贝斯·华莱士（Susan Besze Wallace）提及此事。华莱士当时24岁，和她在文章里报道的主人公年龄相仿。华莱士报道了莱文和范伯格的故事，让明克伯格想起了自己初任生物教师想要改变世界时的感受。

帕特森知道明克伯格的直觉通常都很准，或许这篇故事有一定的价值。

但是，首先她得先喝点儿咖啡，咖啡对她来说很重要，然后她才有精神去看报纸。

报纸的头版是3篇系列报道，讲述了市中心贫民区男性教师的重要意义，范伯格和莱文的故事就是其中之一。故事的标题是"好男人寥寥无几"，下面是一张KIPP小学五年级学生雷蒙德·加西亚的照片，他正站在公寓外的付费电话前，和老师讨论着家庭作业。照片下方的说明文字是：两名男教师致力于改善青少年的生活。照片旁边是大号字体的内容解释："在美国各地，吸引男性重返课堂的运动正在兴起。有人希望借此可以为数百万缺失父爱的孩子树立起父亲的形象。大卫·莱文和迈克·范伯格两人响应休斯敦的号召。"记者华莱士得到了国家教育作家协会（National Education Writers Association）的资助，对有关男教师的系列内容进行了为期3个月的报道，其中包括一位国家年度男教师的故事以及一位魅力非凡的教练的故事。范伯格和莱文从未太过强调自己的性别。在接下来的10年时间里，就像普通学校的教师一样，KIPP的教师也是以女性居多。但当范伯格和莱文看到这篇文章时，他们就像明克伯格当时一样开心。他们希望这篇报道能够增加公众对他们的信任，或许还能重启他们留在休斯敦的计划。

故事报道如下：

在一个狂风呼啸的周三晚上，12岁的雷蒙德·加西亚来到公寓大楼的付费电话亭，打了一通对方付费的电话。电话亭旁边放着一台锈迹斑斑的可口可乐自动售货机。

他将一张纸举过头顶，这样，借着街灯的灯光，他可以看清上面的字。电话里传来熟悉的声音，他获得了"对方付费"的许可。

今晚电话谈论的主题是"物理"。他有时候会谈论"社会科学"，也经常谈论数学方面的问题；很多时候，他打电话只是想聊一聊。

街坊邻里们也都正在排队等着用电话，所以他只有几分钟的时间。几分钟时间通常也就够了。今晚，老师为他讲解了固体、液体和气体的难点，雷蒙德听明白之后，就结束了通话。

他回家要穿过一片草地，那里曾经是一个游泳池。只有当他妈妈在家时，他和弟弟鲁本才可以离开公寓。

但是妈妈大约晚上10点钟才能到家，他的爸爸4年前去世了。今晚雷蒙德与之最后一次谈话的成年人不是他的父亲或母亲，而是一位教师。

迈克·范伯格在15英里外的电话另一端对他说："晚安，小伙子。"他挂掉这通电话，还要去接另一位学生打来的电话。在接听电话的间隙，范伯格和他的教学搭档大卫·莱文会批改学生昨天的家庭作业，安排明天的课程，并试着选定他们五年级的圣诞演出节目。

这篇故事报道的篇幅很长，共2799个单词，给了华莱士足够的空间来记录学生们的生活，描述范伯格和莱文的教学方法。帕特森仔细阅读了课堂教学方面的描述。她知道好的教学是什么样子的。与报纸上关于学校的大多数报道不同，这篇报道提供了足够的细节，让她判断这两个年轻人是否足够清醒地意识到他们在做什么。故事报道继续：

这两位老师经常为学生提供"叫醒"和"出租车"服务，范伯格开着一辆雪佛兰皮卡，莱文开着一辆福特金牛座。两位教师自掏腰包，为没有闹钟的家庭购买了闹钟……

他们在狭窄的教室里来回踱步，为学生指点迷津，有时也会拍拍手，给学生们打气。他们每天都在紧张和忙碌中度过，就像是最后一节球赛一样，分秒必争，成败在此一举。

明克伯格注意到，华莱士在报道中提到这样一点：休斯敦可能会失去这两位优秀的青年才俊，他们要去纽约了。帕特森已经看到了足够多的信息。他们就是她想要找的人。

帕特森在新泽西州的韦斯特菲尔德长大，父亲是一位诚实善良的产科医生，她从小深受父亲的影响。她在圣地亚哥市中心的贫民区开始了自己的教学生涯，后来跟着当银行家的丈夫搬到了休斯敦，开始从事贫困儿童教育方面的教师培训工作。最终，她成为了一所学校的校长，这所学校在莱斯大学（Rice University）附近，3年时间内，换了3个校长。她招募了一支精明能干的教师团队，凭借自己的教师培训经验，慧眼识珠，重用人才。学校里学生的成绩一路飙升。到了1994年，她成了休斯敦西区的督学。她仍然渴望找到优秀的教师人才，即便他们是像莱文和范伯格这样初出茅庐的年轻人。

她找到了范伯格的电话号码，给他留言："我对你们的项目非常感兴趣，我们为什么不见面聊一聊呢？"范伯格回了电话，说他们可以在里士满大道上的一家小啤酒坊见面，那是他和莱文最喜欢的休闲去处之一。帕特森希望他们能帮助解决古尔夫顿社区的问题。古尔夫顿是一个中美洲低收入移民家庭的聚居区。严格意义上来说，这个社区并不在她管辖的学区范围之内，但是古尔夫顿的孩子们最终会进入李高中就读，那里可是她的地盘。如果她能为其中一些孩子创建一个示范中学项目，这将为其他中学树立一个很好的榜样，并最终提高李高中的成绩水平。当然这并非易事，古尔夫顿社区以贫困和帮派问题而著称，是得克萨斯州青少年犯罪率最高的十个社区之一。

她告诉范伯格和莱文，她可以在李高中的停车场腾出一块地方，供他们开展中学的项目。他们可以建立模块化教室，招收古尔夫顿社区的孩子，作为中学的生源。可能需要单独为他们配备校车，当然，这个问题也可以解决。

这个计划让范伯格和莱文看到了希望。他们的KIPP计划有四大成功法则，他们称之为"四要素"：较长的教学时间、高质量的教学、家长的支持和行政方面的支持。莱文和范伯格认为，他们自己可以保证较长的教学时间和高质量的教学。虽然他们并不完美，但他们至少证明了自己可以保证让一个班级每天连续运转9个半小时，并且提供足够好的教学质量，显著提高学生的成绩。他们也知道如何赢得家长的支持。

但是，行政方面的支持却不在他们的能力范围之内。如果不能尽快找到强大的盟友，他们可能坚持不了多久。他们已经被休斯敦北区的家长拒之门外。布朗克斯的学校官员的态度似乎很诚恳，但那个地方对他们来说过于陌生。范伯格对纽约并不熟悉，莱文从小在纽约上东区长大，他对布朗克斯区、学校领导和政治特点都不是很了解。

他们深知行政管理方面的草率和阻碍会对他们的教学带来多大的伤害。每隔一周的周六上午，他们都要在加西亚小学上课，他们向韦尔丁申请一套学校的钥匙，这样他们就可以自己进学校了，但她没有同意，而是答应派一名门卫或校长助理给他们开门。到目前为止，拿钥匙的人已经有两次没有出现了，导致他们不得不在停车场上课。

对于他们筹集的资金，有些人也存在一些误解。范伯格每个月都会给学区办公室打电话，核对KIPP的账户余额。每次资金的余额数字都对不上，他确定账户上少了几百美元。经过调查，他发现是加西亚小学的行政人员动用了KIPP账户的钱款，用以购买一些办公用品和图书资料。资金缺口将近800美元。他发誓要揭露这种职务盗窃行为,但帕特森叫他不要声张。她不想因为自己从北区挖走范伯格和莱文,而与学区总部发生任何冲突。如果范伯格将挪用钱款的事情闹大,受到牵连的某个官员可能会打击报复,否决他们调动教师的申请。她告诉范伯格和莱文,一旦他们顺利地转到休斯敦西区,成为她麾下的教师,她会满足他们的资金要求。多年后,韦尔丁表示这是一个无心之过,钱款存错了账户,说她很快就纠正了这个问题。

范伯格和莱文都很喜欢帕特森。有些教师雄心勃勃,满脑子都是新想法,帕特森会对他们说:"放手去干吧。"她认为不应该对踌躇满志的教育者进行过于苛刻的管理。虽然他们认为帕特森或许能够兑现她的承诺,但他们必须保留去纽约市的选择权。如果第七学区给他们空间,他们已经答应去南布朗克斯了。目前来看,放弃这个机会是不明智的。同时,他们也想继续留在休斯敦。他们不想亏欠自己的学生,包括过去几年来一直与他们保持联系的学生以及KIPP班里的学生。他们告诉过那些孩子,要帮助他们进入大学,很多家长可都指望着他们呢。

20.

一对一单挑

范伯格和莱文越来越清楚地意识到,在帕特森和弗莱格尔的帮助下,他们很快就会有两所学校,而不是一所。如果休斯敦和纽约的办学申请都通过了,范伯格将留在李高中创办新的KIPP学校,莱文则可以在布朗克斯开设第二个KIPP学校。但他们仍然忙于休斯敦的日常琐事,难以脱身。他们每天合作教学10个小时,其余的时间都生活在一起。两人也渐渐地对彼此感到厌倦。

他们偶尔可以打篮球调剂一下,周末会跟几个"为美国而教"的朋友一起打篮球。通常他们会在同一个战队,与其他球友打对抗赛。但如果没有其他球友时,他们两人会一对一单挑。

当然,他俩是最好的朋友。他们合作项目的成功强化了这种友情。但有时候,像范伯格和莱文那样生活,而不是像两个分开且独立的高傲个体,这是很折磨人的。他们是典型的美国男性,所以很少讨论这个话题,两人对此都心照不宣。他们的相似之处远远多于不同之处。然而日常生活的烦恼往往让他们专注于他们之间的不同。《寂寞之鸽》中的两个人物形象对应到他们两个人是一种很形象的类比,另一个比较贴切的类比出自《古怪搭档》(*The Odd Couple*)。莱文的性格有点像里面的菲力克斯·昂格。他是两个人中比较细心的那一个。莱文做事追求完美，范伯格则有些不拘小节，两人的争论经常会围绕这种差别而展开；当他们对KIPP教室的装饰产生分歧时，莱文通常会严格坚持他从鲍尔那儿学到的艺术价值。

第一个KIPP班刚开学时，他们就因"学生应该把标题写在哪里"发生了争执。对包括他们在内的许多老师来说，这是一件非常重要的事情。无论写任何东西，学生都要先写标题。他们不得不就标题格式问题达成一致。范伯格让学生把姓名、日期和主题写在右上角，分成三行。莱文则更喜欢让学生把所有信息都放在顶部的同一行：学生的名字在左边，日期在中间，主题在右边。他们为此争吵了两个多小时。最后范伯格赢了，正如他后来说的，这是因为莱文更成熟一些，意识到这种争执是很不明智的。

对于学生应该如何证明他们平衡了代数方程式的两边，他们也争论了很久。那时，五年级的老师很少教代数概念，但他们的导师艾斯奎斯和鲍尔让他们确信，学习代数对这个年龄段的学生来说是一个有益的挑战。如果公式是$x-7=20$，老师会告诉学生们，通过在方程的两侧加7，在方程一侧，只留下变量x，这样就可以算出$x=27$。到目前为止，还没什么问题。范伯格想让学生们在方程上方的每一边写上"+7"，然后在方程左侧的"+7"和"-7"之间画一条线，这样就可以清楚地显示相互抵消了。在方程式的右侧，"+7"处于20的上方，表示相加在一起，得到答案"27"。莱文认为最好在等式两边下方写"+7"。这样就可以更清楚地表明，等式右边的式子就是一步简单的加法，大数在上，小数在下，这是五年级学生比较常见的加法算式。

在这种情况下，范伯格选择了让步。他能够看到，学生们更适应莱文的方式。莱文提出将他们解决问题的口号"UPSLOB"（understand、plan、solve和look back的首字母缩写）升级为"DRQFOSAC"（do、read、question、facts、operation、solve、answer和check的首字母缩写），范伯格也表示同意。

每一步的行动都要与另一个人协调，这带来了很大的压力，虽然二人都做出了一定的让步，但并没有使这种压力得到缓解。他们意识到，如果他们在全班同学面前发生争吵，后果将是灾难性的；当然他们有时会事先排练好一些争论，来戏剧性地表现某一堂课，这是没有问题的。神经都绷得如此之紧，足以让他们感到心力交瘁。在他们一对一对抗打篮球赛时，他们都认为加入一些竞争因素或许有助于放松精神。当然，他们也没有跟对方挑明这一点。过了一段时间，他们才意识到，即使在球场上，亦步亦趋式的相互迁就，也可能不是什么好事。

他们最喜欢去格雷迪公园的球场打球，公园在约克镇大街，离他们的公寓只有半个街区的距离。那是一个水泥地的篮球场，位于公园一角，四周绿树成荫。球场上方有金属棚顶，下雨天打球也不受影响，但是球场两侧都是开放的。球场维护得很好，篮筐上还挂着篮网。

他们都很喜欢这项运动。两人都清楚，莱文的球技更好一些。但范伯格认为，如果打耐力赛而不是技能赛，他这个沉着冷静的"考尔上校"可能会击败天才"格斯·麦克雷"。1995年初，一个周日的下午，球场上只有他们两个人，范伯格提出他们进行一对一比赛。他说为了让比赛更有趣一些，谁先放弃算谁输。范伯格绝口不提自己在这场耐力赛中的优势。

当时，天寒地冻。尽管气温很低，他们还是穿着平时穿的T恤和短裤。他们打的是半场赛，每投中一球得一分，投球得分者获得控球权。比赛的第一个小时算是很好的练习，并没有什么意外。第二个小时也是一样。莱文已经遥遥领先，双方比分大约是100∶60。他们并不完全确定准确的分数，但根据耐力赛规则，这些数字已经失去了意义，他们都不想放弃。

范伯格尽可能让自己的心理保持简单，他心里想，我就是不放弃，我要把他打得落花流水。他在速度和敏捷性方面比不上莱文，但是他和莱文一样高，且更强壮，能够迫使莱文在外线投篮。当莱文上篮时，范伯格会挡住他的去路，把他顶出去。无论莱文如何投篮或者在哪里投篮，范伯格都尽量让他付出代价，做出猛撞胸口或者肘击肋骨之类的动作。

莱文则会给出无声的还击：你对我下手越重，我得分就越高。他不断地跳投。他的体力虽然在不断地透支，但是他可以积聚力量，偶尔爆发一下，加快速度，突破范伯格的防守，直接冲到篮筐下。看球，迈克！

5个小时过去了，他们开始隐约地意识到，如果再这样下去，可能会对自己的身体造成严重的伤害。在一次碰撞中，范伯格被撞得嘴唇流血，他的双腿也失去了知觉。莱文的上身到处都是瘀伤，那是范伯格的手肘撞击留下的痕迹。莱文领先80多分。范伯格一心只念着自己的"咒语"：不要放弃，不要放弃，不要放弃。但是当他的朋友提议停战时，范伯格并没有感到意外。他再一次承认，莱文比他更成熟一些。

"呃，迈克，这比赛变得有点荒唐了，"莱文喘着粗气说，"我们真的是好朋友，但这样下去，可能会变成一场斗殴，可以无休止地持续下去。"

范伯格疲倦地笑了笑，同意了。他并不想宣布自己的胜利。但是，至少他没有放弃。"我们去吃鸡翅吧。"范伯格说。他们打完球通常会去韦斯特海默大街上的"鸡翅餐厅"（Wings'N More）大快朵颐，补充些蛋白质。

多年以后，回过头来看，这是一场值得深思的比赛，令人回味无穷，但他们很高兴比赛终于结束了。两人可能很快就会身处不同的城市，再也没有机会像从前那样一起教学，再也不能在打完球之后，瘫坐在椅子上吃着鸡翅了。一起享受时光的日子结束了。

21.

再辟战区

纽约第七学区的官员说,他们已经在南布朗克斯为KIPP找到了一块地方。帕特森正在继续推进李高中的KIPP计划。但是这一学年结束还早着呢。莱文和范伯格仍要承担加西亚小学47名学生的教学重任。即使范伯格留在休斯敦,他的新学校也不太可能有地方容纳他们现有的五年级学生。这些孩子马上就要升入六年级了,他们必须为这些孩子找到合适的优秀中学。如果帕特森信守承诺,让KIPP发展壮大,也许会有办法让这些孩子重回KIPP。范伯格决心悉心照看他的"宝宝们"(他这样称呼学生),如果"宝宝们"不得已离开他的日常照顾,他也要确保他们不会受到虐待。

范伯格需要为明年的五年级寻找校舍,也需要招收新学生。他很喜欢把KIPP搬到李高中这个安排,但是他不想让五年级的教室紧邻十一年级的教室,这样会让五年级学生的父母感到不适。但是,帕特森说可以为范伯格找到合适的场地,把小孩子与大孩子分开;办法是在学校后面的一块空地上,建两栋活动板房(有时称为"移动教室"或"拖车教室"),可以在那里开办新的KIPP学校。

每栋板房的建造费用为2.2万美元,可分成两间教室,两栋总共可分成4间教室。不幸的是,在人满为患的休斯敦,其他学校也在争夺同样的设施。该学区已经建立了自己的板房建筑机构,可以快速建造活动板房,但这并不意味着KIPP可以获得足够的设施。帕特森很难坚持优先考虑自己的要求,因为她管辖的学区都是纽约市最富裕的社区,她的学校也不像其他许多学校那么拥挤。

KIPP在这里招生看似很简单。古尔夫顿有两所小学——坎宁安小学和贝纳维德兹小学,有许多他们认为适合KIPP的孩子。当年3月份,范伯格参观了坎宁安小学的4个四年级班和贝纳维德兹小学的5个四年级班。大多数孩子都来自中美洲的家庭。像加西亚小学的学生一样,也有墨西哥裔的孩子,还有一些是越南裔和非洲裔。

记得艾斯奎斯在休斯敦演讲时,带着两名学生现场展示,范伯格也招募了两名KIPP的女孩来,跟他一起去招生。他们在每节四年级的课上花了大约20分钟。范伯格不想让他的听众感到厌烦,也不想逗留太久。他采用了他和莱文去年写的剧本,尽量点燃学生的热情,激发他们的兴趣。范伯格再次扮演能言善道的"逗哏"范伯格老师。两名女孩则代替莱文的"捧哏"角色,负责给出积极的回应。

范伯格问四年级的学生想去哪里旅行。他在黑板上写下了他们梦寐以求的目的地——迪士尼乐园、"太空世界"游乐园、纽约、华盛顿。他询问学生小助理的意见:"你们觉得如何?如果这些孩子来KIPP,你们觉得我们能去一趟圣安东尼奥吗?"

"当然,范伯格老师,我们可以去。"两位女孩自信地回答。

范伯格说:"我最喜欢的食物是汉堡,你觉得我们可以每周吃一次麦当劳,或者去其他地方大吃一顿吗?"两个女孩故作迷惑状,好像对方是一位健忘的大叔:"范伯格老师,我们现在的午餐就是这样的呀!"

这则电视购物式的招生宣传达到了预期的效果。四年级学生一开始看起来有些心不在焉，接着是满脸狐疑，然后是满怀希望，最后是兴奋不已。教室里一下子就热闹了起来。两位"老于世故"的五年级学姐的出现给他们留下了深刻的印象。新生们后来告诉范伯格，关于KIPP的介绍，他们印象最深刻的不是老师，而是那两位加西亚小学的女孩。两位女孩的出现让这次招生活动宣传显得更加真实，这是四年级学生不太熟悉的一种宣传方式。

范伯格给每个班都分发了一些表格。"这不是报名表，"他说，"我们只是想看看谁对KIPP感兴趣。如果你感兴趣，我会再找你详谈。"

"什么意思，你是要找我们谈话吗？"一个女孩问道。

"我会去你们家里。"他说。

有些四年级的学生看起来一脸迷惑。

"是的，我会去你们家。"他重复道。

填表的家长有一百多名。有些四年级的老师告诉范伯格，他们会向学生推荐KIPP。他知道这种推荐并非总是一种无私的举动。在一些情况下，老师认为某个有天赋的孩子在普通学校无法得到适当的培养。但是还会有另外一种情况：某位校长会对KIPP"赞不绝口"，因为她希望某个孩子尽快离开她的学校。

范伯格的场地可以招收3个班，大约可以容纳72名学生。经过多次讨论，他和莱文决定这是一个比较合适的招生规模。如果他们能在加西亚小学开展项目的第一年，说服鲍尔加入KIPP，他们当时就可以招72名学生。他们认为，如果学生人数超出这个规模，将很难建立学生和老师之间的个人联系，而且，按照计划，他们的学校是要发展成一所完整规模的初中，包含5—8年级四个年级。如果每个年级的学生人数明显少于72人，就不符合他们的办学理念。他们希望让KIPP成为一所规模完整的学校，有足够的学生人数来证明其成本是合理的，而不是一个只有几间教室的小项目。

范伯格计划在一个活动板房内安排两间教室，另一个活动板房内安排一间教室，其余的空间用作办公室和学生个别辅导的地方。他想把学生分成3个班，每班24名学生，在3间教室轮流上课，一间是阅读教室，另一间是数学教室，最后一间是社会科学教室。按照这样的安排，他至少还需要两名教师。

莱文是指望不上了。纽约的事情就够他忙的了。范伯格独自一人去拜访古尔夫顿社区的家长，发现他那蹩脚的西班牙语足以应付这一任务。如果一位家长问他一个什么问题，他听不懂，他就会看着这位未来的学生问："你妈妈刚才说什么？"家访的次数越多，他的西班牙语发音就越流畅。面对极少数非裔、亚裔家庭以及一个白人家庭时，他还是需要用英语跟家长交流。但是，令他惊讶的是，他开始感觉自己的英语发音竟然有些怪怪的。他用西班牙语游说的能力有了大幅提升，这一点令他感到欣慰。

古尔夫顿社区共有7.5万居民，挤在3平方英里的土地上。范伯格的两位室友莱文和弗兰克·科克伦都即将要离他而去，科克伦和莱文一起去了纽约。他需要一个新的住处，一个他自己能负担得起房租的地方。为什么不去古尔夫顿社区呢？当年5月，他在满是移民家庭的"灯笼村"（Lantern Village）租了一套一楼的公寓。他搬进了41号楼的4109室。这套公寓面积仅有500平方英尺（约合46平方米），带一间卧室、一间浴室、一间厨房和一间起居室，月租440美元。

房租很便宜，他很满意。人们都打趣说他和莱文过于节俭，他们也能欣然接受。范伯格也发现他的新住址有利于开展招生宣传。他的公寓就在伯内特·贝兰德公园（Burnett Bayland Park）对面，那里的帮派活动和毒品交易很是猖獗。作为本地社区的一名居民，当他说他想帮助社区的孩子时，也有一定的可信性。"我们的社区需要变得更好。"他告诉家长们。

很多时候，家长们听后都会微笑着点点头。他们很高兴认识这样一位老师，这位老师如此重视他们，以至于他搬到了附近来居住。家长和孩子在《卓越承诺书》上签了字。休斯敦的KIPP学校正式开始运营了。

为总统献唱

1995年5月,范伯格和莱文要组织大批学生去华盛顿特区旅行。艾斯奎斯告诉他们要像即将报道奥运会的电视台记者那样,筹备此次旅行。他们要带学生去往机场、酒店、博物馆和国家纪念碑等地方。对于贫苦出身的孩子来说,这些地方都很陌生,所以他们必须要提前学习各种礼节和礼仪。两位老师在旅行中为学生讲授不同的知识,比如白宫东厅的绘画、国会大厦的雕像、联邦部门的职能,以及总统杰斐逊和林肯纪念碑上的文字。

正如他们事先警告的那样,并不是每个人都有资格参加这次旅行。大约有6名学生在"门廊"上待得过久,而在学习上花的时间太少。在他们的同学去华盛顿的那一周,他们被安排坐在加西亚小学其他老师的教室后面,阅读更多与外出旅行的同学所参观的地方相关的内容。

参加此次旅行的40名学生非常兴奋。当他们乘坐的大陆航空公司的航班在巴尔的摩–华盛顿国际机场降落之后,他们发现学校还在上课。这种情况对范伯格和莱文非常有利。于是,老师们把这些旅行称为研学课程,而不是外出旅行。在从机场到弗吉尼亚州阿灵顿酒店的大巴上,他们抓住机会鼓励学生观察、反思和学习。当他们在I–95号州际公路上隆隆地向南行驶时,范伯格说:"看一看,这里的树木类型与休斯敦的有什么不同。这是大西洋中部地区，与我们的墨西哥湾沿岸地区有很大的差异。"

　　带这么多孩子跑这么远去旅行，是一笔不小的开销。老师们尽可能地减少开支。比如，在他们到达酒店之后，他们下午经常玩的躲避球游戏中的"幽灵"就会再次出现，但这一次它的目的会有所不同。他们预订的是克里斯特尔城的大使馆套房酒店，位于阿灵顿县杰斐逊·戴维斯高速公路沿线的一条商业办公区，靠近国家机场。每个房间每晚花费119美元。套房的卧室里有两张床，客厅里有一个可拉式沙发，入住的客人不能超过6人。特大型套房的入住人数不能超过4个人。但莱文和范伯格依然还记得他们拥挤的大学宿舍，他们认为酒店这样安排是在浪费空间。所以他们向套房酒店申请以同样的价格增加每个房间的入住人数，虽然遭到了酒店的拒绝，但是他们依然自行其是。他们为每个较大的套房分配了7名学生和一名成年陪护人，为每个较小的套房分配了6名学生和一名陪护人。

　　老师们告诉学生，每个房间里多出的学生相当于"幽灵"，就像躲避球游戏里的"幽灵"一样。他们是隐形的，必须表现得像"幽灵"一样，不允许发出嘘声或连续的咔咔声。他们要保持安静，不能被别人看到。瓦妮莎·拉米雷斯的母亲萨拉对这种做法感到不适。当听到老师解释"幽灵"的操作时，她的表情显得有些尴尬，瓦妮莎也注意到了妈妈的表情变化。但瓦妮莎准备追随范伯格和莱文去任何地方，所以她什么也没说。

　　范伯格告诉学生和家长陪护人，让更多的孩子挤在一个房间，只是一种经济的旅行方式。这样也可以增加团队的凝聚力，减少团队成员之间的摩擦。"我们将向你们展示在酒店里具体该怎么做，"他说，"如果我们走进酒店时，现场应该比较嘈杂，酒店的人会问老师，有多少个孩子？但是，我们想让他们将我们这个团队看作一个整体。如果我们只发出一个人的声音，那就没问题。"

他看到了一些怀疑的目光。"我们得为这次旅行筹集资金，"他说，"我们也很乐意为每位同学提供一间豪华套房，可我们负担不起。"范伯格和莱文还计算过，他们订的房间越少，需要的陪护人就越少，这样就能进一步降低成本。年后，当被问及欺骗酒店人员是否符合KIPP强调的正确价值观时，范伯格和莱文表示这是一个灰色地带。他们仍然觉得酒店本可以做得更好来招待他们，但也一致认为，当时的做法的确是越界了。他们补充说，但是如果他们支付了全额账单，他们就不能带那么多学生出游，在他们看来，这将是一个巨大的损失。

艾斯奎斯也推荐他们住大使馆套房酒店。那家连锁店的酒店相对便宜。每家酒店都有一个中央庭院，配有餐桌，可以为顾客提供一顿免费的早餐。范伯格建议学生们好好利用这个补充营养的大好时机。在他们的早餐托盘里再加上几个百吉饼和一个额外的苹果，其后就可以吃到美味的点心了。

当然，对于总感觉到饥饿的10岁孩子来说，把这当做午餐暂且是不够的。全班的午餐是一个更为复杂的课程项目：花生酱果冻三明治生产线。这是范伯格和莱文的想法，后来有人多次拿此事打趣他们。他们别无他法，因为带学生下馆子吃午餐会花光他们的预算。于是，他们找到了当地的一家折扣超市，买了很多三明治塑料包装袋、牛皮纸袋、面包、花生酱、果冻、苹果和小袋薯片。每天晚上，每个房间的学生要轮流为整个班级准备袋装午餐，大使馆套房酒店的小厨房成为三明治和盒装午餐的生产线。一个孩子把花生酱涂在一片面包上，第二个孩子将果酱涂在另一片面包上，第三个孩子把三明治组装好，放进塑料袋里。然后将三明治、苹果和薯条放进塑料袋中，整个流程就算完成了，然后重新开始打包下一份午餐。三明治的制作小队会播放收音机或录音机，来鼓舞士气。"午餐装配"的流水线就这样热火朝天地运行着。

每个酒店房间里的孩子，无论是"幽灵"还是其他人，都要受到"国王"和"王后"的监督，这是莱文和范伯格对家长和老师陪护人的称呼。妈妈们喜欢"王后"这个称呼。每当KIPP班级到达或离开一个目的地，孩子们都被要求聚集在他们的"国王"或"王后"周围。每位"君主"都要清点自己的"臣民"。如果没有人缺席，他们就会向范伯格和莱文竖起大拇指，然后这群人就会继续前进。

他们在华盛顿的交通工具是地铁，这也是学生们第一次乘坐地铁。他们练习地铁上的礼仪。上下大型自动扶梯时，他们被提醒要靠右站，靠左边走。莱文和范伯格站在每个旋转栅门前，自己插入票卡。"国王"或"王后"会在检票口另一端，等着票卡弹出来时，抓起票卡，放进钱包。

五年级的学生一路兴奋不已，但也有心情低落的时候。学生们期盼着能去白宫瞧一瞧。关于这座著名的建筑，老师们也倾注了很大的精力，为同学们讲解各种相关的知识。有人甚至还猜想他们可能会见到克林顿总统。但范伯格和莱文没有预料到普通游客和KIPP学生之间的重要差别。普通游客习惯于被推搡着从一个景点匆忙赶往另一个景点，而KIPP的学生则被教导要观察和反思他们所看到的东西。

全班同学耐心地排着长队，等着参观白宫。莱文和范伯格带着他们回顾了他们将要看到的东西，包括每个景点的历史意义。可一进去，就变成走马观花了。导游不停地催促他们往前走，往前走。在总统夫人用于招待贵宾的"红房"（Red Room），范伯格试图让学生放慢脚步。

"还记得我们学过的内容吗？"范伯格说道，"谁还记得这件家具的故事？谁以前在这个房间工作？墙上挂着的是哪位总统的画像？请看一下墙上的这张照片，告诉我里面的哪个人不是总统？"

有几个学生举起了手。莱文指向一位男孩，男孩回答说："本杰明·富兰克林？"

"非常好！"

白宫的导游对此表示反对。他们只能缩短课程学习时间，学生们已经最大限度地利用了这次学习的机会。后来，他们爬上了华盛顿纪念碑的顶端。他们在国会大厦寻找山姆·休斯顿和斯蒂芬·奥斯汀的雕像。他们在过去众议院的会议室里体验了奇怪的回声效应，约翰·昆西·亚当斯（John Quincy Adams）曾利用这一点偷听过对手们的谈话。

但这一切都是浮光掠影地浏览。等他们到了最高法院，情况就更糟了。他们只有30分钟的时间观看首席大法官的半身像，匆匆瞄一眼法庭，就又匆匆离开了。他们走到了白宫大楼外，看到巨大的门廊下有高耸的立柱，莱文和范伯格就此即兴上了一堂关于建筑传统的课程。当范伯格正在问学生多立克柱式与科林斯柱式之间的区别时，他注意到一位西装革履的男士从旁边经过，很是面熟。正是斯蒂芬·布雷耶，新上任的法官之一。

多好的教育契机啊！范伯格欣喜若狂。他三步并作两步快走赶上布雷耶，连珠炮式地开始搭讪："布雷耶法官，布雷耶法官，请过来一下。您得见一见我们从休斯敦过来的孩子。"

布雷耶礼貌地冲范伯格笑了笑。"我很想去，"他说，"但是我要去会议厅开会了。"

"不不不，你不知道，他们是这个国家最勤奋的孩子。他们每天早上7点半去上学，下午5点才放学，周六也要上半天课，每个暑假还要上暑期课程。"布雷耶意识到面前这个人过于执着，无论如何也推脱不了。"好吧，"他说，"我就逗留一会儿。"

"孩子们，这是布雷耶法官，美国最高法院的一名法官。"范伯格说。他对自己的"意外收获"很是自豪。"你们都知道最高法院的法官吧。一共有多少个？"

这个问题很简单。"9个！"孩子们异口同声地回答道。

布雷耶与小听众的会面仅持续了22秒。"听说孩子们在学校学习都很用功。我很高兴听到这个消息。干得漂亮。再接再厉。"他转身要离开，但是鲁本·加西亚举起了手，鲁本是《休斯敦邮报》文章中提到的那个男孩的弟弟。

"鲁本？"范伯格说，"你有问题吗？""是的。"男孩回答道。布雷耶停下了脚步，看向鲁本。

"1969年，最高法院就米兰达诉亚利桑那州案进行投票时，您当时在场吗？"这个10岁的孩子问道。

布雷耶惊奇地瞪大了眼睛。这些孩子什么来路？"为什么要这么问，我不在场，"他略微迟疑地回答道，"那是我任期之前的事情。"

"噢。"鲁本回应道。他想了一会儿，再次举起了手，说道："那么，如果当时你在判决现场，你会怎么投票呢？"

布雷耶惊讶地摇了摇头。范伯格和莱文相互击掌，对男孩的问题表示满意。面对如此睿智的小听众，这位大法官决定推迟一下自己的会议约定时间。他回答了人身保护、囚犯权利和人权法案方面的问题。这可以说是一场关于宪法知识的小型讲座。当然，这也不是布雷耶法官最后一次接待来自KIPP的五年级学生。

在旅行的最后一天,那天也是周五,莱文和范伯格告诉学生们,作为一项特别的奖励,他们可以去参观国家花生酱和果冻工厂。老师们说那是一个神奇的地方。"在那里,你可以吃到爽口的花生酱或奶油花生酱,以及各种口味的果冻,比如草莓味、苹果味、葡萄味和杏子味。"范伯格说。

"面包呢?莱文老师。"

"各式各样,应有尽有。"莱文答道,"黑麦、酵母、小麦、粗面包,一应俱全。"

孩子们疲惫地点点头。这套说辞听起来很奇怪,但他们已经习惯了老师的独特品位。虽然他们非常讨厌花生酱和果冻,但也不得不表现出应有的礼貌。在华盛顿,一切东西都可以找到国家级的,也许附近真有一座国家级的三明治工厂。

下午5点钟,在第十一大街和宾夕法尼亚街的交汇处,莱文和范伯格让学生自己组队。想吃酸面包的学生在一个地方排队,喜欢黑麦面包的学生排另一队,还有爽口花生酱队和柔滑花生酱队。一些学生注意到莱文和范伯格脸上露出奇怪的表情。他们再也演不下去了。他们坦白说,这一切都是个玩笑。他们站队的地方距离好莱坞星球餐厅(Planet Hollywood)只有半个街区的距离,他们要去那里吃晚餐。晚餐有汉堡和薯条,让学生对花生酱和果冻的阴影一扫而光。

当他们吃完一顿热闹而愉快的晚餐,太阳也要落山了,莱文和范伯格认为,每个学生都需要安静下来,反思他们的所见所闻。几周之后,他们收到了TAAS考试的结果,根据分数来判断,KIPP学生一鸣惊人,取得了优异的成绩。在四年级时,只有大约一半的学生通过了州考,经过范伯格和莱文一年的努力,超过90%的学生通过了数学和阅读测试。听到这个消息,老师们都很高兴，但是一点儿也不意外。像所有优秀的教育工作者一样，他们在考试之前，就能很好地判断出自己的学生已经取得了长足的进步。

"这是我们返回休斯敦之前的最后时刻了，"范伯格对聚集在餐厅外的学生说，"在这样一个新地方，我们想要看一看这里所有的景色，听一听这里所有的声音，闻一闻这里所有的气味。这是我们此行最后一次漫步在华盛顿了。在此过程中，我们要保持内心的绝对宁静，将一切事物都装进心里。"

40个孩子，加上几位"国王"、"王后"和老师，就这样沿着宾夕法尼亚大道走着。他们走过老邮局大楼、老威拉德酒店和财政部，最后来到了白宫前。这么多人走在一起，保持安静实则不难。沿途有太多风景要看，酒足饭饱之后，出来散散步，他们度过了一个愉快而温馨的夜晚。走到宾夕法尼亚大道1600号，他们停下了脚步。有些学生站在白宫外围低矮的砖台上，握住上面的铁栏杆，凝视着对面总统的房子。

两个女孩——梅丽莎·约翰逊（Melissa Johnson）和丹妮尔·马龙（Danielle Malone）——开始领唱她们最喜欢的歌谣。他们唱了《你要读书，宝贝，读吧》，也唱了《这样一间教室》。哈里特·鲍尔的唱词在春天温柔的晚风中轻轻飘荡。

他们不在学校，而是身处华盛顿特区，但是那天是正好是周五。每个周五，KIPP班的学生都会举行歌唱大会。白宫的围墙外可谓一展歌喉的绝佳场所。他们演唱了一些歌曲，比如《我只是法案》（*I'm Just a Bill*）和《不再有国王》（No More Kings），这些歌曲均出自KIPP使用的流行视频"校舍摇滚"（School House Rock）系列。路人纷纷驻足倾听。什么情况？展演？抗议？1995年的春天，有许多事情让人心烦意乱，但这些孩子们却唱着快乐的歌谣。围观人群越聚越多，激发了孩子们的表演欲，他们唱得更大声了。在不同歌曲的切换间隙，"基普生"们咏唱道："我们要见比尔（总统克林顿）！我们要见比尔！"

一辆印有特勤局标志的雪佛兰巨无霸汽车（Chevrolet Suburban）停了下来，不过，特工们似乎只是在欣赏孩子们的歌声。范伯格看到白宫屋顶上有一个保安在挥舞着双手，像是合唱团的领唱。透过行政官邸的一扇窗户，几个学生看到一名男子好像在朝他们挥手。他们无法确定那个人是不是总统，但大家一致认为当晚比尔·克林顿听了他们的演唱会。

学生们唱完了全部的曲目，赢得了观众热烈的掌声。莱文和范伯格引导学生们前往地铁站，返回大使馆套房酒店。当晚的三明治组装小队又准备了50份午餐，然后大家上床睡觉，为第二天早上的返程做好充分的准备。

23.

临时换地

KIPP第二年的计划正在向前推进。"双城记"即将拉开序幕：莱文要奔赴纽约，范伯格则继续留守休斯敦。范伯格其实更想带着加西亚小学的KIPP班，直升至六年级，但是他既没有地方，也无法解决交通问题，更没有行政方面的支持。范伯格说，他会想办法让六年级学生回来，他最终信守了这个承诺。

除他自己之外，范伯格为72名五年级的KIPP新生另外安排了3位老师，一位是阅读老师，一位是科学老师，还有一位是社会科学老师。范伯格每天会上半天数学课，剩下的时间用来处理管理方面的杂务。帕特森说她会为KIPP提供活动板房教室、学生餐，支付教师的工资，并为每个学生拨款2200美元，用于其他一切开销，当然主要是教师工资。这样就能保证4名KIPP教师的工资达到休斯敦的标准工资水平了。范伯格第一年的工资是2.15万美元，从教第三年的工资是2.45万美元。虽然挣得不多，但是他很年轻，没有什么经济负担。他希望能够招到像自己这样的人。

每位教师都能和范伯格一样拿到同样的工资，由于在校的时间更长，每隔一个周六要上半天课，暑假也要上课，外加5000美元的加班费用。再加上老师们的各种福利，就没有钱支付他的加班费了，所以从一开始，他就是学校里收入最低的老师。

招到合适的老师比他想象的要困难很多。他的前大学女友艾莉森·比伯（Allison Bieber）有一个双胞胎妹妹叫劳里（Laurie），在费城的高档郊区樱桃山（Cherry Hill）教高中。她拥有宾夕法尼亚大学的教育学硕士学位，曾在费城西部山区任教，有一定的课堂教学经验。她同意加入范伯格的团队，来休斯敦工作。

KIPP暑期课程原计划在一个月后开学，但是他还缺了两名老师。帕特森承诺的活动板房教室突然就泡汤了。她订购的两间活动板房被更有背景的人截了胡。还有两间正在建造中，但要到8月份才能完工，已经赶不上KIPP暑期课程的开始时间了。如果范伯格还是要开展暑期课程，只能等到8月份常规学年开学之前了。

对于这场危机，范伯格的应对之策是让自己忙碌起来。"为美国而教"休斯敦官员邀请他担任暑期教师培训学院的教员主任。他答应了，在当时看来，这个决定毫无实际意义，但最终结果却很好。在暑期学院培训期间，他找到了第二位教师迈克·法拉博（Mike Farabaugh）。法拉博曾是1992年暑期学院"得州众议院"的一员，后来去了格兰德河谷的一所学校。他颇具幽默感，课堂风格也很有活力。

范伯格招到的第三位教师是吉尔·科拉辛斯基（Jill Kolasinski），那时她刚刚完成"为美国而教"为期一年的教学任务。她认为KIPP是一个超级棒的计划，但是，她为了一个未经检验且不可预测的实验性项目而放弃休斯敦正规学校的工作，这让她当时所在中学的主管感到非常不爽。如果科拉辛斯基去KIPP，就会被视为中途退出。不管怎样，她还是去了，并最终开办了自己的KIPP学校。不久之后，很多"为美国而教"的学员都中途退出，去了KIPP。

范伯格兴奋不已。他有了自己的教师，也有了自己的地盘。他制订了一套自认为新颖而巧妙的阅读指导计划。学生的学习水平要比正常情况滞后两到三年，所以在前几个月里，他会把全部精力放在阅读上。比伯教阅读和历史，法拉博教阅读和科学，科拉辛斯基教阅读和语言艺术，范伯格自己教阅读和数学。他们每天都在谈论大学生活。范伯格要求各位老师将各自的大学文凭挂在教室的墙上。一天下午，范伯格带着法拉博参观了李高中的各项设施。那一周，范伯格说他们只能在板房教室上课。他们的学生要和高中生分开。他设想如果是周六上课，他们就可以使用整个高中教学楼的设施，可以使用电脑实验室，也可以在游泳池里上游泳课。后来这个梦想破灭了。帕特森打电话说，李高中那年招了400多名新生，招生超额了，学校教室不够了，要征用新的板房，用作高中教室。"李高中已经没有我们的位置了。"她说。

范伯格反问道："你说什么？这绝对不行！我们一切都安排妥当了。"

"迈克，迈克，我不会丢下你们不管的。不着急，慢慢来。这事儿我来想办法。"

"你打算怎么做？"

"我不知道，"她回答说，"但我们要想办法解决这个问题。我会再给你们找一处地方。"

3天后，她确实找到了地方，在艾斯丘小学。"他们有3间多余的板房教室，"她说，"他们有一个堆满垃圾的储藏室，看起来已经废弃了好多年。打扫干净的话，可以作为办公室使用。"

范伯格问，艾斯丘小学距离李高中有多远。帕特森回答说30分钟的距离。具体在什么位置呢？艾斯丘小学所在的位置很不理想，它在一个富裕的社区内，那里几乎没有移民家庭。这就是为什么艾斯丘小学会有多余的空间。学生从古尔夫顿出发，到艾斯丘小学要比到李高中多出30分钟的距离。也就是说KIPP学生到那里需要坐45分钟的公交车。

范伯格的情绪低落到了极点，但是他随后意识到古尔夫顿社区的那些父母会对自己有多么失望，这对他的信誉会是一个多么沉重的打击。让他们把9岁、10岁的孩子送到高中校园，范伯格刚刚打消了他们这方面的顾虑。

他告诉家长，由于他们的孩子比高中学生早到校且晚离校，可以保证绝对的安全。他得意地说，学校里有各种绝佳的设施设备，有游泳池，还有电脑。

但是现在他们去不了李高中了，他不得不挨家挨户地告知家长计划取消了。但是，他采用了一种完全不同的说辞。他告诉他们，他在西边一所小学里找到了一处场地，虽然稍远一点儿，但那里是全城最佳的区域之一，那里没有毒品，没有帮派，没人打架斗殴，孩子们可以专注学习。他承诺为学生提供一流的校车服务，在古尔夫顿社区挨家挨户接送孩子，上学非常方便。

他担心这一切在他们听来都是骗人的把戏，但没有人提出异议。范伯格是他们的邻居。他挨家挨户走访，表示对他们的尊重和信任。他们回答说："好的，范伯格老师。听起来还不错，感谢您的告知。"

鲍尔老师

在遇到莱文和范伯格的10年前,哈里特·弗兰克斯遇到了她未来的第二任丈夫赫尔曼·鲍尔。那是1983年,她还在得州首府奥斯汀工作,在一所小学做咨询顾问。离婚后,她独自一人带4个孩子,过着快乐的生活。赫尔曼·鲍尔是学区的维修主管。他身材高大,性格腼腆,经常会来询问哈里特是否需要帮助。

"你好吗,弗兰克斯女士?"他会微笑着打招呼,"我们需要修一下您教室的那些架子。"或者他可能会更大胆地说,"我们要去吃午饭了,弗兰克斯女士。需要我们给您带点什么吗?"

他和他的工友们有时会和她与其他教员一起共进午餐,或者在教师休息室稍作休息,喝点饮料。哈里特与赫尔曼从没有像男女朋友那样说过话。他刚开始缺乏信心,但是随着不断地攀谈,他慢慢地鼓起了勇气。一天,当他在哈里特的办公室安装新壁橱架时,他深吸了一口气,想要告诉她自己对她的感觉。

"我知道你很忙,"他说,"你要忙孩子的事情,但我一直在关注着你。我知道你去哪里做礼拜,我还看你在教堂唱歌。"

"你是怎么知道的?"

"我悄悄地跟着你，"他说，"我总是会坐在你看不到的地方。布道结束后，我就离开了。"

哈里特瞪大了眼睛。她以前从未遇到过跟踪者。但是，他看起来不像一个危险分子。

他不停地说，想在自己失去勇气之前把所有的话都说出来。"我从没想过，让你知道我喜欢你。那天你唱歌的时候，我就在场，还记得唱错了吗？"

"当时你在现场？为什么我没看到你呢？"

"一看到你站在布道队伍的最后，我就走开了。我总是会坐在后排正对面的位置，这样我就能看到你了。"

她感到非常惊讶，冲他笑了笑，说道："好吧，那我可糗大了。"

看到她还在跟他讲话，他似乎很高兴。哈里特并没有选择报警。赫尔曼继续说道："我也看到过你过圣诞节。"他说出了他看到过她的一些时间和地点。他说对一个人有那种感觉，却只能坐在教堂后面，远远地望着她，是一件很煎熬的事情。他认为哈里特对他没有任何感觉。她对他很友善，但是她对所有人都很友善。他只是一个修理工，而她是一位教育咨询顾问。她有大学文凭，而他却没有。

听完这些，她莞尔一笑。他是一个好人，而且他爱她。以后的日子里她还是会经常看到他，但是她意识到自己不想再待在奥斯汀了。她的前夫在这座城市，这里有太多不愉快的回忆。她必须离开这里。她很遗憾再也见不到赫尔曼了，但是她已经下定了决心。她告诉他，自己要去休斯敦。

他沉默了一会儿，然后说道："我和你一起去。"

这让哈里特很是震惊。"你不能丢下自己的工作，我要带着我的孩子一起走。"

"不会的，真的。"他回答道，"我知道你对我有点不放心，但是我想帮你一把。"

他开车带她去休斯敦找房子。等她和4个孩子在休斯敦安顿好之后，好几个周末，他都会从奥斯汀开车到休斯敦去看她。她的孩子们都很喜欢他。她感觉与孩子的亲生父亲相比，赫尔曼更像是他们的父亲。他花时间读书给孩子们听，让他们骑在自己的背上。他教孩子们骑自行车，教他们游泳，也教他们如何保护自己，不被人欺负。

于是，1985年，他们结婚了。他搬到了休斯敦，成为了她生命中最重要的另一半。她不知道自己怎么会这么幸运。在嫁给他之前，她每天早上都忙得不可开交，一边慌乱地让孩子们做好上学的准备，一边焦虑地盘算着晚饭该怎么做。他坚持要承担大部分家务。"你年龄比我大，我想让你少受点儿累，"他坚持说，"你不需要做饭。""我来做——"

"坐着就行。"他说。

"我来做——"

"坐着就行。"

"我来洗衣服。"

"我会处理妥当。"他很难让她改掉一切事情都亲力亲为的习惯，但他还是坚持这样做。"躺下，躺下，"他说，"歇一歇。"

他为孩子们做饭，给她的女儿梳头，给她的儿子理发。每天早晨，他要开车把两个大孩子送到高中，回来之后，又要走着去送两个小不点儿到附近的学校，护送他们穿过一条繁忙的街道。他希望她能晚起一会儿，睡个懒觉。然后，他会为她买来早餐。"看看我给你买了什么。"他说，然后把她上班穿的衣服摆好。

1990年的一天，赫尔曼告诉哈里特，他要去休斯敦西南部他姐姐家里一趟，参加一场聚会。那天晚上的某个时候，赫尔曼坐姐姐的车，返回姐姐的住处，司机是同去参加派对的一名18岁的小伙子，开起车来，横冲直撞。哈里特后来得知，赫尔曼不知何故踩下刹车，把车停了下来。赫尔曼下了车。但是司机并没有下来，赫尔曼走向驾驶室的位置，要和他聊一聊。那位18岁的小伙子并不想说话。他掏出了一把枪，朝赫尔曼的手臂开了一枪。赫尔曼的一个侄子坐在后座上，后来他告诉哈里特，赫尔曼双膝跪地，紧紧地抓住了自己的胳膊。"为什么要开枪打我？"赫尔曼惊讶地问道，那一枪打中了他。"我只是想保护车不受损害。"

那名18岁的小伙子从车里出来，又朝他开了一枪。赫尔曼瘫倒在地。开车的小伙子逃跑了。路人报了警，叫了救护车。但是已经太晚了。

几个小时过去了，哈里特才得知消息。赫尔曼前一天晚上也是在姐姐家住的。当晚他没有回来，她并没有担心。当他姐姐第二天早晨打电话，告诉她赫尔曼中枪身亡时，哈里特起初并不相信。这个女人总是开一些出格的玩笑。"让赫尔曼跟我说。"哈里特回答道。但这一次，他真的不在了。

研修室

今日KIPP——杰奎恩的"攀登课"

苏珊·舍弗勒在2001年刚开始创办KIPP特区——KEY学校时，她只有4位五年级教师：一位阅读和写作老师、一位数学老师、一位科学老师和一位社会科学老师。5年后，杰奎恩·霍尔来到这所学校，接替舍弗勒担任KEY学校校长的萨拉·海耶斯为学校争取到了更多的资金和捐赠。她有了足够的资金，为五年级教学团队聘请了5位教师：阅读老师梅卡·洛夫、数学老师安德丽·史密斯、写作老师朱莉娅·伯格勒、社会科学老师艾米莉·富特以及科学老师艾琳·霍兹曼（兼任学校的运营主管）。

范伯格和莱文的第一个KIPP班是五年级学生组成的班级，因为当时校长想让他们教五年级。他们决定在各自所在的城市创建5—8年级的初中，一方面是因为他们想利用自己在五年级教学方面的优势，另一方面是因为在休斯敦和纽约，八年级通常是初中的毕业年级。

在美国，也存在其他一些5—8年级的初中学校，但是与传统的6—8年级或7—8年级的初中相比，这种初中模式还是比较少见。随着时间的推移，莱文和范伯格发现他们很幸运，当时误打误撞地选择以五年级为起点。他们认为，五年级学生往往还保留着作为孩子取悦大人的意愿。青春期前的荷尔蒙和文化压力对他们的影响尚且不太明显，还比较好教。对于

10岁的孩子来说，老师还有可能培养他们良好的学习和课堂行为习惯，培养他们的团队精神，形成家庭归属感；在孩子进入躁动不安的青春期的前几年，为他们进入高中和大学奠定良好的基础。

像KEY学校这样的特许学校属于公立学校，由国家财政支持，但不必执行所在学区的规定，比如下午2点或3点要让学生放学回家。KEY学校的5位五年级教师每个工作日的在校时间长达9个小时，他们有充足的时间，可以经常聚在一起，讨论像杰奎恩这样个别学生的问题。他们也有时间针对一些学生的科目短板，给他们补课。

在大多数公立学校，学生每天的在校时间只有6个半小时。有些专家建议所有的学校都应该增加教学时间，但是这样做成本太高了。研究表明，如果学校管理不善，多出的在校时间也会被浪费。KIPP的领导曾估算过，他们学校比普通公立学校的运营成本要高出13%左右，主要是因为KIPP学校教师的在校时间更长，需要给他们支付更高的工资。这些额外的经费来自私人捐款和政府拨款。

五年级教师团队关于杰奎恩·霍尔的"会诊"谈话通常是比较乐观的，尽管这一学年开始，他的大部分科目在班里都是垫底的，但是这个孩子性格开朗，也很配合。老师们相信通过他们的鼓励，他会养成良好的学习和行为习惯，到那个时候，他的学习成绩就会提高上去。但是，这个男孩的妈妈有时却令老师们头疼。沙伦·霍尔非常忙，她要去工作，又要照料4个孩子。有时候，当杰奎恩被安排坐在"长凳"（KEY版本的"门廊"）上，需要家长来学校面谈时，她却很难及时到校。学校周边是一片商业区，停车位数量不多，停车不太方便。霍尔禁不住自己心里嘀咕，有些家长面谈是否有必要。然而，一旦她到了学校，对于老师关于她儿子的决定，她都表现得非常支持，也会提出一些实际的方法来激励自己的孩子。

到了2006年11月，也就是杰奎恩上五年级的第三个月，他的5位老师已经对他有了比较细致的了解，手里也积攒了大量与他相关的数据。每位老师都会将每次测验成绩和课堂练习的得分录入电脑。他们会针对每个学生的教学方法展开讨论，并进行相关调整，以达到最佳的教学效果。

数学老师史密斯是一位身材苗条的女士，一头金色的卷发。她认为杰奎恩的主要障碍是他的年龄太小，不适合上五年级。当年11月中旬，他才10周岁。她认为这个孩子坐立不安、注意力不集中的原因是他年龄过小。老师们不得不多次提醒他遵守SLANT行为准则，即端正坐直（Sit up straight）、边看边听（Look listen）、提出问题（Ask questions）、点头示意（Nod your head）、跟上节奏（Track the teacher）。他的作业完成情况也很仓促，总会漏掉几道题，尤其是那些要求学生阅读解释性文段的题型。他也会因马虎大意而出错。教师团队达成一致意见，让他参加"登攀课"，每天给他辅导一小时的数学。"登攀课"是专为那些需要援助的学生而开设的课程。

史密斯的数学课节奏很快，课堂形式也多种多样，有游戏、竞赛以及按照顺序作答的小测验。她会使用KIPP创立之初所用的鲍尔的歌谣，但也加入了一些自己的想法。她可谓是典型的KIPP教师。前一年，在阿纳卡斯蒂亚河对岸的KEY学校的新姊妹学校AIM学校，25岁的五年级数学老师丽莎·苏本（Lisa Suben）询问，是否可以采用一种不同于KIPP标准课程的教学方法。她以前在密西西比州研究出一套成功的数学教学法，不需要按部就班地按照顺序教授知识点，而是更多地依赖于项目任务，一些教育学者称之为建构主义法。舍弗勒当时主管所有的KIPP特区学校,她和AIM学校的校长卡拉·约翰逊都对此感到非常惊讶:一位初来乍到的新人竟有胆量弃用鲍尔–莱文–范伯格的教学法。但是教师的创造性是KIPP信条的一部分,只要能让学生取得好成绩就行,"不管黑猫白猫,捉到老鼠就是好猫"。约翰逊和舍弗勒同意了。当年年底,苏本的学生在斯坦福成就测验中的成绩从排名前84%跃升至前29%,这是KIPP历史上学生成绩跃升最大的学年之一。

史密斯班里学生成绩的进步一直保持良好的状态。11月初,她组织学生进行了一项测试——减法速度练习,给学生们每人发了一份试卷,上面有100道简单的题目,每位学生限时3分钟完成。在刚开学时,大多数学生只能答对20—30道题。杰奎恩当时答对了22道题。他在11月份的测验中答对了52道题。班里的几名学生可以答对90道以上。那时候,史密斯已经开始进行类似的乘法和除法快速练习。她的目标是帮助全班学生每周进步一点点。等到学生们掌握好了基本的计算,他们就可以进行更高层级的训练。通常来说,代数是一门高中课程,但是所有的KIPP学生会在七年级开始学习代数,到了八年级快要结束时,大部分学生都可以完成这部分内容的学习。

史密斯认为,杰奎恩的主要问题在于概念认知方面的不足。若要提高数学成绩,他需要先提高阅读和写作水平。在测验中,他遇到那种解释类型的题目,一般都会空着不做。史密斯专注于帮助他思考更多的概念。整个教师团队都致力于帮他提高阅读能力。

霍兹曼是一位留着棕色长发的女士,她已经牢牢掌握了KIPP所有学科的教学方法。她很高兴地发现杰奎恩在自然科学课上提出了很多令人兴奋的问题。像她的大多数学生一样，这个男孩对她所教的学科不抱有任何成见。包括KEY学校在内的特区学校并没有太多时间留给学生学习科学。学生必须重点关注阅读和数学分数。杰奎恩对霍兹曼编排的混合化学品和饲养动物的教学计划很感兴趣。在对科学事实的理解方面，他能与班上的尖子生并驾齐驱，但是他很难用文字表达自己的观点。

富特是一位诙谐有趣的社会科学老师，她从费城的KIPP学校转到KEY学校。她发现，和她的许多学生一样，杰奎恩糟糕的阅读水平阻碍了他在社会科学学科方面的进步。富特在这门课上给他增加了一个小时的阅读练习，让他读一些非小说类的文本，希望以此来提升他的文字感知能力，但是文本中的词汇对他来说也非常难。

伯格勒的写作课成了杰奎恩最喜欢的课程之一。伯格勒身材苗条，留着一头又长又黑的头发，她经常让学生们从座位上站起来，扭动身体，挥舞着双臂，一边唱歌一边跳舞。杰奎恩的写作和阅读一样差，但到了11月，他在写作方面取得了一定的进步。他有时仍然会忘记句首第一个单词的字母要大写，忘记要写完整的句子，忘记加标点符号，忘记使动词形式与主语保持一致。但当伯格勒指出这些错误时，他很快就改正了。

他毫不掩饰自己对阅读老师洛夫的喜爱之情。洛夫身材高挑，性格温柔，也很有耐心。每天早上，杰奎恩都会给她一个拥抱，她也特别喜欢这个小男孩，其他教师会因此打趣她。整个教师团队都清楚，阅读是一切学习的关键。KIPP的学生以及美国普通学校的小学生在数学方面的进步要大于阅读方面的进步。学习方面的研究学者表示，良好的教学可以使数学学习产生立竿见影的效果，因为这是孩子们通常只在学校学习的一门学科。相比之下，阅读则要求学生克服家庭因素形成的语言障碍，并改变早期缺

研修室 今日KIPP——杰奎恩的"攀登课"

乏阅读的坏习惯。当洛夫让杰奎恩阅读一篇五年级的文章时，他可以正确读出大部分内容，但能理解的内容却少之又少。她主要教他如何分析阅读的内容，以及如何预测接下来要读到的内容。他很容易分心，所以也要训练他的持久力。洛夫希望他能有足够的耐力，安静地坐下来，连续做15分钟的阅读任务。

行为习惯至关重要。每个孩子都必须找到一种方法，专注于学习，遵守规则，培养为其他学生着想的精神。KIPP老师认为这将有益于他们以后的生活。五年级的教师团队起初担心，社交能力极强的杰奎恩可能跟那些行为不端的高年级男孩混在一起。但是，这次是老师们多虑了，尽管杰奎恩的家庭作业问题日渐增多。

他因多次不做作业而被安排坐上了"长凳"。两周之后，他的妈妈才在百忙之中抽出时间，在放学后与史密斯和杰奎恩会面，讨论这件事。史密斯告诉霍尔，杰奎恩不仅没有完成家庭作业，而且他交的很多作业质量都很差。霍尔看着自己的儿子，说道："杰奎恩，作为你的妈妈，我需要为你负责，你也要为自己负责，其中之一就是要完成家庭作业。"霍尔告诉史密斯，杰奎恩已经开始打青少年橄榄球了。她告诉自己的儿子："如果你想继续打球，就得把成绩提高上去，还要完成家庭作业。"

杰奎恩表现得有些躁动不安。他的妈妈不止一次告诉他，史密斯老师讲话时，要保持安静，看着老师。史密斯对杰奎恩妈妈刚才的一番话很是满意。"我们不能对此掉以轻心，杰奎恩，"史密斯老师说，"我们这里很重视家庭作业，因为这是一种练习，练习你所学到的技能，就像你练习橄榄球一样。"

这个男孩还不习惯老师这样的谈话方式。在他之前的学校，老师一般

175

很少布置家庭作业，对学生未能完成作业的情况也不太在意。在这次与家长和老师的谈话过程中，他没有哭。他说他很抱歉，并承认那天晚上和兄弟一直在相互打闹，错过了完成家庭作业的时间，保证以后会做得更好。

第三时期

创办两所学校

那些犹太人在偷你的东西

莱文在休斯敦认识的所有人，要么是教师，要么是其他教育相关人士。KIPP的孩子、范伯格以及一些在"为美国而教"认识的朋友就是他全部的社交圈子。他致力于教学工作，但他想要的生活远不止于此。这次搬回纽约，他就有机会追求自己想要的生活。

1995年春假期间，范伯格和莱文一起来到南布朗克斯，帮他招生。与他们同行的还有他们在休斯敦的舍友——弗兰克·科克伦，他同意加入KIPP，和莱文一起到纽约任教。莱文一开始打算只招收50名学生，比范伯格在休斯敦的招生计划少22人。他还不太熟悉纽约的教育体系，KIPP也是一种新的教育模式，在项目起步阶段，规模小一点会更好适应。他觉得他和科克伦负责教学，再加一名行政人员负责处理文书工作和其他的琐事，就能够让KIPP运转起来。

这时的"古怪搭档"不再是莱文和范伯格，而是莱文和科克伦。科克伦信奉天主教，莱文信奉犹太教。科克伦比较喜欢安静，莱文则总是说个不停。科克伦毕业于圣母大学，莱文毕业于耶鲁大学。科克伦性格温和而谦逊，莱文敢闯敢干、雄心勃勃。

两位舍友都曾令科克伦感到畏怯。在他看来，他们身材魁梧，音色洪亮，精力旺盛，满脑子都是计划和方案。起初他与范伯格更熟一些，因为他们曾在同一所学校共事了两年。在与这两个KIPP男孩一起生活的最初几个星期里，他几乎没有主动跟莱文说过话。但莱文很喜欢他，每天都要和他聊天。他们每天聊天的话题都与课堂相关。他们的关系也越来越亲密，在接下来的10年里，他们将一起生活和工作。

马克辛·奥康纳（Maxine O'Connor）是南布朗克斯156公立学校的校长，她同意在学校为莱文腾出两间教室，让他在那里开设KIPP五年级。她的青砖色的小学吸引了附近几个住宅区的学生。为了鼓励她与KIPP合作，莱文和范伯格给她买了机票，让她在1月份飞到休斯敦去观摩他们的课堂教学。她那时表现得很友好，也表现得很支持，但在莱文看来，当他在她的学校开展KIPP项目之后，这种态度发生了巨大的变化。

在春假访问期间，莱文、范伯格和科克伦走进当地小学四年级的教室，为KIPP招收新生。莱文和范伯格像往常一样表演双簧，科克伦则在一旁观看，做一些记录。他们承诺会带学生们去迪士尼乐园，承诺周六带他们去吃麦当劳。如果学生对更长的在校时间和更多的家庭作业表示赞同，他们会保证组织各种欢乐的活动。他们在附近的住宅区分发英语和西班牙语的传单。他们也会去学生宿舍做招生宣传。

然而，宣传效果一般，反响不如在休斯敦那般热烈。许多南布朗克斯的家长不相信这3个年轻人，认为他们在美国最大的城市——纽约——成不了多大的气候，称他们是"疯狂的白人男孩"，或给他们其他类似的称呼。一些家长认为KIPP是对教育体系的又一次侵扰，可以容忍，但不能欢迎。

莱文、科克伦和范伯格看到了纽约和休斯敦两个城市的家庭文化之间的差异：休斯敦的那些家庭贫穷，但依然满怀希望，而南布朗克斯的很多家庭却表现得更加愤世嫉俗和冷漠。这让他们很是失望。休斯敦的墨西哥裔和中美洲移民家庭的父母认为自己是积极向上的新兴力量。虽然他们住的公寓拥挤不堪，薪酬也很低，但是与来美国之前相比，他们的生活水平已经有所提高。对于南布朗克斯的非裔美国人、多米尼加人和波多黎各人父母来说，生存环境就不那么乐观了。很多整栋的建筑被人遗弃，成了老鼠、毒贩和流浪汉的聚集地。警察的态度很粗暴，学校的教学也不尽如人意。以前也有一些类似于KIPP的教育项目来这里办学，之后又退出了。

范伯格在南布朗克斯帮忙的时间有限，但莱文和科克伦还要不断尝试。加西亚小学5月份放暑假时，他们回到了纽约，重新开始招生。他们打算至少招收46名学生，这样他们就可以很快开展暑期课程。尽管当地家长普遍持怀疑态度，但一些家庭仍然愿意让孩子尝试参加KIPP，因为该项目与156公立学校在同一栋大楼里，不管怎样，他们的孩子都要去那里上学。KIPP有更长的在校时间，再加上周六和暑假，在某些方面会让他们的生活更轻松。如果这些年轻人想要提供免费的课后托管服务，以及每隔一周的周六上午和每年夏天3周的免费托管服务，为什么要拒绝呢？如果能够持续下去，这对很多家庭都是很有帮助的，虽然貌似持续不了多久。

从KIPP的角度来看，南布朗克斯相对于休斯敦唯一的优势是，莱文不必操心学生的通勤问题。在古尔夫顿社区这一边，范伯格正拍着脑袋上所剩无几的头发，绞尽脑汁地安排校车的路线。在另一边，156公立学校位于美国人口最稠密的社区之一。莱文和科克伦的大部分学生都步行去学校。即使是短途通勤也有危险，路上会有恶霸和帮派出没，但莱文不必担心校车的问题。

如果招不到足够多的学生，这一通勤优势也将变得毫无意义。在6月份暑期课程开始的前一周，他只招到了43名学生；按照市政府的人员配备规定，还需要再多招3名学生，才足以支付他自己和科克伦的工资。他们要去附近一所高中参加一场面向所有年级学生的招生活动，这是他们为数不多的招生机会之一。莱文准时到达了现场，在礼堂门口，一个拿着写字板的活动组织者却不让他进场。

"我是大卫·莱文，"他说，"我是一名教师，是156公立学校新项目的负责人。"

"很抱歉，"那位女士说，"名单里没有你的名字。我们不知道你是谁。你去年在哪里教书？"

"呃，好吧，在休斯敦，但今年我已经准备在这里教了。我只是需要再招几个学生。我相信这里的家长会很乐意有机会收到我们的传单。我不会强迫任何人。"

"抱歉，不行。你无权进入。"

礼堂的入口通常不止一个。莱文找到了另一个入口，悄悄地溜了进去，尽量不引起别人的注意。毕竟莱文从15岁起就偷溜进过纽约公立学校的体育馆和操场。他走近那些可能会感兴趣的家长，低声说道："嘿，我在附近的一所公立学校为五年级学生开办了一个新项目。我们的孩子周一到周五的在校时间是早上7点半到下午5点，每隔一个周六上午上课，也会有3周的暑期课程。您愿意给孩子报个名吗？您还认识其他的五年级学生吗？"

他一个人杵在那里，很是扎眼。最终他暴露了身份，被赶了出去。联系他报名参加项目的家长寥寥无几。随着日子一天天过去，他面临的困难也越来越多，那些之前约定好的承诺也很少能够兑现。他为期3周的暑假课程遭到了奥康纳的否定，奥康纳在1月份去休斯敦时貌似表现得很友好。暑期课程自1994年KIPP项目在加西亚小学创办之时，每年夏天都会定期开展，与加西亚小学不同，156公立学校会在暑期闭校，没有保安，也没有门卫。奥康纳告诉莱文不要过于在意这件事情。

既然莱文当初决定来这里，事已至此，早已没有了回头路。在他彻底离开休斯敦之前，他还有一项重要的事情要做。哈里特·鲍尔又要结婚了，她请莱文在婚礼上把她交到新郎手里。

让他这样一位25岁的瘦高个青年扮演48岁新娘的父亲，莱文完全能够想到，他和鲍尔的朋友看到这样一组滑稽搭档时，会是怎样一副欢乐的场景。但他并不在意，满心欢喜地接受了这个任务。在他教师职业生涯初期，从教之心摇摆不定，鲍尔是让他能够安下心来教学的原因之一；在教学的过程中，鲍尔为他指明了道路。尽管在刚去巴斯蒂安小学任教的前几个月，他教起学来笨手笨脚，但是她向他证明，即便是像他这样的新教师也可以走进那些孩子的内心。她将自己的教学秘诀倾囊相授。至少在一定程度上，莱文能够在她生命中的重大场合扮演重要的角色，他为自己能够回报她的恩情而感到格外高兴。

鲍尔的婚礼在自家的后院举行，范伯格和莱文一起参加了婚礼。整个婚礼进行过程中，莱文都乐得合不拢嘴。范伯格从没有见过他如此高兴的样子。他们两人都和新郎不熟，但只要鲍尔喜欢就行。

婚礼办得很成功，这段婚姻却不尽如人意。结果证明，鲍尔看走了眼。那个男人与赫尔曼一点儿都不像。不到一年，鲍尔就决定和他离婚。离婚过程也不太顺利，她知道向谁寻求帮助。莱文帮她处理离婚相关事宜。

莱文再次试着劝说鲍尔加入KIPP。他找她聊了几次，都没能让她改变主意。"我去不了,大卫。"她说。

"但是,鲍尔,我们用的都是你的想法,是你创建了这个项目。"

"我去不了,我有4个孩子要照顾,有房贷要还,孩子们也没有抚养费。我需要一份薪水,至少是我现在能挣到的这个数目,我才能加入你们。"

"我们会想办法解决这个问题。"

她望着眼前的莱文,心想这样一位优秀的青年才俊,怎能了解生活的艰辛呢?"你和范伯格随时都可以得到我的帮助。我也愿意帮你们。但如果我付不起账单,我是找不到人帮我的。你们还年轻,大不了从头再来,可我折腾不起了。"她不能去纽约,他的儿子当年就要高中毕业了。

"我会让你们使用我的那些东西。"她说。她指的是她编写的那些脚本、歌谣、口诀和游戏。这些东西他们都可以用,不过有一个条件。"如果有人问你从哪儿弄来的这些资料,你就说是我给你的。"

尽管如此,KIPP最初的成功还是让她有了一些新的念头。莱文去纽约仅仅一年后,鲍尔的态度就发生了180度的大转变。她做出了新的决定,不想再在休斯敦当一名普通的教师了。对她造成这种影响的不是莱文,而是一种更为强大的力量。在KIPP发展的前两年,她的教学法取得了惊人的效果,KIPP也打破了"寒门难出贵子"的模式化观念。显然,她可以将自身的宝贵经验成功地传授给其他教师。

1996年的一个春日,她在巴斯蒂安小学后面的停车场稍作歇息,抽了支烟。她抽完了手里的烟,朝教学楼顶的方向走去。像之前一样,冥冥中好像传来上帝的启示。"遵从自己的内心。"一个声音说道。仅仅只有这7个字。

她停下来听着,感到有些愧疚。她是不信上帝的。她知道自己的教学方法非常有效，并将其传授给了范伯格和莱文。她也给学区里的其他老师做过培训，而且做得还不错，她也很慷慨。但是上帝想让她走得更远。他想让她停下手头的工作，把所有的时间都花在和更多的孩子分享这些事情上。

她深深地吸了一口气，走进了教学楼。校长站在双开门的旁边。她看着眼前的校长，内心没有丝毫的波动。她已经下定了决心。"教完这一年我就走。"她开口说道。

"鲍尔，你不能走。你要留在这儿，让我们不错的教学成绩保持下去。"

"不，就这样吧。"她说。

当鲍尔离开巴斯蒂安小学时，没有官方的送行仪式，校长也没有为她为学校所做的一切表示感谢。这只会让她更加坚定地坚持自己的选择。她拿出养老金，通过抵押贷款筹集资金，开始了自己的事业。她开始四处旅行，到全国各地做教师培训。得知有很多人想要聆听自己的教诲，她感到非常兴奋。她发现通过这种方式，可以赚到更多的钱，比在学校当老师强多了。她到KIPP学校去拜访莱文和范伯格，给他们提出一些建议，但是发现他们早已羽翼丰满，做起了自己的事业。她为他们感到自豪。

几年之后，当莱文和范伯格开始在全国范围内有了一定的知名度，在电视上和学生们一起唱着鲍尔编排的歌谣，她听到身边的一些人议论纷纷。"那两个犹太人在剽窃我们黑人的成果，"有人这样对她说，"那俩犹太人在剽窃你的成果。"

"亲爱的，他们在帮我免费宣传呢。"她回答道。

"犹太人就是这样，他们将你的东西据为己有了。"

她回应道："亲爱的，祝你今天过得愉快。"

26.

这小伙子怎么回事

1976年，科琳·迪佩尔当时只有4岁，她跟着妈妈驾车出行。因路面结冰打滑，车子失去了控制，撞到了一棵树上。她听到了一阵巨大的响声，继而感到一阵猛烈的撞击。由于惯性，后座向前猛推，重重地砸在她的身上。当她从下面爬出来的时候，看见到处都是血，妈妈瘫坐在前排座位上。她试图叫醒妈妈，但是无济于事。她的妈妈帕特丽夏·麦卡弗蒂·迪佩尔再也没有苏醒过来，4天后便离开了人世。

迪佩尔的父亲是一名建筑工人，没有大学文凭，但能吃苦耐劳，赚钱养家。女儿喜欢交际，花销很大，为了满足女儿的消费需求，他需要非常卖力地工作。迪佩尔不喜欢学习，而是喜欢参加各种聚会。她在纽约加德纳的大多数朋友都要去上大学，迪佩尔以为自己也会去上大学。但在她高中毕业那一年，父亲说他不会支付她上大学的费用。"我对你不放心，"他说，"我不信你真的会去上大学，真的能沉下心去学习，做你应该做的事情。"

她冲父亲大声吼道："你这是故意不让我好过！"但是几年之后，她才意识到父亲当初的那个决定是她人生的转折点。父亲是对的。她之所以想去上大学，是因为她想和朋友们混在一起。父亲的决定迫使她去考虑其他重要的事情。她做过好几份工作：美国计划生育协会的办公室职员、救生员、游泳教练、服务员；她同时也修完了达奇斯县社区大学和纽约州立大学（奥尔巴尼校区）的课程。她本来打算做一名律师，但后来参加了"为美国而教"的培训项目，先后辗转纽约和休斯敦，从事一系列行政工作，这让她的生活偏离了原先设想的轨道。

1995年的夏天，那是她来到休斯敦工作的第二周，"为美国而教"休斯敦培训学院要召开一次员工会议。会议刚开始，一位教员主任走进了会议室，此人她并不认识。这个人身材健硕，一身滑稽的装扮：一条桑德斯上校那样的细绳领带、一件背心、一顶黑色牛仔帽。她纳闷怎么有人敢穿成这样，自己心里就没点儿数吗？

他们轮流作了自我介绍。这位"城市牛仔"说，他是迈克·范伯格，是"为美国而教"的团队成员，负责一批新教师的培训工作。轮到迪佩尔时，她微笑着说："嗨！我是科琳·迪佩尔。大家之前应该收到我发的几封邮件了。今年夏天，由我来负责整个研修班的事宜。你们不需要知道我的头衔，但你们要知道，所有人的课程简介都要交到我这里，如果你们不交，我将会成为你们最可怕的噩梦。"

会议结束后，迪佩尔发现范伯格会时不时地在她身边晃悠，想要跟她搭讪。他喜欢时尚迷人的女性。迪佩尔长得很像女演员朱丽娅·斯蒂尔斯（Julia Stiles），她曾做过游泳教练，有着苗条而健康的身材。

"噢，对了，"她对范伯格说，"你在我的名单里面。你还没有提交你的文字材料。"

范伯格表现出很高兴的样子。"哦，"他说，"我可不想成为你最可怕的噩梦。"

一个自作聪明的家伙，迪佩尔心想，但不可否认的是，这个人引起了她的兴趣。当范伯格把他的课程简介交给自己时,她发现这份课程简介与迈克·法拉博的那份几乎完全相同,她越来越搞不懂这个"牛仔"想要干什么。法拉博是她的朋友,是那年暑期班的另一位教员主任。迪佩尔去找法拉博。

"迈克,这家伙怎么回事?你帮他写的课程介绍?"

"我没有帮他写。"

"你撒谎,你们合伙搞什么名堂?"

"呃,为什么这么问?"

"这个,感觉他有点可爱呢。"

法拉博笑了。"为美国而教"暑期学院也有其浪漫的一面。

"我来给你俩牵红线。"

"不用,我有男朋友。"

她还是找到了和范伯格谈话的理由。在"为美国而教"暑期培训学院的一次联谊会上,几名女学员正在跟范伯格大倒苦水,说她们由于没有完成课程计划而感到极度不安,迪佩尔走过去,打断了他们的谈话。迪佩尔和他聊了一会儿,然后说她要走了。

"我和你一起走。"他说。

培训学院在大学校园里为学员们安排了宿舍,她想回宿舍睡觉,但是他们没有直接回去,而是半道去吃了冰激凌,闲逛了一会儿。最后他把她送到了她宿舍所在的楼层,他也上楼回到了自己的宿舍;那是学院为他分配的一间宿舍,这样他就不需要来回折腾,长途跋涉回到他在古尔夫顿的公寓了。迪佩尔翻找了半分钟,没有找到房间钥匙,这才想起来钥匙在她室友那里。她走上楼,敲了敲范伯格房间的门。

"我知道你可能会觉得我是在胡编乱造，但我房间的钥匙在室友手里。我可以在这里借宿一晚吗？"

范伯格欢迎她进屋，让她舒舒服服地睡在下铺。他表现得像个绅士一样，睡在了上铺。从此以后，他告诉迪佩尔和他们所有的朋友，他知道如果他那个时候不乘人之危，她将来就无法抗拒他的绅士魅力。虽然他一再重复这个事情，让她颇为恼火，但事实证明他是对的。

第二天晚上，他们一起去看了电影。"想和我一起去我的公寓吗？"当他们离开电影院时，他问道，"我今晚得发个传真。"

她认为这是她听到的最为蹩脚的逗趣，但她还是答应了。她发现他在古尔夫顿的公寓的确堆满了办公设备和各种书籍，这些都是他为即将开办的学校准备的物资。那台富士施乐打印机几乎堵住了前门，他们不得不侧着身子挤进公寓。

那天晚上，两人正式确定了恋爱关系，至于范伯格是否真的有传真要发，那就不得而知了。

27.

KIPP工具箱

莱文没能如愿在156公立学校开设为期3周的暑期课程,但他希望可以至少提前1—2周开启新的KIPP课程。7月过完了,到了8月份,他恳求允许他的学生入学。得到的答复是,他可以提前两天开学,但不能提前两周。在这两天里,只允许学生在学校待两个小时的时间。

莱文的应对策略是在151初中正门外的水泥地上,开展为期一周的暑期课程,这所中学与156公立学校(小学)在同一条街上。他在学校的外墙上竖了一块巨大的牌子,上面写着"团结就是力量"(Team Always Beats Individual)。在教学方面,他和科克伦拼尽了全力。纽约KIPP新生齐声吟诵学习歌谣:

这是勤奋学生的教室

我们喜欢学习

想多读书

去创造更—美—好—的

未—来!

他们喜欢歌词的节奏,尽管他们不是在教室里,而是穿着白衬衫和米色短裤,坐在布朗克斯东156街250号外面的水泥地上。

一直保持斗志昂扬的精神面貌，对莱文来说并不容易。但是，当他面对新生时，必须满腔热忱、活力四射。必须要让学生们看到，KIPP与许多大城市学校截然不同，这里的老师脾气没那么暴躁，课堂氛围不是那种死气沉沉的样子。但不知为何，莱文却总感觉做得还不够好。

尽管与韦尔丁在加西亚小学为他们提供的场地相比，他们在156公立学校的教室条件要好得多。他们在二楼有两间教室。他和科克伦把教室装饰得五彩缤纷。在开学前两天，孩子们按照老师的指示来到学校，他们满脸微笑地迎接学生们，愉快地欢迎他们的到来。这些五年级的孩子不大爱说话，也没有惹出什么麻烦。在这个压缩版的暑期课程中，他们的体验很愉快。有些孩子很喜欢KIPP的新游戏、歌谣咏唱以及故事环节，也有些人看起来一脸茫然，不知道要做些什么。

科克伦还不太熟悉KIPP的教学体系，所以他和莱文一直在做相关的练习，思考教学相关事宜，很少谈论其他事情。莱文的母亲给他们在东33街找到了一套公寓，那栋楼没有电梯，他们住在3楼。那是一个很温馨的社区。莱文和科克伦俩人住在一起，就像去年的莱文和范伯格一样，他们可以利用每天晚上的时间，准备第二天的教学内容，也可以轮流接听电话，回答学生关于家庭作业的问题。

刚开始的几周，两人的谈话经常会围绕在布朗克斯教学的诸多难处展开。KIPP的重要计划是让所有的学生都能去上大学。对于其中很多孩子来说，这听起来就像是他们小学四年级的必读书目《天方夜谭》一样。他们的测验试卷中满是错误和空白。很多人都不愿意做作业。在休斯敦KIPP开学的前几周，范伯格和莱文感觉他们的KIPP班就像是一颗冉冉升空的七彩气球，相比之下，布朗克斯的KIPP班级气氛总是活跃不起来，一副死气沉沉的样子。

莱文从棒球运动的角度来考虑这个问题。他现在正在打一场难度更大的联赛。投球的速度更快了，外场的围栏也更远了；在休斯敦，他能把球打到园区外，但是在纽约，他挥起球棒，总是打空。

他努力去调整打法。在KIPP刚刚创建时，莱文和范伯格未经讨论，便达成一致，认为他们永远不会满足于现状。如果他们发现哪些地方没有成效或可以做更好的改进，他们就会调整自己的教学模式，并反复试验，他们最初就是这样提出KIPP计划的。虽然已经得到了鲍尔和艾斯奎斯的真传，但是他们也必须根据自己的风格和不同的环境，调整教育学生的方法。

当范伯格在休斯敦独自一人创办他的KIPP学校时，他仍在调整自己的教学方式。莱文和科克伦在布朗克斯区也同样不得不做出一些调整。做出改变以应对糟糕的形势成了KIPP的信条。每所学校、每个校长和教师团队，都会根据自身情况，在成套的KIPP教学体系中选择行之有效的内容，摒弃那些无效的内容。以考试分数为准的教学成绩就是他们的教学指导原则。如果他们的调整没有提高学生的成绩，他们会放弃这种改变，再去做其他尝试。他们希望KIPP既可以保持韧性，又可以给学生带来新鲜感，能够适应不断变化的世界，不断接收新的信息，但永远不会忽视帮助孩子提高学习成绩的必要性。

在156公立学二楼的教室里，莱文和科克伦做的第一件事情就是去除"门廊"。虽然"门廊"惩罚对休斯敦的学生有一定的效果，但是莱文一直都不太喜欢这种惩罚方式。这种方式过于死板，也很难实施。"门廊"惩罚激励的是那些表现良好且积极性较高的学生。老师只需要略施小计，让这些学生暂时与其他学生隔离开来，提醒他们必须避免过于散漫或其他懒惰的习惯。

有些孩子的行为问题更为严重，甚至会当面咒骂老师，并且事后没有任何的悔恨之意，"门廊"惩罚对他们几乎起不了什么作用。这样的学生上了"门廊"，就再也下不来了。他们并不会为自己在班里身份的变化而烦恼。莱文认为，对这些学生来说，"门廊"就像是"炼狱"。他们一直待在"炼狱"中，直至堕入"无尽深渊"；在莱文看来，堕入"无尽深渊"就意味着被KIPP开除。莱文决定，只有在最极端的情况下才会开除学生，结果证明，这种情况一年只会出现一两次，远低于许多普通公立学校因为纪律问题而强迫学生转学的情况。莱文和范伯格认为，每个学生教育的失败，他们作为老师都有责任。他们也在一直想方设法将被开除学生的人数降至零。

对于用什么来代替"门廊"，莱文决定使用他和范伯格一起任教那一年使用的最有效的管教方式，即对任何违反规则的行为都立马做出有效的反应。如果一名学生辱骂其他同学，不认真听课，或者说了谎，莱文和范伯格就会站在这个学生的两边，集中所有精力，同这个学生谈话。他们会提出一些犀利的问题，比如"你觉得自己比其他人都厉害，是吗"，或者"你会这样跟你妈妈说话吗"，或者"你觉得这种行为对你以后的生活有帮助吗？对你上大学有帮助吗？"，或者"你能尊重一下自己和班上的其他同学吗？"

莱文认为，科克伦和他需要实施这种管教方式，并想方设法扩大实用效果。但他也保留了一点儿"门廊"惩罚的方式，在午饭期间，把违反纪律的学生与其他学生隔离开来。他还尝试让一些行为不端的孩子留堂，下午5点以后也不让他们离校，让他们本来已经不短的在校时间更加漫长。有一段时间，他们要求违反纪律的学生必须坐幼儿园式的小椅子上课。这样做的目的是对不同的学生采取不同的管教措施，而不受"门廊"惩罚方式的束缚。既然那些行为不端的孩子渴望得到关注，老师们就给他们特别的关注。虽然他们在家里经常会遭到忽视，但是在KIPP却不会。科克伦和莱文研发的管教方式非常灵活，他们自己也很喜欢。虽然他们的管教方式不如"门廊"惩罚那样效果显著，但是他们并不喜欢"门廊"惩罚方式。

他们需要给自己正在实施的管教方式起一个名字。标签是一种很有用的方式，可以帮助学生组织自己所学的东西，也能为老师提供一种快捷的交流方式。那么，他们这种多种手段并用的新方式应该叫什么呢？他们思考是否可以叫"反门廊"，但是这个名字太过消极。

像莱文和范伯格一样，科克伦也喜欢科幻片。他和莱文偶尔会在公寓里看《星际迷航》或太空主题的电影。一个周末，他们在录像店租了一张名为《星河战队》的碟片，这是根据罗伯特·安森·海因莱因的小说改编的电影简本。电影中提到了对违反纪律的士兵进行"行政处罚"。参加人类对抗银河系敌人战争的新兵们以为这就是一种官僚式的轻微处罚。当他们知道，"行政处罚"实际上是将士兵拖到总部后面执行枪决，就为时已晚了。

莱文和科克伦相视一笑。好！就把新的管教方式称为"行政处罚"。俩人一致同意永远不会将这个名字的来源告诉任何人。

每天晚上，他们都会讨论如何将课程分解成更生动易懂的部分。他们想帮助所有学生掌握每一个知识概念。这是一项艰苦的工作，需要经过反复的试验。莱文也需要负责KIPP日常的行政杂务，但他几乎没有时间处理那些事情。他想给KIPP学校找一位校长，负责处理咨询、文书和行政方面的工作。他自己无意担任校长一职，因为他怕太忙没有时间上课。学校的主要决定仍然由他来做，但他想让别人来处理行政方面的琐事。他从"为美国而教"那边聘请了一位颇有声望的资深人士——27岁的吉莉安·威廉姆斯（Gillian Williams），她貌似很适合帮忙打理学校的事情。

她的到来也得到了其他教师的大力推荐，但她的风格与莱文并不搭。她认为教师应该表现得友好一些，要像亲人一样对待学生，而不是像监工一样。她让学生直呼自己的名字。一旦孩子违反了规则，莱文就立马去纠正或管束，她不太喜欢这一点。她认为很多"行政处罚"的方式过于严厉，莱文的要求过于苛刻。

到了11月份，莱文和威廉姆斯双方都受够了。莱文认为，如果不能让学校里的每个人，特别是成年人，都站在同一立场，他就无法营造出良好的学习氛围。与此同时，威廉姆斯也在纽约市的另一所学校找到了一份工作，她告诉莱文，如果自己要离职，会提前两周通知他。威廉姆斯在那间由储藏室改造而成的狭小办公室里办公，在那里，她将这个消息告诉了莱文，当时双方都很不愉快。莱文说他希望她马上走。

这番话令她很是意外，她非常生气。"不，我不会马上走。"她反驳道。

莱文考虑了一下，说道："好吧，你可以不马上走，但是不允许你再接触学生了。"

"你是认真的吗？"

"是的，"他回答说，"你可以整天都坐在这个房间里。"

于是，她当天就收拾行李，然后给莱文写了一封长信，解释为什么KIPP理念是错误的。她说他是在为难学生，让他们难堪。他做事的方式太过直接。他对于学生的缺点过于执拗，甚至到了虐待的程度。他不像是在帮助学生，而是在伤害他们。他最好能够做出改变，否则，后果会很严重。

多年以后,威廉姆斯的事业很成功,当上了南布朗克斯一所小学的校长,也成为了一位独立的学校改进专家,威廉姆斯回忆说莱文使用的一些方法曾让她感到畏惧,但那个时候两人都与以前有了很大的不同。莱文已经成长为一名更优秀的老师。威廉姆斯说:"我变得更加激进地追求成功,很多人看到我现在做的事情会感到畏惧。莱文之所以吸引我,是因为他的教育方式很有效,孩子们也都很喜欢他。"即便纪律管理方面出现严重的问题,在全班同学默不作声地吃午饭时,他做了45分钟关于举止得体的说教,就像在教堂一样;看到一个白人男性这样"布道",学生也感到非常不可思议。

最终,莱文也认可威廉姆斯当初的说法,他自己的确有很多东西要学。但是她抨击了哈里特·鲍尔的教学法的基础,莱文不认可这一点。莱文能时常虚心地听取别人的批评,并努力从中学到一些东西;他希望学生在接受他的批评时,也能够做到这一点。

在休斯敦重整旗鼓

对于范伯格的学生来说,从古尔夫顿的家里去往新学校,校车是一个问题。学区的校车政策是将学生的家庭住址输入电脑,然后选择大多数学生都方便到达的停靠点。许多学生从家里出发,要步行很远的距离,才能坐上校车。范伯格认为这种情况会导致KIPP项目的夭折。他的学生要早到学校,天没亮就要起床。他向学生家长承诺过,学生坐校车来学校会非常方便。

他知道学区校车调度人员的办公室就在麦卡迪大道上的那栋楼里。一天早上,他给那里所有的工作人员都带来了玉米卷早餐,并主动提出要帮他们好好地规划KIPP新大巴站点的位置。"我们能在电脑上手动设置吗?"他问道,"我想输入自己想要的时间和地点。"坐在电脑前的那名工作人员一边嚼着范伯格带来的玉米卷,一边让开让他自己操作。

艾斯丘小学是一所从幼儿园到四年级的学校,校舍是两层砖砌建筑,已有56年的历史,后面是十几间黄褐色的板房建筑。KIPP将使用其中3间,其中一栋大的可以容纳两间教室,另一栋小的可以容纳一间教室,第三栋有一个18平米左右的储藏室,将被用作范伯格的办公室。成堆的破家具、旧书和清洁设备占据了大部分空间,范伯格设法把这些东西挪到一边,只留下一张桌子和一把椅子。

与莱文在纽约的处境不同，范伯格已经获得了开办暑期课程的许可。暑期课程的时间比他期望的时间要短一些，只有两个星期，在常规学年开始前一周结束。他还是需要安排午餐以及其他各种相关事宜。他把苹果电脑上的文件制作软件FileMaker用到了极致，准备开学当天需要的各种文件，包括日程安排、导师班名单以及给父母的信件通知。KIPP的老师也在忙着清除或重新整理板房里之前留下的废弃物。他们没有多少时间讨论教学和详细的课程方案。范伯格让教师团队关注基本问题："准备好自己的教室，准备好教学资料，需要什么东西，可以告诉我，想一想学生们来报到之后自己要做的事情，做好规划。前两天我们会让学生集合在一起，统一安排，不用担心。我会做好一切规划。"

老师们发现，范伯格所谓的"做好一切规划"有时意味着重复一些他们过去已经做过的事情。每天晚上，当老师们疲惫地回家时，范伯格会溜进他们的教室，对教室布置做一些改动。在他看来，他们教室的一些海报挂得不好，或者选得不合适。教室公告牌上的一些字母也是歪歪扭扭的。范伯格知道自己管得太多了，但他控制不住自己。他将自己这种吹毛求疵的毛病归咎于莱文。跟鲍尔一样，莱文过于追求教室布置的完美。范伯格也耳濡目染地提高了自己对教室布置的要求。范伯格喜欢自己所谓的"拉斯维加斯字体"，颜色鲜艳明亮，引人注目。他希望每间教室的每一面墙都能洋溢着激动人心的气氛。

然而，背着老师们调整他们的教室，并不是一种好的管理方式。他说他雇老师们来只是为了教书，以此为自己擅闯教室的行为辩解。不能指望其他老师和他一样每天24小时全天候地关注学校的每一个细节。他知道自己想要什么，但缺乏时间和技能，无法清晰、完整地表达自己的想法。所以他只能出面干涉，尽管伤害了一些老师的感情。他很快就自责起来，并通过讲一些笑话和恭维的话，给自己打圆场。这勉强维持住了他人畜无害的形象，他就像是一只无忧无虑的大狗，偶尔会打翻家具，但有他在身边，也很有趣。

在压缩版的KIPP暑期课程开始的第一天，范伯格制作了一张巨大的金色海报，上面写着"今天，就像冠军一样思考"（Think Like a Champion Today）。这句口号是他从一部橄榄球励志电影《追梦赤子心》借来的。他会乘坐到古尔夫顿社区的第一班校车去接学生，校车早上6点30分到达社区。法拉博则会乘坐第二班校车。每到一个站点，范伯格都会跳下车，举起海报，让每个人都知道这是KIPP的特快专列。他和学生的家长握手，也和五年级的学生握手。"欢迎来到KIPP！"他说。

他的语速很快，就像大赛前的教练一样。"这太棒了！"他说，"也将会很有趣。请触摸一下海报，说出海报上的内容，然后上车。"

在影片《追梦赤子心》中，圣母大学一名身材矮小的学生付出巨大的努力，成功进入了大学的橄榄球队，在进入体育场的通道上，他获得了和其他球员一起拍打海报的资格，海报上写着"今天要像冠军一样打球"（Play Like a Champion Today）。古尔夫顿社区的孩子在上校车之前，几乎都没有看过这个电影，或者拍打过任何牌子。有些学生就很疑惑，没有触碰海报就走过去了。有些孩子尚且认不全海报上的单词。但是所有人都上了校车。他们于7点15分到达学校。

第一天来了71名学生，其中包括1名东南亚学生、2名南亚学生、1名白人学生和2名非洲裔学生。其余的学生均来自中美洲或墨西哥裔家庭。按照范伯格的要求，KIPP的老师已经将其中一间教室的所有桌椅都搬了出来，这样71名学生就可以挤在这间教室里参加开学典礼了。范伯格主持典礼活动，其他老师站在墙边。他让老师们做自我介绍，也进行了一些破冰游戏，比如谁有两个兄弟姐妹？谁有三个？谁有四个？五个？六个？谁是左撇子？谁见过大海？

范伯格教学生唱了一些鲍尔的歌谣，第一首就是《你要读书，宝贝，读吧》。他教孩子们如何"翻转数字"。学生们试了几次才跟上了节奏。学生可以用手打出节拍，但是让他们一边拍手一边歌唱时，他们把握不准节奏。范伯格把这当作一件很好玩的事情。他保持着轻松愉悦的心情。学生们喜欢高声咏唱《你要读书，宝贝，读吧》。他们越唱，声音就越大。

范伯格希望向学生证明，这是一所有趣的学校，但仅仅是因为学习是有趣的。他知道娱乐和学习兴趣之间存在一条微妙的界限。他不希望这些新生误以为KIPP只有游戏、糖果和麦当劳。他想把这种兴奋融入到对知识的学习中，让学生掌握33位数字，阅读小说，在前往华盛顿春季游学之前深入了解白宫、国会和最高法院相关的知识。

"如果我们为你们努力工作，你们也为我们努力学习，那就会很有趣，"他告诉学生们，"只要你们遵守纪律，认真学习，我们就会竭尽全力为你们做各种酷炫的事情。不过一切都需要你们自己去争取。"

暑期课程的前两天，所有KIPP学生都集中在一间教室里，范伯格和其他老师为学生们读了一些书籍，如《史尼奇》《极地特快》等。范伯格会打断阅读，提出问题，让学生表达自己的观点，并结合学生的生活，进行相关的观察和联系。他希望每个人都能参与阅读的神奇之旅。阅读将是他们这一年余下时间要做的核心学习任务。

与莱文在纽约想要告诉学生的一样，范伯格要给学生传达信息：我们是一个团队，我们是一家人。我们不但要尊重彼此之间的差异，而且要颂扬这种差异。我们一起生活，共同学习，互相照应，共享欢乐时光。在阅读《极地特快》时，他特别强调了孩子们听到钟声的那一刻，这象征着他们对北极之旅中所经历的一切抱有坚定的信心和信念。范伯格希望通过营造家庭氛围，引导学生在学校度过漫长的一天，并努力学习。他向学生们介绍了他和莱文几个月来一直在打磨的KIPP信条的部分内容：

　　"努力做事，善良做人。"（这本是艾斯奎斯的一句口号。他更喜欢把"善良做人"放在"努力做事"前面，但范伯格认为颠倒过来更顺口一些。莱文在纽约用的就是"善良做人，努力做事"。）

　　"没有捷径可走。"（艾斯奎斯的招牌口号，最终成为了他的自传的标题。）

　　"自我负责。"（意思是学生们应该承担起责任，做他们需要做的事情，接受教育，支持自己的团队和家庭。）

　　"如果有问题，我们就去想办法解决。如果有更好的解决办法，我们要找到它。如果团队成员需要帮助，我们要伸出援手。如果我们需要帮助，可以寻求帮助。"

　　这都是一些简单的格言警句。范伯格和莱文从小在教育水平较高的富裕社区长大，在那里，这些格言会被斥为不合时宜的陈词滥调。但在休斯敦，对于那些希望摆脱贫困的家庭而言，它们就很有意义。

　　第三天中午，范伯格结束了开学集体指导，让学生们回到各自的教室。是时候把他们交给其他老师了。根据他们在休斯敦稚拙起步的经验，范伯格和莱文认为，评价教师不应以教学风格或理念为标准，而应以教学结果为准。如果老师能让学生感到兴奋，激发他们的学习兴趣，提高他们的考试成绩，KIPP的毕业生可以继续在高中取得成功，最重要的是能够考上大学，并且在大学也能表现出色，那么他们只需要了解这些老师能否达到以上这些要求。

当然，范伯格和莱文也会密切关注老师们的表现，并在他们认为合适的时候进行干预。如果他们认为有必要把某位老师讲过的内容再讲一遍，他们也心甘情愿。当学生们来上范伯格的数学课时，他从不把自己的课堂局限于数学。他会让学生做一些阅读练习，跟学生探讨科学以及科学与数学的关系。他会说："你们刚学过水循环，对吧？来跟我说一说，什么是蒸发？什么是冷凝？"如果他看到学生一脸茫然，他会告诉科学老师法拉博，"嘿，这些学生不知道水循环是什么。"

每天下午，KIPP的五年级班会分成3组进行不同层次的阅读练习。他们在下午3:30到4:15读小说。他们从罗尔德·达尔的《查理和巧克力工厂》开始读起。在第一学年末，他们已经完成了6本书的阅读。在课堂上，每个孩子都会大声朗读半页到一页的内容。老师们也会经常打断他们的朗读，就相关内容组织讨论。下午4:15到5:00之间，也就是莱文和范伯格第一年组织学生玩躲避球的游戏时间，范伯格会安排学生上自修课，这样学生们就可以开始做家庭作业了。学生每天晚上需要花大约两个小时的时间完成家庭作业，包括在学校开始的这45分钟。当艾斯丘小学的学生出来锻炼时，KIPP的老师也会带着自己导师班的学生出来上体育课。

与莱文的处境不同，范伯格与艾斯丘小学的校长关系很好。伊莱恩·艾伦并不认为范伯格会对学校造成威胁，也不觉得他很讨厌。他从来没有像在加西亚小学那样，在进入校园时遇到过麻烦。KIPP周六的课安排在李高中，距离古尔夫顿社区很近，还有丰富的额外设施，比如电脑实验室和游泳池。

范伯格不止一次地遇到过这种情况：尽管签署了《卓越承诺书》，但是家长不喜欢KIPP严格的纪律和大量的家庭作业。一位母亲打电话给阅读老师吉尔·科拉辛斯基，大声抱怨她的女儿被安排坐上了"门廊"。"我的女儿做得很好，"这位家长说，"没有必要这样对待她。"

范伯格应对这些抱怨的做法是去家访，向家长展示孩子四年级的TAAS成绩。那位家长冷静了下来。仍然还有很多家长在不断地抱怨。每年都会有1—2名家长因为对KIPP管教方式不满而让孩子退学。

J.R.冈萨雷斯是1996年进入KIPP的新生，多年以后，他仍然记得在休斯敦KIPP学校读五年级时的情景。他个子很高，体格健壮，数学很好，英语很差。当他不做作业时，老师就会当着他的面给他扣分，然后让他走上"门廊"。范伯格的做法令人有些不寒而栗。他会大声责骂J.R.，然后又突然安静下来，解释说这种行为是不可接受的。

家庭作业是每天的头等大事。如果学生没有准备好任何一堂课的学习材料，范伯格会让学生站着上完整堂课。他对学生说："你没有带票进场，所以只能站着。"J.R.并不喜欢这种惩罚方式，但他没有将自己的想法告诉范伯格和自己的父亲。他怕他们会对他说一些难听的话。他也开始思考自己在KIPP的处境，虽然学校有很多讨厌的规矩，但这对他可能是有好处的，于是他也与其他KIPP学生交上了朋友。

范伯格认为第一年很顺利。老师们的信心不断提升，也学到了很多新的教学方法。KIPP学校的标准仍然很高。未来却不太乐观。第二年KIPP将新增一个六年级，然而艾斯丘小学没有多余的空间。帕特森承诺会帮忙找地方，可她花的时间比范伯格预期的要长得多。当学校扩张计划无法实现时，范伯格决定给学生上一堂"民主倡议"课，发动学生的力量，向市中心的学校管理者请愿。所有的五年级学生都给市中心的官员们打电话，抱怨说他们不知道明年要去哪里上学。几个小时后，帕特森狂乱地努力平息电话风波，而范伯格却丝毫没有悔改之意，继续追问她到底什么时候帮他找到新地方。

帕特森不得不向每一个和她一起工作的人解释说，正如他们所怀疑的那样，学生骚扰电话的"幕后黑手"确实是范伯格这个"毛头小子"。她还得告诉他们，她要彻底制止范伯格的不当行为。帕特森告诉范伯格，放学后立即去她的办公室一趟。尽管她知道这是不可能的，因为每次约见，他都无法及时出现。已经记不清有多少次他承诺说在下午5:30来她的办公室，但每次都会放她鸽子，让她下班后还见不到人影。她常常要到晚上7点才能见到他，透过办公室的窗户，看到他把那辆用来接送学生的蓝色雪佛兰面包车开进停车场。她会严厉地看他一眼，而他则会说："不好意思，安妮。我得先送几个孩子回家。"在他给学生上完"民主倡议"课的那天晚上，帕特森免去了所有的寒暄。这一次必须要做通这个家伙的思想工作。她谈到要有团队精神，不要给她挖坑，要有耐心，不要表现得好像他是全市唯一关心孩子们的校长。她看得出来，他并不认同这一番话。两人都知道帕特森不擅长斥责下属，她主要是在逢场作戏。在严厉对待学生方面，范伯格可谓一个表演天才，他看得出她不过是在做做样子罢了。

范伯格没有丝毫的妥协。他说，有些事情必须要去做，他要扭转这种扼杀休斯敦和其他许多学区教育的冷漠态度。他的学校办得风生水起，孩子们理应得到成功的机会。他将尽其所能继续为此而战。

帕特森俯身靠在办公桌上，揉着太阳穴。到了采取非常手段的时候了。

这是她第一次给范伯格写了惩戒书。

惩戒书是美国学区常用的一种行政纪律处分的方法。帕特森给范伯格写了一份惩戒书，要放进他的人事档案，告诉他做错了什么，并指示他以后不要再犯类似的错误。她告诉所有向她抱怨范伯格的官员，她曾给他写过惩戒书。在他们的文化中，许多行为都是为了保住面子上，这是一种令人满意的惩罚方式。学区总部的官员认为，她这次真的对范伯格下手了。在下次他要做出格的事情之前，要三思而后行。他要永远记住这一次的惩戒书。

实际上，在范伯格签了惩戒书之后，他满脸堆笑地向帕特森赔不是，每次与KIPP的学生交流，他和莱文都会露出那样经典的笑脸。帕特森把那份惩戒书丢进了一个抽屉里。

那份惩戒书并没有进入范伯格的档案，帕特森后来也把这事儿给忘了。

翻墙事件

KIPP的五年级学生在做完民主请愿之后，回到教室，兴高采烈地讨论着自己的经历。范伯格对他们的行为给予了肯定，祝贺他们完成了任务。但是他并没有告诉孩子们，他惹怒了上司，遭到一顿怒斥，还给他写了惩戒书。这就是庞大组织的工作法则，他们迟早会领悟到这一点。他认为并不适合给这个年龄段的孩子解释自己因不服从管理而受到了惩罚。

"你们正在做的事情对于全美五年级的学生来说都是史无前例的。"他对学生说。这一次，他非常肯定自己没有夸大其词。"知识就是力量。你们没有站在一边冷眼旁观、任人摆布。你们是在为自己的事情奔走呼号。这就是我们所说的团队精神和家庭观念。KIPP万岁！"

"KIPP万岁！"全班同学高兴地喊道。

看来范伯格的计策已经达到了预期的效果。没过几天，帕特森告诉他，学区已经批准KIPP搬到夏普敦中学了。在那里，她可以为KIPP的六年级和五年级提供足够的板房。夏普敦中学距离古尔夫顿社区仅有15分钟的车程，比去艾斯丘小学近多了。

关注KIPP的人也更多了。那篇关于KIPP教育的文章在《休斯敦邮报》发表之后，《休斯敦纪事报》也发表了一篇报道KIPP的文章。第13频道的记者唐·科博斯也采访了KIPP。当地的社会活动人士和教育工作者也接纳了莱文和范伯格。卡罗尔·穆舍是一位演讲和学习专家，她的丈夫丹是一名医生，他们邀请莱文和范伯格去他们家，赴逾越节家宴。穆舍有很多位高权重的朋友，包括芭芭拉·赫维茨；赫维茨的丈夫查尔斯是一位声名显赫的金融家。卡罗尔·穆舍曾帮助过赫维茨的儿子肖恩克服了阅读障碍，正如当初珍妮特·詹斯基帮助幼年的莱文一样。几年后，肖恩开始对KIPP产生了兴趣，与范伯格交上了朋友，并担任休斯敦KIPP学校的首任董事会主席，后来又成为了全国KIPP董事会的成员。在范伯格带着KIPP暂驻艾斯丘小学的第一年，卡罗尔·穆舍和芭芭拉·赫维茨说服了市长鲍勃·拉尼尔去KIPP参观访问，这是她们对范伯格最大的帮助。

市长的参访时间定在了2月份。休斯敦学区的督学罗德·佩奇（Rod Paige）听说这件事之后，也决定随行，与市长一同到访KIPP。学校公关和礼宾人员匆忙安排相关事宜。他们和KIPP学校的校长发生了冲突，这位27岁的校长觉得他没有必要遵循常规的礼仪。

范伯格与艾斯丘小学校长伊莱恩·艾伦一起去找帕特森商量市长参访的安排事宜。范伯格说，他想把与市长的会面地点定在学校图书馆，在那里向他讲述KIPP的运行机制，然后带他去教室。范伯格认为了解KIPP的最佳方式是现场观摩师生的教学动态。

"我们应该首先为他准备点吃的东西，"帕特森说，"他一大早就过来了，所以我们需要准备些早点。准备些什么呢？"

"你在说什么？"范伯格说。

"好吧，你们准备橙汁和小松饼。我们得备些糕点。"

"这个不行，我们没必要准备吃的。我提供的不是这些东西。"

"你能提供什么,迈克?"

"我提供好的做法。"

当时大家一片死寂。帕特森不确定这是他在开玩笑,还是一贯的清高而自我的表现。帕特森无意争辩。"不管怎样,迈克,"她说,"这是你的主场。"

"听着,"他说,"我希望这是一次与众不同的参访活动。KIPP之所以是KIPP,是因为学校以学生为中心。与我无关,跟糕点也没有关系,而是与学生有关。这是我们的夙愿,这是我们的宣传理念,KIPP的宣传材料上也是这么说的。当人们来参观时,我希望他们看到的不是我们摆出什么样子,而是我们真正做了什么事情。"

他的情绪开始激动起来。准备糕点虽然是一件小事,但是它暴露出像休斯敦这样的学区经常会忽视的一些至关重要的问题。"我想让他们看到我们正在做的事情。他们来参访KIPP,并不是因为我们有全城最好的鲜榨橙汁。我想让他们看到学生们在干什么。"

"不管怎么说,迈克,"帕特森重复道,她的声音开始缓和起来,"芭芭拉·赫维茨正在帮你组织这个事情。这是你的主场。我管不着。但是我认为你在这件事情上做得不对。"

范伯格认为这次参访将证明是她不对。他在图书馆给拉尼尔及其夫人做了言简意赅但内容丰富的汇报,他们似乎很满意。他们花了3个多小时的时间,在3个教室观摩老师的教学情况。在某一时刻,市长甚至和全班同学一起读了起来。学生们展示了一些哈里特·鲍尔的歌谣,这已经成了KIPP对来访者的标准式问候。在驱车回办公室的路上,拉尼尔告诉他的教育顾问,他想知道他们如何才能建立更多像KIPP这样的学校。督学佩奇似乎也被打动了。

范伯格仍然为搬迁到夏普敦中学的事情而担忧。工人们正在那所中学后面的一块空地上搭建板房教室。他发现很难通过电话了解到详细的信息。一天晚上，他说服KIPP的老师劳里·比伯和他一起开车去现场考察施工进度。

那时还是3月份，还没有实行夏令时①。到达现场时，天已经黑了。范伯格透过铁丝网围栏向里张望。他在昏暗中看到了一些建筑物，但他想走近一些。于是他爬上了围栏。

像很多其他与范伯格和莱文一起共事的人一样，比伯也没有把自己当外人。老师们都认为两位创始人的思想是KIPP学校最强大的力量，曾经多次在教学方面拯救他们于水火。基于这层关系，比伯把范伯格看作自己的兄弟，并采取了相应的行动。

"迈克，"比伯说道，"别爬了，别伤到自己。"华盛顿特区的实地研学课程将在几天后开始。他可能会摔断几根肋骨，住进医院，那样他就没办法参加了。

范伯格对比伯的劝告置若罔闻。他用双手撑起自己的身体，越过围栏，在向下爬的过程中，他的左手被栅栏顶端锋利的铁链钩住了。他感觉到一阵剧痛，看到左手在流血。

"啊，看起来我需要缝几针。可以带我去医院吗？"

比伯被惹怒了，再次摆出一副大姐姐的姿态。"我不送你去医院，你会

---

① 夏令时（DST），又称"日光节约时制"或"夏令时间"。一般在天亮得比较早的夏季，人为将时间调快一小时，可以使人早起早睡，减少照明量，以充分利用光照资源，从而节约照明用电。——译者注

把我的车里弄得到处都是血。"这并不是她的真心话。她是一位教师，车子的后备箱里有很多便笺纸。范伯格用一张纸包扎了一下伤口。在医院里，医生给他缝了几针，第二天上班时，他很自豪地向众人展示缝合的伤口。他已经没有时间休养了。他正在忙着新增一个六年级，而且他也不会错过华盛顿特区的研学旅行。

拿走电视

艾比·埃尔南德斯是KIPP艾斯丘学校的一名五年级学生,她热衷看电视。因为看电视,她很少能完成家庭作业。"门廊"惩罚对她没有什么作用。埃尔南德斯家住在一座公寓楼的3层,距离范伯格的住所不远,一次他特地去家访,了解艾比看电视的问题。

"范伯格先生,我想让她做作业,"艾比的妈妈用西班牙语说,"但是艾比不肯离开电视。她是个电视迷。她会看到很晚,电视台都停播了,电视屏幕上一片雪花,艾比还在看电视。"

埃尔南德斯家的公寓很小,只有一间客厅、一间餐厅、一间小厨房、两间卧室和一间浴室。这台36英寸的电视机放在起居室橱柜的顶部,在这狭小居住空间里,家庭成员的活动就围绕电视展开。

电视一直开着。他们家没有安装有线电视,古尔夫顿社区的家庭几乎都没有,但是广播电视频道的节目足以填占一个10岁孩子的一天了。艾比会看西班牙语电视频道的肥皂剧、英文频道的动画片、各种喜剧片和明星八卦新闻。所有的电视节目,她都喜欢看,她的妈妈、爸爸和两个同辈的堂亲也是一样。

艾比是一个聪颖的孩子。范伯格对此深信不疑。她的脸胖乎乎的,梳着又黑又长的马尾辫。她性格活泼开朗，善于交际。她参与课堂活动，但学习成绩不太理想，与她实际的能力不相符。范伯格一边听着这位母亲说话，一边思考着该怎么办。近半个世纪以来，电视成瘾一直是美国儿童的一大问题，与贫富无关。范伯格尝试过一些方法，也阅读了相关书籍。

"从现在开始，我们应该限制她看电视的自由，"他说，"把电视拿走，让孩子自己赢得看电视的机会。她必须要完成作业；每天晚上，等她把作业完成了，你可以奖励她一个小时左右的看电视时间。不过你要把奖励时长控制在一个小时左右，因为任何事情都要适可而止。"

听完这番话，这位妈妈微微一笑，说这是一个好办法。他们把艾比叫进来，把他们的决定告诉了她。艾比表示理解。一切进展令人满意。

但是第二天，艾比来到学校，范伯格发现她仍然没有完成家庭作业。"拿我开玩笑的吧。"范伯格自言自语道。那天晚上，他又去了埃尔南德斯家的公寓。艾比的导师比伯和他一同前往。前门微微半开着。当他敲门时，门缝开得更大了，他们看到艾比正坐在沙发上看电视。

"怎么回事？"范伯格用西班牙语问她的妈妈，当时她正在厨房里忙活着。

她看着范伯格，耸了耸肩，说道："我能怎么办？艾比坐在电视机前，就是不肯离开。"

范伯格只能想到一种办法。"你说的没错，"他说，"那你们把电视给我。"

"我不能把电视给你，我们只有这一台电视。"

"因为你没办法阻止自己的女儿看电视。而在我看来，确保她不看电视的唯一办法是把电视从这个屋里搬走。"

"是的，"那位母亲说，"但我是不会把电视给你的。"

范伯格决定孤注一掷，使出最后的"绝招"。"我也不想这么做，要么让我搬走电视机，要么你女儿退出KIPP。"

比伯听到这番话，惊呆了。这种做法很极端，但她能听出其中的逻辑。她认为这是一种突破性的变革，也是一种必要的改变。她屏住呼吸，听艾比的母亲怎么回应。

这位母亲并没有立刻做出回应，而是沉默了一阵子。她貌似并没有生气，只是在思考这件事。过了一会儿，她说："把电视机搬走吧。"

艾比一直在专注地听他们谈话。听到要把电视机搬走，她一下子就哭了起来。范伯格拔下电视机插头，把电视抱了起来。他停了一会儿，跟艾比说："艾比，你可以凭本事把它赢回来。只要你能连续3周认真完成作业，我就会把电视机送回来。"

比伯伸手要帮忙，但范伯格坚持自己一个人搬。他跌跌撞撞地走出公寓，艰难地抱着36英寸的大家伙。他下了两层楼梯，把电视机搬到了楼下，放进了他的面包车里。第二天，他把电视机拖进了比伯的教室，放在一张边桌上。有几个学生认为范伯格肯定是脑子出了什么问题，才会做出这种极端的疯狂行为。他们对艾比说："我可不想让人搬走我的电视机。"

范伯格继续保持步步紧逼的姿态。接下来3周，他要求艾比每天早晨交作业时，都必须把作业放在电视机上。这种交作业的特殊方式让艾比在同学中小有"名气"，她却很喜欢这种关注。她遵守着与范伯格之间的约定。连续3个星期，她每天都完成了当天的家庭作业。

范伯格把那台电视机搬到他的车上，送回了艾比的家里。他抱着电视机爬上了3楼，一本正经地将它放回客厅，插上电视机插头，对艾比表示祝贺。"记住，"他说道，"这是你凭本事赢来的。凡事都要讲究个合适的时间和场合。"

从此以后,艾比的表现也是时好时坏,但她的家庭作业的完成情况基本不错。她学着如何专注于重要的事情。后来她进入蒙大拿州自强农场学校(Bootstrap Ranch School)学习,成为了班上致告别辞的学生代表,考入了得克萨斯农工大学(Texas A&M),拿到了全额奖学金。自强农场学校的校长卡米·威尔斯后来回忆说,艾比是一个品学兼优的好孩子。

范伯格与电视机的故事之后成了大家饭后的谈资,流传了很久。范伯格表示,他从未确信这么做是否正确。他并不反对孩子们看电视,只是反对他们沉迷于电视。他表示自己的行为有些出格,干扰了艾比正常的家庭生活。

但是他认为自己这一次铤而走险的鲁莽行为对KIPP的教师团队产生了有益的影响,其他老师都很钦佩他那种破釜沉舟的勇气。这种做法也让学生明白,为了让他们获得良好教育的时间和机会,老师已经忘情投入了。如果他很看重这件事情,那么对学生来说,或许这件事情对他们更重要。

31.

研学之旅

在分开后的第一年年底,范伯格和莱文决定结伴去华盛顿特区开展实地研学课程。这是一项艰巨的任务:带领120名五年级学生像脱缰的小马一样奔向首都。老师们还记得他们第一次去华盛顿特区的情景:国王和王后啦,大法官布雷耶啦,当然还有花生酱和果冻三明治。有了第一次的经验,他们相信这一次也可以圆满地完成这次研学的任务。

导游和讲解员还是一样匆匆忙忙,带着学生们走马观花,只不过这一次他们会提前给学生们预警将出现的各种情况。布雷耶大法官欢迎他们来最高法院参观。伊利诺伊州的参议员保罗·西蒙和得克萨斯州的众议员吉恩·格林在国会大厦接见了他们。他们又在好莱坞星球餐厅吃了一顿愉快的晚餐。范伯格和莱文感觉,本次五年级研学之旅的课程已经画上了圆满的句号。他们一边嚼着汉堡,研究着墙上挂着的阿诺德·施瓦辛格的大事记,一边讨论着明年六年级的研学旅行。

六年级去哪儿呢?他们邀请了科克伦、法拉博、比伯和其他老师与他们共坐一桌,集思广益,讨论这个事情。他们想到了很多可能性。他们想搞点儿大动作,去一个真正令人叹为观止的地方。什么地方对这些城市的孩子最有吸引力呢?答案似乎很明显:大峡谷。

老师们都很赞同这个主意。他们决定在白宫前面宣布下一次的研学地点,就在集体"默走"和小夜曲合唱之后。科克伦找到一块白板和记号笔,画了一幅壮观的大峡谷效果图。范伯格和莱文宣布了他们的决定,科克伦举起手中的白板,学生间爆发出尖叫声与喝彩声。老师们也都为这一绝妙的主意而欢呼雀跃。莱文和范伯格异常兴奋,他们回到休斯敦,安排了一次与导师艾斯奎斯的电话会议,告诉他这个事情。在电话里,这位导师沉默了一会儿。范伯格察觉到一丝不妙,他可能不太赞同。艾斯奎斯用他在课堂上最温和的口吻说道:"我觉得你们还有比这更好的选择。"

"啊,您这是什么意思?"范伯格说。

"好吧,首先,除非你们带着孩子下到峡谷深处,否则你们只是从峡谷边缘看一眼,充其量只是像《假期历险记》中的切维蔡斯驾车带孩子们兜风一样,其教育意义和刺激程度也不过如此。'看,这就是大峡谷。好了,我们赶紧上车,回去了。'""是的。"范伯格回答道。

艾斯奎斯说:"所以呢,如果你们不下到大峡谷深处,这次旅行就没什么意义,但如果真的徒步下去,会很辛苦,对孩子们来说挑战太大了。你们可以骑骡马,但是一名学生需要两名成年人陪同,成本又太高了。所以,你们为什么要去大峡谷呢?"

这次轮到范伯格沉默了。"噢,糟糕。"他终于说出了这句话。

艾斯奎斯总是乐意帮助每一个学生,即便是对待最迟钝的学生也是如此。他继续说道:"我推荐你们去犹他州,去锡安,去摩押山峡谷,那里更适合孩子们。"

"好啊,太棒啦!"范伯格说,"感谢您,雷夫。"

范伯格和莱文达成一致意见,决定必须改变行程。他们非常抱歉地宣布大峡谷的伟大之旅变成了犹他之旅，但不管去任何新地方，那些即将升入六年级的五年级学生都会为之感到兴奋。第二周，科克伦和莱文驱车前往犹他州进行实地考察，并当场打电话给艾斯奎斯，交换了相关意见。

不论规模大小，研学旅行都可以将在校学习与现实世界联系起来，这是约翰·杜威（John Dewey）等教育理论家推崇了一个世纪的教育方式。范伯格带着大批学生，去休斯敦的百老汇大道看演出。当一百个拉美裔和非裔的孩子走进剧院时，通常会有那么一阵尴尬的时刻。范伯格看到了现场成年观众脸上的表情。现场表演夹杂着欢笑和泪水，非常精彩，观众们看得也饶有兴致。后来，在幕间休息时，观众们带着惊讶的表情走上前来，问道："这些孩子是哪儿来的？他们表现太棒啦！"

"我们来自休斯敦KIPP学校。"

"我们看到他们在轻声附和着，念叨着每一首歌的歌词。"

"没错儿。他们知道每首歌的歌词。我们的孩子将来是要去上大学的，他们要学习鉴赏不同的事物。"

实地研学也有不愉快的时候，一旦发现苗头，莱文和范伯格会立马就相关话题展开无休无止的讨论。对于学生的这些不良行为，两位KIPP创始人会立即责令他们改正，就像文艺复兴时期的牧师听到酒吧和妓院一样"谈虎色变"。在一次去华盛顿特区研学旅行时，范伯格将两个男孩遣送回家，因为他们在房间里打架。范伯格让学生在酒店的走廊里集合，当着全体学生的面说："最让我生气的是，这件事始于昨晚的一场'枕头大战'。你们两个今天一定一直在想这件事，想着今晚要做什么。所以当我们到了阿灵顿国家公墓，在肯尼迪总统的墓前，读到那些精彩的名言，看着美丽的天际线，你们两个都在想着'枕头大战'。当我们在朝鲜战争老兵纪念馆时，你们还在想着'枕头大战'。在林肯纪念堂，读葛底斯堡演说时，你们还在想着'枕头大战'。"

"我们是一个团队，是一家人。研学旅行的机会可不是白给的。"他看着两个犯错的学生说。"你们的表现说明你们并不珍惜这次研学的机会，不重视学习，所以你们不配待在这里。你们不配与其他学生一起享受这样一个学习的过程。你们俩坐下一列航班回休斯敦。"

莱文和范伯格认为研学旅行不能只是旅游观光。艾斯奎斯说研学旅行是培养批判式思维的大好时机。截至目前为止，他们带学生去了华盛顿、犹他州、加州、纽约和奥兰多，无论去哪儿，在他们每天晚上集体回酒店时，他们都会让所有学生坐在一起，反思当天的行程。范伯格和莱文以及其他老师尽量让每个孩子都能参与其中，问他们各种问题。比如，今天看到哪些喜欢的东西啦？不喜欢什么？有什么感到失望的地方？明天有什么期待？他们也会采用阅读老师的教学工具：预测法。明天你期待看到什么？

1997年的第一次犹他州之旅就让学生感受到了它的非凡魅力。他们坐大巴车从休斯敦出发，这种交通方式比坐飞机省钱多了，也更有教育意义。虽然他们早上就出发了，但到了傍晚还没有走出狭长的得克萨斯州。一路上，除了加油站和广告牌，什么都没有。当夜幕降临时，他们就昏昏沉沉地睡着了。直到第二天晨曦微露，学生们才被眼前的景色惊醒了。

他们身处美洲大沙漠之中，靠近四角地（Four Corners），即新墨西哥州、亚利桑那州、科罗拉多州和犹他州的边界交汇处。那里的地貌看起来像是在火星，而不是在地球。范伯格非常喜欢看到孩子们脸上惊讶的表情，所以，在以后的旅程中，他总是会在黎明前醒来，这样他就总能看到这些来自大城市的11岁孩童被带到另一个宇宙的惊奇时刻。他们从睡梦中醒来，环顾四周，惊讶地说："哇哦！"他们也会用胳膊肘推醒身边的朋友。这是一次旅行的完美开始，范伯格对此乐此不疲。

32.

坐在操场上课

虽然莱文和范伯格有自身的缺点,但雷夫·艾斯奎斯很喜欢他俩身上散发的活力以及展现出的魅力。1994年春假期间,他们抽空去了一趟洛杉矶,去观摩雷夫·艾斯奎斯的课堂教学,也见了他的妻子芭芭拉·唐。在他们第一次共进午餐时,两位年轻的老师向这对夫妇描绘了他们宏伟的愿景,让人感觉有些过于天真,艾斯奎斯夫妇听后都笑了。

艾斯奎斯用友好的语气说:"看来,你们这俩家伙是真疯了。"

范伯格和莱文相互看着对方。接着他们将目光转向艾斯奎斯夫妇,异口同声地说道:"我们肩负着上帝的使命!"这句话出自电影《福禄双霸天》(The Blues Brothers)。艾斯奎斯夫妇都看过这部电影。这对夫妇心想,或许这两个家伙成功不了,不过有他们在身边还是有很多乐趣的,并且他们工作都很努力。他们知道,不能奢望这两个年轻人在一两年之内能够做出多少业绩。

艾斯奎斯对此有比较深刻的认识,尽管在他获得了美国国家教育奖项以及其他各种荣誉之后,他的名气越来越大。他在洛杉矶霍巴特小学的生活仍然要受制于各种毫无意义的条条框框。举一个最为明显的例子:自1989年以来,艾斯奎斯每年都要在学校操场上4个月的课,在他的朋友亲眼看到这一事实之前,他的朋友和访客都不敢相信大名鼎鼎的雷夫竟然流放到操场上课。不论晴天还是雨天,他和学生们每天上午都会在操场集合,在一块水泥地上学习莎士比亚、经济学和数学,不远处就是他们的56号教室,其他学生和老师正在使用这间教室上课。学校空间有限,非常拥挤,为此,学校领导们制定了3种不同的假期时间表。当艾斯奎斯和他的学生放假时,会将56号教室让给其他班使用。但是艾斯奎斯从不休假,因此他的很多学生也跟着不放假。没有了教室,他们只能去外面上课。

一位副校长在一次会议上宣布了这项新的教学安排。会后,艾斯奎斯走到那位女校长跟前,想跟她谈一谈。"我这边有点问题,"他告诉她,"我的学生在假期期间也要来找我上课。我们可以继续留在原来的教室吗?我们还能再想一想其他办法吗?"

"不行,雷夫。所有人都是这样安排的。你必须明白,如果我们给你特殊待遇,其他人也会要求享受同样的待遇。"

"但是,并不是所有人都像我一样。我自愿在假期无偿工作。所以,难道我不能拥有一些特殊待遇吗?对于那些在假期期间想要来学校学习的孩子,难道我们不应该给他们一些特殊待遇吗?这不是一件令人欣喜的事情吗?"

这次对话发生在他获得国家级教育奖项之前。然而即便他成为了教育界名人,还是没什么作用。正如那位副校长所言,规矩就是规矩。他可以使用学校另一边的午餐长椅和桌子,却只能在上午使用一个小时的时间。从早上6:30到下午6:30的其他时间,一大批学生只能跟他一起在水泥地上上课。有时,他们可以拖过来一张没被铁链锁住的长凳,大多数时候,学生们只能坐在地上。

这种情况持续了10多年。艾斯奎斯开始寻求当地热心企业家的赞助。

有一天，一位赞助人打来电话，询问他的近况。艾斯奎斯说："比尔，这些孩子太棒了。我们今天在读《哈克贝利·费恩历险记》。我们坐在水泥地上，他们读书都读哭了。"

"他们哭不是因为那本书，"赞助人说道，"而是因为他们屁股疼。"

在洛杉矶炎热的四五月份，他和学生经常在户外上课。通往56号教室的楼梯下面有一些蔽阴地。他会给学生带一些冰水或其他饮料。随着莎士比亚戏剧课程越来越受欢迎，参加户外课的学生也多了起来，但在室外排练很不合适。在露天环境中，孩子们的声音非常小。范伯格和莱文听艾斯奎斯描述他的日常生活。他们意识到只要孩子们愿意跟老师学习，他们就应该能够找到教学的地点，哪怕是一片水泥地。

没有校长试图阻止艾斯奎斯的户外课程。学校里有两千多名低收入家庭的孩子，领导们有更多其他的事情要操心。有些学校领导很喜欢艾斯奎斯，会给他加油打气，尽管他们没有权力帮他把教室争取回来。

一个周五，当艾斯奎斯在学校图书馆上课时，他告诉学生们，一场莎士比亚的演出即将在洛杉矶举行。演出门票将于周日上午在加州大学洛杉矶分校开始发售。这将是艾斯奎斯第一次与著名演员伊恩·麦凯伦（Ian McKellen）相遇，麦凯伦后来成为霍巴特小学莎士比亚戏剧课程最重要的赞助人。在演出期间，麦凯伦注意到台下有一群小观众，安静且专注地观看演出，很多时候，可以看到他们嘴里念念有词，好像他们已经背过剧本一样。他邀请这些小观众和他们的老师一起来到演出的后台；后来，他也成为了56号教室生活的重要成员。

在去看演出之前，艾斯奎斯从未想过会结识麦凯伦。他只是想让他的学生见识一下真正的莎士比亚演员。演出门票40元一张，他敦促学生们把多余的零钱都带过来,他来想办法凑齐剩余的门票钱。他们要去加州大学洛杉矶分校排队买票,而且必须排在队伍的最前面,以确保票不会售罄。他问全班同学:"我们应该什么时候在这里乘公共汽车去排队?"学生们一致认为凌晨4点最合适。于是,他在图书馆的黑板上写道:"凌晨4点来见雷夫。"

次周一上午,学校的老师们在图书馆开会,讨论第二年的班级分配问题。艾斯奎斯没有必要参加这次会议,因为严格意义上来说,他还在休假。其他一些老师不明白他为什么坚持每天来学校,他们确实羡慕他的休假安排,因为尽管他不回去度假,但是他可以在圣诞节期间休息。有人问:"为什么雷夫有这样的假期安排?我们的校龄时间比他更长啊!"

"凌晨4点来见雷夫"的字迹还在黑板上留着,校长吉姆·梅斯拉事先已经看到了。他指着黑板上的字迹,说道:"这就是原因。"

在艾斯奎斯开始在操场"度假"的第十二个年头,霍巴特小学的入学人数开始下降。许多周边的社区家庭都搬到了更好的社区。副校长梅塞德斯·桑托约(后来成为该校校长)意识到,她可以让一些老师不再与他人共用教室了。

一天,艾斯奎斯来到桑托约的办公室,他们二人相谈甚欢。他自认为是她的忠实反对者,解释了他在一些学区政策中看到的各种问题,比如要求所有老师使用"开放法庭"(Open Court)系列阅读材料,其难度比他给孩子们的莎士比亚作品要低几个等级。

在谈话的间歇,她冲他微微一笑,好像在卖什么关子。"那么,雷夫,你想一整年都可以拥有自己的教室吗?"

他仔细地看了看她,看样子不像是在开玩笑。"如果可以,"他回答说,

"让我做什么都行。我可以去读'开放法庭'系列书籍。任何条件我都答应。"就这样，雷夫·艾斯奎斯再次拥有了56号教室的全年使用权，霍巴特莎士比亚戏剧团全年都可以待在那里了。艾斯奎斯也的确去参加了"开放法庭"方面的培训，礼貌地提出了一些问题，不过他仍然拒绝在自己的课堂上使用相关教材。

"突袭"教育局长

范伯格在休斯敦开办KIPP学校的第二年,除了教学设施之外,其他一切都进展顺利。他希望能够说服夏普敦中学的领导,允许他的学生进入学校礼堂或体育馆,最重要的是能进入图书馆。因为到了他们要挑选下一本小说的时候,如果不行,他必须动用校车,把学生送到数个街区之外的公共图书馆。然而,他突然想到:为拿到书籍如此地费心劳力可能是件好事。当他的学生登上去公立图书馆的校车时,他们不可能不明白"阅读"在他们的小学校里是多么重要,在某种程度上是多么令人兴奋的一件事。

事实上,第二年进展顺畅,范伯格一直徜徉在对未来愿景的超前想象中。为什么明年不在休斯敦的KIPP学校增加一个七年级呢?为什么不圆了自己和莱文的梦想,让加西亚小学的"基普生"重新回到KIPP学校呢?他到哪里去找校舍呢?他甚至都不知道在何处安放手头的七年级学生。他找帕特森谈过,希望在夏普敦中学增加几栋板房教室,却似乎不太可能。帕特森曾提到在休斯敦的西南部购买一栋建筑,用于另一个学校项目。或许KIPP可以在那里找到地方。

像往常一样,帕特森敦促范伯格要有耐心。同样如往常一样,他无视她的建议。就这样,冬去春来,什么问题都没有解决。3月的一天,帕特森邀请范伯格去她的办公室一趟。范伯格看到她浮肿的眼袋，预感到事情有些不妙。她揉着太阳穴，这是事情不妙的另一种征兆。

"迈克，有个事情，我必须要告诉你。我不能……"她停顿了一下，深吸一口气，直视着范伯格，接着说道，"没地儿了，没地儿了，找不到其他的地方了。你明年只能待在原地，哪儿也去不了。"

"那你会给我更多的板房教室吧？"

"不，我们已经输了谈判。"

"那么，这个结果，我接受不了。我们怎么能待在原地呢？"

她摇了摇头，然后低下头来。"呃，你可以再招一个新五年级，但是你必须要把七年级的学生送到简·珑（Jane Long）学校。"那是古尔夫顿社区的一所中学，在范伯格看来，这所学校就是一个教育"陷坑"。

"该死，不行。"他说。

"好吧，那你就不能再招新一批的五年级学生，还是继续教现在这批学生，六、七年级各一个班。"

"该死，不行！我已经在招新生了。我不能告诉他们招生取消了！"

帕特森看起来很疲倦的样子，她说："唉，我不知道该怎么跟你说了。没有别的办法。"

"会有的。"

"听着，所有的办法我都试过了，"她说，"别无他法。看着我。我搞得一团糟。我是个失败者。我找人哭诉过，也大声跟人争吵过。人家天天听我说KIPP，早就听够了。我没有办法了。"

"你没有办法了？"

她说她一直尽力向督学罗德·佩奇反映这件事。佩奇身材高大，很有头脑，以前是一名橄榄球教练，也担任过教育学院的院长。他从学校董事会成员做到了督学的位置，实现了非同寻常的职业转变。佩奇非常关注提升市中心贫民区儿童的学业成绩。他曾到KIPP学校参访，也说了很多称赞KIPP的话。一些KIPP老师认为，或许这只是他讨好记者的一种方式；记者报道了关于范伯格和他的孩子们的精彩故事，或者他真的别无选择，只能赞扬KIPP。没有现成的新校舍，佩奇也没辙。在他管辖的学区，挤满了移民家庭的孩子，像充气过度的气球一样，随时可能会爆炸。

另外，佩奇的日程是由他的几个助理来安排的，他们早已厌倦了帕特森的步步紧逼，也很讨厌范伯格的各种小性子。范伯格各种"奇葩"行为已经传遍了学区总部，也加深了助理们对他的厌恶。传言说范伯格会冲孩子们大吼大叫。在他和莱文从教的第一年，当他们无计可施时，确实这么做过。那时候他们都是初出茅庐的小伙子，在管教学生方面缺乏灵活性。渐渐地，他们开始发现，对许多孩子来说，吼叫式的管教更多的是让学生感到害怕，而不是激发他们的积极性。有时候，管教的最好方式是轻声细语地跟学生讲道理。

莱文比范伯格更早放弃这种粗暴的管教方式，虽然他在纽约也搞过一些管教噱头，但后来也意识到这些管教方式的错误和愚蠢。范伯格发现"大吼大叫"只会适得其反，于是就适时地放弃了这种管教方式，但他虐待儿童的恶人形象在一些人的脑海里早已经根深蒂固了。

在休斯敦KIPP学校的第二学年开始时，一些家长对范伯格提出正式投诉，指控他挪用学校资金，且在训斥学生时对学生实施体罚；这让那些反对范伯格的人更有说辞了。另一名行政人员对此事展开了调查，在此期间，帕特森责令范伯格带薪停职一周。最终的调查结果显示，以上投诉均无证据。范伯格又回到了学校。当时，这件事情令他大为恼火。后来，他把这看作是一种警告，告诫自己不要过于咄咄逼人，他最后也认识到了自身的问题。按照规定，停职惩罚是保密的，所以那些批评他的人几乎都没听说过这件事情，但是他们仍然认为范伯格不配得到他们的帮助。这在一定程度上解释了为什么帕特森在为他寻找校舍时没有得到太多的帮助。

帕特森对他说："听着，这件事我已经试着和佩奇谈过了，他不想跟我说话，所以为什么你不去找佩奇谈一谈呢？"

她把怨气都撒在范伯格身上。她舍命相助，而他却没有表现出太多的感激之情，这让她感到非常恼火。这些话刚说出口，她就后悔了。

"好吧，"范伯格咬紧牙关说，"那我就找佩奇谈一谈。"

"完啦！"帕特森心想。现在怎么办呢？但是她太累了，不想再说了。他想让范伯格离开，让自己静一静。只要能让他离开自己的办公室，哪怕是他不辞辛苦地赶往学区总部，也无所谓了。

第二天，范伯格打了督学办公室的电话，请求约见督学。接待员说她会尽量帮忙联系，会给他答复，让他等着；但范伯格根据她的语气判断，这是一种敷衍的说辞。她对很多人都会这么回应，但实际上不会有什么答复。范伯格等了48小时，依然没有任何消息。他驱车前往学区总部办公楼——"泰姬陵"。当他赶到佩奇的办公室时，并没有受到热情的接待。"如果他有时间和你谈话，"一位秘书说，"我们会联系你的。"

范伯格根本没打算放弃，他看了一眼员工停车场，心里就有了主意。接下来，他耽搁了两天，以防有人认出他来，因为督学之前曾在报纸上称赞过KIPP学校，学区总部的人可能会认得他。还是没有任何消息，他再次驱车前往"泰姬陵"。

员工停车场位于办公楼北侧，占地数英亩，是一处露天停车场。范伯格把自己的面包车停好，抓起一把学生作业，朝着通往大楼正门坡道旁的停车位走去。那里停着一辆紫红色的本田讴歌轿车。车前竖着一张木质标牌，上面写着"督学"两个字。范伯格靠在车尾，调整舒适的倚靠位置，准备一直等下去的样子。他批改着试卷打发时间。

那时正值4月，日头已经很高了，停车场没有阴凉处。范伯格决定坐在车子的后保险杠上，这样可以让自己坚持得更久一些。路人向他投来异样的目光，但是没有人跟他搭话。他戴着眼镜，文质彬彬的样子，看起来并无恶意。别人可能认为他是佩奇的司机。那是1997年，4年后，"9·11恐怖袭击事件"给美国人民带来了阴影，公共建筑的安全成为全国关注的重点问题。如果范伯格当时的行为发生在"9·11"事件之后，应该会有人询问他坐在督学的车上干什么，那天下午并没有人打扰他。他一边等着，心里一边盘算着说辞。很明显，佩奇就在办公室里，他迟早会从里面出来的。

大约下午6点钟，也就是在车旁守候了4个小时后，范伯格看到督学提着公文包，从坡道上走了下来。他一脸疲倦，有些心不在焉的样子。但是他认出了范伯格。"迈克？"他说。

"嗨，佩奇博士，我遇到困难了，"范伯格说，他看了佩奇一眼，希望能让对方从这个眼神中体会到自己此时的痛苦与无奈，"你得帮帮我。有人要抢走我的孩子！"

督学略思忖片刻。这位老师为了引起他的注意，竟然会在停车场"堵截"他。他被这种行为逗乐了，也让他为之动容。30年前，当佩奇在密西西比的杰克逊州立大学担任橄榄球教练时，他偶尔会在总部停车场以这种方式"等候"校长。正是这种坚持不懈的精神让他赢得了多场比赛的胜利，也给他带来了好运。

他说："迈克,你在说什么?"

范伯格一口气讲完了自己的经历。"呃,夏普敦中学没我们的位置了,我们也没有其他地方可去,听说唯一的选择……"他停顿了一下,意识到必须要直奔主题。"有人跟我说,我要么放弃即将升至七年级的学生,要么放弃五年级新生,希望你们可以帮我想想办法,摆脱困境。"

佩奇看得出来范伯格非常苦恼。他说："这个,我想我们肯定可以做点什么。"他又想了一想,"明天上午过来一趟,我们来解决这个问题。"

范伯格非常兴奋。他终于约到了督学。"谢谢你,佩奇博士。"他说。

第二天,范伯格8:30就到了。秘书把他领进一间小会议室。帕特森也在,看起来有些尴尬。范伯格看到佩奇和他的首席副手苏珊·K. 斯克拉法尼(Susan K. Sclafani)也在里面,后者曾在1994年与范伯格和莱文会面,并批准了最初的KIPP教育项目。这位身材娇小、穿着考究的女士怒目切齿地看着范伯格。范伯格很肯定,她对他没什么好感,也很反感他接触像芭芭拉·赫维茨和拉尼尔市长这样的权贵。范伯格认为,在她看来,他已经完全丧失了理智。

佩奇尽量保持友好的会议氛围。他让范伯格总结了一下自己当前的形势。然后他对自己的副手——西区的督学和教师——苏珊说："听着,我相信我们一定有办法找到校舍。我喜欢KIPP,这是一种很好的教育模式,所以我希望你们能够帮KIPP找到地方。我得去隔壁一趟,我和阿拉马克约好了时间,商谈餐饮服务协议的事情。我相信你们可以想出办法来。"

这场会议刚进行了5分钟,佩奇就起身离开了,留下范伯格独自面对斯克拉法尼和帕特森。这位副督学并无意掩饰自己的真实感受。他问了范伯格一连串的问题。怎么会组织这次会议？发生了什么事情？作为佩奇的得力助手，斯克拉法尼有义务让佩奇免遭白痴和无赖骚扰。她辅佐了佩奇多年，后来佩奇当上了美国的教育部长，之后又成为一家专门从事教育事务的管理公司合伙人。

无论范伯格对她有何看法，她一直很喜欢KIPP的理念。她是"为美国而教"及其毕业学员在休斯敦的支持者之一。多年后，斯克拉法尼承认，当范伯格在停车场"堵截"她的上司时，她开始为这位KIPP校长犯愁，其中的原因包括他对学生大吼大叫的传闻，也包括去年那臭名昭著的"民主倡议"课。教五年级学生给总部官员打电话，询问教室场地的事情，这触犯了她的底线，她认为这是在教唆孩子做坏事。她很清楚有头脑的教育者有时必然会竭力反对一些愚蠢的规章制度和麻木不仁的官僚主义，但是她特别喜欢像克里斯·巴比奇那样的青年改革家，巴比奇是莱文和范伯格以前的室友，后来他创办了自己的特许学校，他在寻求实现自己的目标时，就表现得比范伯格更有智慧，做法也更得体一些。

佩奇邀请范伯格来他们的办公室，斯克拉法尼对此很不高兴。范伯格回忆说，当时斯克拉法尼在会议上告诉他，学区不可能再给他更多的教室了。她后来表示，她绝不会说出那样的话，但她承认，那天她对范伯格的确不是很友好。

"没有办法，你什么意思？"范伯格记得当时自己是这么说的。在炙热的阳光下，冒着患皮肤癌的风险待了4个小时，他不会就此放弃这次机会。"我刚才听督学说，我们会想办法找到教室的。"

他并没有明确回答这次会议是怎么组织起来的。他说他偶然遇到了督学，就告诉他KIPP现在的困境，督学说他认为这个问题是可以解决的。范伯格说让KIPP摆脱目前的困境并不是什么大问题。他的诉求只是在暑假之前为230—240名五、六、七年级的学生找到上课的地方。

斯克拉法尼不想在这件事上浪费更多的时间。她也知道得让范伯格看到一些希望，否则他是不会离开的。她说："好吧，我得打几个电话。我和帕特森女士讨论一下，之后再联系你。"

范伯格高兴极了，他说："那可真是太棒啦！"

当天晚些时候，范伯格又来到帕特森的办公室，想要问一下事情的进展情况。帕特森又陷入了焦躁不安的状态，两个胳膊肘撑在桌上，揉着太阳穴。她冲范伯格无奈地笑了笑。"所以，迈克，你坐在佩奇博士的车上，等他出来，告诉他我们需要更多的教室？"

"是的，安妮，我就是这么干的。"

"呃，我被斯克拉法尼博士臭骂了一顿。"

范伯格一脸关切的样子。"可是，安妮，是你让我去找督学的。"

"我当时只是说说而已啊！"

"你了解我的，"他反驳道，"佩奇博士说了3遍，我们能解决这个问题。"

她这次也没有给他写惩戒书。事实上，范伯格发现帕特森被这次跟踪事件逗乐了，主要是因为它奏效了。佩奇很快就召集员工开会，表示他正在考虑将卫斯理安大楼的一部分空间分给KIPP，那是停车场对面的一片附属建筑，用来解决学区总部人员太多的问题。佩奇回忆说，当时开会时，有些人听到这个消息感到很震惊，但是他仍然坚持这项计划。

帕特森告诉了范伯格卫斯理安大楼的事情。她说："我会努力争取的。我们还是有选择的余地，或许能够争取到两层楼。"

范伯格说："那可就太完美了。"

34.

莱文和科克伦

大卫·莱文与弗兰克·科克伦之间的友情是人们经常谈及的一个话题。这两人性情迥异。当他们第一次在休斯敦合租时，沉默寡言的科克伦认为莱文对他感兴趣只是为了寻求片刻的安宁，因为范伯格太爱热闹了。科克伦非常了解孩子。他老家在罗得岛的新港市，父亲是一名律师，母亲是一名家庭主妇，家里共有7个孩子，他排行老二。几乎人人都喜欢这位身材修长、金发碧眼、和蔼可亲的老师。当莱文和科克伦在纽约并肩工作时，学校系统的官员经常把莱文形容为一个不断制造麻烦的顽固分子。这样的形容也同样适用于休斯敦的范伯格。他们会问，为什么莱文不能表现得更像科克伦一点。莱文则会无奈地说："噢，确实，大家都喜欢科克伦。"

科克伦家里人有做牧师的，也有做修女的。他一度认为自己也会成为一名神职人员。这也是他上圣母大学的原因之一。他欣然接受了该校许多宝贵的传统信仰。他是一个有天赋的音乐家，在大学一年级时就成为了圣母大学行进乐队的首席长号手。他也是一位勤学好问的学生，喜欢探求人类在宇宙中所处位置的更深层次意义。

这种爱思考的一面让他放弃了当神职人员的想法。他看到这个世界有太多需要改变的地方。对社会不公的愤怒之情萦绕在他的心头。显然从事神职工作似乎并不是实现他政治和社会变革愿望的最佳选择。在大三的时候，他在以色列待了一个学期，那时正值巴勒斯坦人民起义的最低谷时期，他切身了解了巴勒斯坦年轻人的生活现状。他的姑姑安妮·科克伦是一名修女，在津巴布韦开了一家小医院，他说服姑姑，答应让他在那里和她一起工作了几个星期。

当他回到南本德念大四的时候，他的思想有了很大的转变。他退出了乐队，在历史专业中专注于和平问题的研究。他写了一篇关于预备役军官训练团（ROTC）的研究论文，得出结论，它对圣母大学学生的生活影响太大了。当时圣母大学投资600万美元，正在建造一座新的大楼。为了表示抗议，一天晚上，他爬上了大楼的顶部，在陡峭倾斜的屋顶上，用白色涂料写下了3个2.7米高的字母"RAW"，字母"R"是反向的。他希望人们能看到，他写的是"战争"（war）一词的镜像，以此表明这所大学主次颠倒的做事态度。当他到家时，突然意识到自己不小心把钥匙落在了"犯罪"现场。他确信自己很快就会被认出来。他认为逃避惩罚毫无意义。于是就去自首了。他被停学了一年，不能和自己的班级同学一起毕业，并且由于他恶意破坏学校公物，还必须支付3000美元的罚款。他的父母对此很是惊讶，但还是原谅了他。他的兄弟姐妹也就此事调侃他，说："哟，弗兰克，你不再是最优秀的孩子啦。"在这一年剩下的时间里，为了自己支付罚款，他做了两份工作，并向他的父母证明，自己并非一无是处。第二年，他回到了圣母大学，并顺利毕业。他曾与一个被假释的杀人犯住在一起，不出所料，这段经历让他对现实世界有了更多的认识，也让他的大学生活有了一些深度。

1991年，他报名参加了"为美国而教"的教师培训项目，后来成为了加西亚小学校长阿德里亚娜·韦尔丁招募的第一批教师之一。第二年，韦尔丁又通过"为美国而教"教师培训项目，把范伯格招了进来。科克伦还没完全搞清楚状况，就和范伯格的朋友莱文一起去了纽约。他们租了一辆黄色的莱德卡车，装上家具和书，然后把车开到贝蒂·莱文为他们在33街租到的公寓住所。每月租金1200美元，这是他们在休斯敦的房租的两倍。在科克伦看来，较高的生活成本是他在纽约冒险生活的一部分。

对他来说，这座大城市充满了惊奇，其中许多是不愉快的。根据他的统计，在他们拜访过的南布朗克斯的家庭中，约有40%的家庭表现出漠不关心或敌对的态度。他和莱文那时有这样一种感觉：那些承诺在南布朗克斯让他们开展KIPP项目的人并不相信他们会成功。在那些人看来，他们这两个模样俊俏、二十岁出头的孩子来纽约只是玩玩而已。

在每一个紧要关头，面对任何"拦路虎"，科克伦都会听到莱文重复他的"咒语"："我们认为这是我们努力争取而来的，且已经展示了自己的能力。我们有成功的记录。我们凭本事赢得了这次机会。"科克伦会让莱文说完这番话，但他心里想，我们并没有真正赢得任何东西，至少在这些人心里是这样想的。156公立学校的校长马克辛·奥康纳告诉他们："我怎么能保证你们真的会来这里，并且能够坚持下去，而不会在中途抛弃这些孩子？"科克伦心想，她能这么问至少证明了她的坦诚。

科克伦认为自己并不是一名优秀的教师。他可以与孩子们交流，但并不是一个纪律严明的人。他没有莱文和范伯格身上那种强硬的一面，一种他所钦佩的品质。莱文和范伯格都是很了不起的教师，能想方设法地提高学生的成绩。他跟他们不一样。

令他感到惊讶的是，竟然有那么多南布朗克斯的学生每天晚上都打电话到他和莱文的公寓，询问家庭作业的问题。他知道这是老师要求的，但是学校的规章制度在那个社区通常形同虚设。这些孩子完全可以像他教的那些孩子一样，无视老师的一切要求。一些纽约KIPP的批评者将其称为"儿童监狱项目"（Kids In Prison Program）。在这样的学校度过了漫长的一天（9.5小时）之后，所有的家人和朋友都围坐在一起看电视时，为什么这些孩子却愿意给老师打电话，讨论家庭作业的问题呢？

每天和莱文一起教学，让他对KIPP如何实现真正的发展有了清晰的认识，当然前提是他们可以一起坚持下去。科克伦认为老师们辛勤工作的态度也激励了学生。看到这些外来者为他们花费这么多时间和精力，市中心贫民区的孩子们都很惊讶。普通公立学校的老师很少有人会这样做。以前从来没有老师会将自己家里的电话号码告诉学生，并要求学生有问题时给老师打电话。

莱文试图在南布朗克斯复制KIPP第一年在休斯敦的成功案例。一个星期天，莱文在中央公园把哈里特·鲍尔的所有口诀和歌谣都教给了科克伦。他本可以把这些内容都写下来，然后让自己的新伙伴背下来，但他认为科克伦应该像他一样，通过听来学习。草莓园上玩飞盘的人和年轻情侣们看到两个年轻人懒洋洋地躺在草地上，互相唱着歌，部分曲调来自《小小蜘蛛》，听起来有点让人摸不着头脑："6、12、18、24、30、36，小蜘蛛说：42、48、54、60、42、48、54、60、66、72——你好啊！"这两位老师握了握手。"66、72——你好啊！"他们又握了握手。

"好了，"莱文说，"我们再来一次吧，不过这次要快一点。"

莱文和范伯格曾在加西亚小学的一间狭小的教室里合作教学，所以第一年，莱文就移除了156公立学校两间教室之间的隔板，他也要与科克伦以同样的方式合作教学。科克伦越来越确信莱文是他见过的最好的老师。他的这位室友私下里经常沉默寡言，不太爱交流。他身上有一种都市男孩那种酷酷的风格，从小在曼哈顿长大的年轻人一般都有这个特点。即便是在教室里，他同样保留这种酷酷的风格。他虽不像范伯格那样热情奔放，但也有一种坚持不懈的精神，不断推动学生学得更多，做得更好。

　　莱文会向教室里的每个孩子寻求教学反馈。他有十多种方法来解释那些难懂的概念，他会不断地跟学生讲解，直至他确信每个学生都理解了。他不允许任何一个孩子只听课不回答问题。"我漏掉了一个人，我漏掉了一个人。"莱文一边在教室里来回踱步，一边念叨着。这意味着有学生没有认真听讲。他没有直接找到那个孩子，对其进行严厉的说教，而是将全班看作一个整体，把问题抛给全班同学。他会给那个走神的孩子一次改正的机会。通常情况下，当他说他漏掉了一个人时，实际上，他看到很多走神的学生。他声称只看到一个走神的学生，这样，那些偷懒的学生就不会认为他们是一个庞大而无畏的反叛者团体。许多学生开始希望那个走神的人能很快地回归正规，这样他们就可以继续上课，看看莱文老师脑子里在想些什么。

　　晚上，当两位老师回到他们的公寓后，莱文向科克伦讲解细节的重要性。尽管科克伦比莱文早一年开始教学，他却从来没有考虑过这些事情。比如，他们有一门思维能力课。每天睡觉之前，科克伦都会去公寓附近的打印店复印一些材料，第二天学生一到校，就开始做材料上的题目。这样学生就能快速地进入学习状态，奠定一整天的学习节奏。与许多普通公立学校的学生不同，"基普生"可没有时间分心，闲聊他们前一天晚上看了什么样的电视节目。早上7:30，当学生们进入学校自助餐厅领取免费早餐的那一刻，学习就开始了。在领到牛奶、麦片和果汁的同时，他们也会收到与思维能力相关的学习资料。

莱文告诉科克伦，他应该随时关注学生们的回应情况。由教师主导的课堂效果是存在弊端的。作为老师，不应该自己讲两分钟却只让学生说一分钟，课堂应当是师生之间的对话。学生应经常回应老师，老师当然也要经常回应学生。莱文告诉科克伦，五年级学生不能在座位上安静地坐太长时间，他们必须要不停地交谈、来回地移动，并以小组的形式开展活动。这样，不仅能让学生保持学习的兴趣，而且可以检查学生对知识的理解程度。对莱文而言，最好的团队教学就像打篮球一样，应当是一个你来我往、循环往复的过程。老师之间应该经常打断对方，轮流讲解。他们应该让课堂生动而活泼，吸引学生的注意力，让学生关注到老师的教学行为，就像看到两个好朋友正在争吵一样。但是他们得把握住分寸，进退适度；如果让班里的学生目睹一场"生死决斗"，比如莱文和范伯格两人之间一对一的篮球马拉松角逐，他们可什么东西也学不到。

莱文说，课堂井然有序，才能保证教学节奏合理、引人入胜。在这个问题上，科克伦感到有些力不从心。莱文很严格，看到学生注意力不集中或不礼貌的小迹象，会立马去纠正。科克伦在课堂上从来没有表现得那么强硬，也不能立马做出回应。他确信这是他不能像莱文和范伯格那样进行高效教学的主要原因。

他努力提高自己的教学能力。他尝试着将管教学生当作一种表演的任务。他喜欢戏剧表演。在纽约KIPP学校，他负责编写和指导一年一度的冬季演出，也因此而名声大噪。在科克伦看来，如果把一个孩子逼到墙角，劈头盖脸地质问他，嘲笑同学的错误回答是否会让他觉得自己是个天才，和蔼可亲的弗兰克·科克伦可做不来这种事情。这不是真实的弗兰克·科克伦，这只是他扮演的一个角色——"恐怖的弗兰克"。这种想法帮助他改进了自己的课堂管理，他最终将向艾斯奎斯看齐，获得具有卓越影响力的教学大奖，但他认为自己一直缺乏莱文那种自信的风范。

就像当初的莱文和范伯格一样，莱文和科克伦达成一致意见，他们对学生取笑或嘲笑同学的行为采取零容忍的态度。这是鲍尔最坚定的管教原则之一。莱文反复提醒科克伦，看到有学生违反了规则，他必须要走近学生，才能把规则讲清楚。他不必大喊大叫，但必须要让学生明白："噢，你嘲笑他，就表示你比他厉害很多吗？你有那么厉害吗？我们来试一试。这是另一道数学题，现在看一看，你能不能做出来。"莱文说，这一管教方式的重点并不是为了让问题学生感到羞愧（虽然这一点也很重要），而是为了向全班其他同学表明，某些行为是不能被容忍的。作为教师，他们要让学生清楚哪些底线是不能触碰的。他们想打造一种"让学习成为可能"的教育体系。他们传达出这样一种信息：学校应该是一个让学生感到安全的地方，在这里，学生不会受到恶霸和自作聪明者的嘲讽和戏弄，可以让自己远离幼稚的残暴行径。这一点非常关键，因为这些孩子本来就已经因生活的贫困而感到羞愧和不适。他们努力将KIPP学校打造成一处"和平之地"，孩子们在这里可以畅所欲言，心无旁骛地专注学习。这样，他们就愿意早早地来到学校，也愿意在学校待到很晚。学生在教室里遇到的问题往往不是来自其他学生的挑衅，而是旁观者的冷漠。有些孩子一开始并不想参与其中。他们需要一种完全不同的方式：要经常给予他们热情友好的鼓励。科克伦在这方面比较擅长。他喜欢表扬像自己一样腼腆且温顺的学生，并鼓励他们努力做更多的事情。这是一种温柔的表达方式，几乎不会让孩子感到难堪："听着，站起来。你要坐在这里。你要参与进来。坐好。加油。坐好。大家都很累了，但我们都在坚持。"

莱文认为管教学生时，"情景剧"表演也能发挥一定的作用，尽管后来他承认自己的一些表演有些过火。KIPP在纽约第二年的某一天，一个男孩朝另一孩子扔东西，好像是一团纸。那天，莱文已经不止一次看到那个男孩扔东西了。这个男孩平时就经常欺负同学，虽然莱文和科克伦尽力去阻止这种欺凌行为，但他就是一个活生生的失败案例。莱文立马走到那个男孩的课桌旁，并陪着他一起走到全班同学的面前。

"你喜欢扔东西吗？"他问道。他让那男孩坐在一张椅子上，面向全班同学。他找来了教室里的垃圾桶，把它放在了椅子前面。他对全班学生说："同学们，你们也都有需要扔掉的废纸吧。这样，就这一次，你们可以把废纸扔在这里，扔到这个垃圾桶里。"学生们都很开心。他们把废纸揉成一团，对着垃圾桶"发射"。正如莱文所料，有些纸团打到了那个男孩，虽然没有伤害到他的身体，但对他心理的羞辱却远超莱文的预期。从此以后，他再也不在班里扔纸团了。但莱文意识到这种教育方式太过了，以后就再也没有用过。在温暖舒适的春季，有一天，莱文看到学生们特别困乏，他又有了主意。第二天，他和科克伦穿着一整套的冬装——外套、帽子、围巾和手套——走进了教室。他们一整天都穿着那套冬装，尽管外面的温度高达32℃。他们对学生说："你们热吗？呃，老师更热。但我们还是要继续教学。所以希望你们也要继续学习。"

学生们一整天都在学校学习，时间非常灵活，两位老师可以尽情地安排教学任务。他们的学生每天都要写日记，每天下午都要朗读。在朗读课上，学生们打开书本，坐在桌前，与范伯格的学生在休斯敦的做法一样，他们轮流大声朗读。莱文和科克伦会经常打断他们,提出一些问题或做出一些评价。

每天下午3:30,科克伦会带全班去学校的体育馆吃点儿零食,玩躲避球游戏,这是莱文和范伯格在休斯敦设立的常规活动。莱文则会用这45分钟来抓紧完成行政工作。

数年后,莱文和科克伦之间建立了深厚的友谊,莱文自己也会因此而惊讶。他俩几乎每天都在一起。科克伦像范伯格一样,已经成为了莱文的好兄弟。在他们三人看来,深厚的友谊和相互尊重是他们学校成功的关键。随着更多的KIPP学校的不断涌现,他们极力敦促新学校的领导者寻找那些可以与其私交甚好的老师,要像一家人一样和谐。

对莱文和远在休斯敦的范伯格来说,如果要让KIPP学校生存下去,最困难的事情之一就是第二年之后为学校找到容身之所。那个时候,莱文只能寄人篱下,156公立学校的校长没有更多的地方分配给他。如果他要增加一个七年级,需要另寻他处。他和范伯格几乎每天晚上都在电话里谈论这件事,彼此鼓励对方,冲破官僚主义生硬管制的藩篱。但进展迟缓。范伯格"堵截"佩奇之后,在卫斯理安大楼得到了更多的空间,莱文听说此事后,更加灰心丧气了。罗德·佩奇认识迈克·范伯格,纽约市的教育局长鲁迪·克鲁(Rudy Crew)根本不知道大卫·莱文是何许人也。如果莱文企图跟踪他,立马就会招来牢狱之灾。他的学校明年何去何从,现在还是未知数。

35.

"我不要上那所学校!"

在KIPP学校的招生过程中,范伯格在很大程度上做得很成功,从未遇到过诘难者。一些四年级的学生可能看起来有些厌倦或心不在焉。但是,1997年春天,当他探访贝纳维德兹小学时,没有预料到会遇到什么麻烦事。

可以肯定,他探访的第一个班非常混乱。这个班一年时间里已经换了3位老师了。他还没开始宣讲,就有一个陀螺从他头顶呼啸而过。范伯格注意到一个瘦瘦的男孩,个头比班上其他学生都要矮。他斜戴着一顶棒球帽,靠在椅子上,嘴里念念有词,这可都是KIPP学校的行为禁忌,但是9岁的"刺儿头"学生一般都是这个样子。

"我有一些坏消息,也有一些好消息。"范伯格宣讲道。他照例吊起了学生胃口,提问:他们想去这个国家的哪些地方?芝加哥?纽约?华盛顿特区?是的,他们听到的都是真的。他们可以"挣工资",以"KIPP币"的形式每周发放一次工资,周六可以去温迪快餐店吃午餐,事实证明,温迪快餐比麦当劳更便捷。

"还有更好的消息,你们想听吗?你们要在早上7点半到校——"

"鬼才想去那么早呢!"那位戴着棒球帽的男孩清楚且大声地说道。

范伯格心想,嗨,这是个新情况。不过现在不是在他自己的班里,他没有理会，继续宣讲："你们要在早上7点半到校，下午5点离校——"

那男孩发出"嘶嘶"声，令人十分反感。"只有一群失败者才会那样做。"他说。

范伯格仔细地看了他一眼，记住了他的样子。后来，招生宣讲圆满结束。几天之后，他收集学生交回的意愿表，开始进行家访。他已经在古尔夫顿社区住了一年多的时间，所以他熟悉每一栋公寓，能够根据不同的街区位置，快速且准确地排列好家访的顺序表。晚上7点左右，他来到南橡树小区2楼的一间公寓门口。他敲了敲门。门开了。一张熟悉的面孔映入眼帘，是那个矮小瘦削的"诘难者"，范伯格一眼就认出了这个与众不同的学生。男孩没有戴棒球帽，说话的语气也变了。他很有礼貌地伸出手来，请范伯格进屋，说道："晚上好，老师。请进。"

范伯格的情绪一下子就高涨了起来。他心想，这下算是把你搞定了。不管这个学生在学校的表现如何，这种礼貌的问候意味着他的父母非常严厉，这是范伯格最喜欢的那种家长。一个女人的声音从公寓内间传来，更加证实了他的判断。"牟牟，门口是谁啊？"

范伯格几乎无法抑制内心的喜悦。牟牟？（在男孩出生不久之后，他的姑妈给他起了这个小名，和她的小猫同名。）范伯格心想：问题解决啦。

在范伯格看来，小肯尼斯·麦格雷戈（Kenneth McGregor Jr.）是最不可能被招进KIPP学校的学生之一，但是，他后来发现这个孩子竟然出现在他的通讯录中。这个男孩并没有把意愿表带回家，然而贝纳维德兹小学的校长布伦达·怀特给他的母亲莎伦·辛普森打电话，告诉她有这样一个很有意思的学校，很适合她那"精力充沛"的儿子。"莎伦？那张意愿表在哪儿？"

"什么意愿表？"

"我就知道那孩子没有拿给你看。我保证明天让他带回去。到时你问他要。"

第二天，她问道："肯尼斯？意愿表带回来了吗？"

他看起来有些执拗。"不，不，不，妈妈。我不去那所学校。那个男人很刻薄，我想去打橄榄球。"

但是辛普森告诉儿子，她还是想见一见那个老师。范伯格自认为他与辛普森母子俩的谈话很是顺利。肯尼斯不断地和范伯格进行眼神交流。他顺着妈妈的意愿，说了所有妈妈想让他说的话。到了学生朗读《卓越承诺书》的时候，肯尼斯完美地说出了他的台词："我们会始终以自己所知的最佳方式学习和思考，我们将采取一切措施为自己和其他同学创造学习的条件。"

"你知道这段话是什么意思吗？"范伯格问道。

"我知道，老师。"

"你能践行承诺内容吗？"

"当然，老师。"

"那就有意思了，因为那天我见你在班里可不是这个样子。"

肯尼斯的妈妈坐直了身子。"什么情况，范伯格老师？"

"是这样，在我做KIPP学校的宣讲时，肯尼斯居然跟我顶嘴，调侃我。"

她狠狠地看了自己儿子一眼。"你知道我不能接受这种行为，"她说，"等等，你知道我不接受这一点。"

男孩开始哭了起来。透过这一点，范伯格看出肯尼斯是一个敏感的孩子，他天资聪颖，精力充沛，他只是不知道该如何利用自己的天赋。范伯格安慰了这个孩子，问了他一些问题。他们谈论了那次在班上发生的事情，以及在KIPP学校，他的行为必须要做根本性的扭转。范伯格表示，只要肯尼斯谨记"努力做事，善良做人"的原则，他的学校生活会更加愉快。

这个男孩并没有很快做出改变。他花了很长一段时间，才学会如何控制自己喜欢恶作剧的冲动。在很多方面，他与自己的新导师范伯格很相似，聪明伶俐，雄心勃勃，但经常会惹麻烦。肯尼斯以各种可能的方式，试探着每一位KIPP老师。很多时候，都能看到他被安排在"门廊"坐着。范伯格和辛普森也因肯尼斯的行为问题多次会面。辛普森总是会说同样的话："范伯格老师，您想怎么处理都行。肯尼斯没有预料到会有这么多学业任务，他知道他需要听您和其他老师的话。如果他不听话，您想怎么处理都行。"

辛普森和肯尼斯的父亲老肯尼斯已经离婚了，他们仍然共同抚养两个孩子——肯尼斯和肯塔莎，肯塔莎最终也进入了KIPP学校。每次开展实地研学课程，老肯尼斯或辛普森几乎都会陪同；渐渐地，肯尼斯在学校的行为也有所改善。他和范伯格的关系也变得特别亲密。他擅长数学，范伯格是数学老师。范伯格还兼任学校的篮球教练，肯尼斯是他最好的球员之一。作为一名出色的控球后卫，他喜欢把被压抑的精力释放在对手身上。他和范伯格都很崇拜迈克尔·乔丹。范伯格和肯尼斯谈了很多关于这位超级巨星的事情，以及他是如何通过勤奋和自律来培养自己的才能的。

36.

剪断音响线

科琳·迪佩尔告诉自己，和迈克·范伯格的夏日恋情只是一时放纵。当她回到纽约市时，她没有选择搬去和曼哈顿的男友同居，而是跟他分手了。她继续在"为美国而教"的纽约总部工作，搁置了自己学习法律的计划，并安排在第二年夏天回到休斯敦。这一次是作为"为美国而教"的一名成员，开始兑现她自己为期两年的教学工作承诺。

她被分配到东区的休斯敦港小学教五年级。班里的大部分学生都是来自低收入家庭的拉美裔儿童。与这些孩子深入交流是很困难的事情。下班开车回家时，她经常会因为沮丧和疲惫而一个人默默流泪。

起初，她对范伯格避而远之。他们那种分分合合的关系那时正处于低谷期。但她和学生相处得困难重重，因此决定向他求助。范伯格让她在夏普敦中学的KIPP班里待了很久，观察他和其他老师们的教学行为，并帮她引见了哈里特·鲍尔。很快，迪佩尔在休斯敦港小学的学生开始咏唱鲍尔的歌谣。劳里·比伯送给了她一套社会科学课程方面的单元教学资料，这套教学资料已经在KIPP学校得以成功应用。范伯格借给了她一些他下午阅读课上使用的小说。

到了年中，迪佩尔不仅在休斯敦港小学全职教学，而且还在KIPP担任兼职教师，每天下午5:00到7:30，辅导学生学习电脑方面的内容。她开始在休斯敦港小学创建自己的KIPP式项目，带学生外出开展实地研学课程，进行家访；即便因自己特立独行的教学方式而遭到投诉，她也不予理会。

休斯敦港小学会使用教室内的扩音器，下达一些通知或公告，迪佩尔对此非常恼火，因为这占用了她宝贵的上课时间，她打开了天花板上的一块瓷砖，剪断了扩音器的电线。如果她错过了会议通知，她就说扩音器不知怎么就坏了。休斯敦港小学是一所超负荷运转的学校，存在各种问题，不过没人着急去解决这些问题。如果她认为没有必要，她也不会带自己的学生去参加学校统一的集会。小丑波佐（Bozo the Clown）①曾经访问过这所学校，但是她认为这对学生的阅读学习没有什么意义。

她没有跟休斯敦港小学的任何人说起自己在KIPP兼职或周六在李高中的游泳馆给KIPP学生上游泳课。她休斯敦港小学的学生成绩还不错，只要她能提高孩子们的数学和阅读成绩，校长就非常愿意包容她特立独行的个性。在休斯敦港小学，她教室里的黑板腐烂损坏，从墙上掉了下来，有碍观瞻，但迟迟不见学校派人来维修。迪佩尔忍无可忍，于是她试着给学生上了一堂范伯格风格的"民主宣传"课。她建议学生给学校维修中心打电话。班里还选出了这场活动的领导者。可仍然无济于事，迪佩尔动员学生家长打电话。不久之后，校长告诉她，她班里的学生下周要去食堂上课，因为维修人员要来为他们的教室更换黑板。当其他老师听闻维修人员只去维修迪佩尔的教室时，她也感到有些尴尬。

她担心自己的学生下一学年会被分配给一位不称职的六年级老师，听

---

① 小丑波佐是美国20世纪五六十年代由作家艾伦·W. 利文斯顿（Alan W. Livingston）和小丑演员品托·考维格（Pinto Colvig）合力打造的经典小丑形象。——译者注

说那位老师经常辱骂学生。这种担心让她自己陷入了更加危险的境地。她意识到，学生们还可以去其他地方读六年级。"迈克，"她对范伯格说，"你得接收我的学生。"

"呃，这我没法保证。"他回答说。帕特森警告他不要再挑起任何争端了。

"迈克，我需要你接手我的学生。我一直在KIPP教学，用的都是KIPP的教学资源，他们都是KIPP的学生，他们掌握了KIPP的学习方式。"范伯格很难拒绝迪佩尔的请求。他去探访了她的班级，进行了常规的招生宣传。几个月后，休斯敦港小学的校长皱着眉头跟她打招呼。"我们需要谈一谈，"校长说，"学校董事会知道你要把11名学生送到KIPP。这对他们来说是一大笔损失。"

迪佩尔点了点头。否认是没有用的，尽管她并不知道到底损失了多少钱。她的学生仍然是在公立学校就读，接受公立学校的资助，只是在另一所学校而已。

"除此之外，"校长说，"好像你自己也经常去KIPP学校。"

迪佩尔又点了点头。她喜欢这位校长，把她的话当作友好的警告。

"我只是觉得你应该知道，"校长说，"很多双眼睛都在盯着你。"

37.

不要畏缩、不准放弃

莱文和范伯格发现，他们每晚互通电话是一种精神上的安慰。知道另外一个人也跟自己一样，在摸爬滚打中伤痕累累，是一种慰藉。这意味着他们是在为共同崇高的目标而奋斗，其间遭受的挫折并非运气不好或人品不行。

莱文很喜欢范伯格那次在停车场"堵截"佩奇的经历。他能想象到斯克拉法尼脸上的表情。但是，相比于范伯格的大获全胜，他在纽约却没有什么进展，更让他倍感失落。他感觉自己陷入了泥潭。奥康纳已经明确表示，不会再给他腾出更多的空间了。他也在想自己是否值得获取更多的空间。他的学生在不断进步，至少与布朗克斯普通公立学校的孩子相比是有进步的，但是他们取得的成绩还不太稳定，不够显著。

他带的第一届五年级学生的考试成绩已经公布了。KIPP学生的平均成绩高于布朗克斯区其他大多数五年级学生的成绩，但优势还不够明显，与范伯格他们在加西亚小学所教学生的进步相比，还有一定的差距。有12名学生离开了KIPP，要么搬出了社区，要么回到了普通学校，因为他们的父母认为KIPP的要求太严厉，做法太疯狂。现在只有8名新生需要重新安置，他必须要另招46名五年级新生。

莱文四处寻找问题的解决之道。他让科克伦批评指正自己的课堂教学，让他告诉自己哪方面做得不好。科克伦尽力帮他，但并没有说出自己的真实感受：你是这所学校的负责人，如果让我指出你哪方面做得不好，天哪！我可就有麻烦了。科克伦尽量让自己成为一名更好的老师，特别是在管教学生方面，以此来帮助莱文。他竭力扮演着教室管理者的角色——"无所畏惧的弗兰克"。他感觉自己做得不够好，对这个学校贡献不大。他以为自己把最难缠的问题学生都推给了莱文。

每天晚上回到公寓里，莱文和科克伦都为很多事情犯愁，不知道该怎么办才好。就这样苦苦撑到第二年，他们交谈的情绪变得更加低落。对莱文来说，为第二年增加的新七年级找到立足之地太难了。他没有办法根除整个社区以及他的学生抱有的那种"听天由命"的慵懒心态。人心冷漠，世态炎凉。他试着扭转这种局面，但没有取得什么进展。他越来越多地谈起要回休斯敦。毕竟，范伯格得到了他所在学区的支持。在纽约，有谁能帮他呢？

首先，他在学校不领工资。虽然纽约市学校系统会给他和他的员工发放薪水，但发放情况也是时好时坏。尽管他多次表示反对，但156公立学校的工作人员总是把他的学生从课堂上拉出来，让他们帮忙做一些与特殊教育等方面相关的事情，莱文认为这样做不利于学生的学习。关于他提出的更多教室的请求，奥康纳已经不再理会了。学区的督学似乎也不太喜欢他，撂下话说：明年不要再增加学生了（范伯格在休斯敦也得到了同样的告诫）。和他交往了8个月的女友刚刚告诉他，在这段时间里她早已经和别人订婚，不会再和他约会了。

他在纽约失去了避风港，也没有做出任何成绩。范伯格告诉莱文，虽然他有了新的校舍，但他仍然需要莱文的帮助。要把第一届"基普生"从平庸的中学里拯救出来，需要他们两人的力量。莱文这一年过得很煎熬，他认为范伯格是对的。他告诉科克伦他受够了。这将是KIPP在纽约的最后一年。他打电话给范伯格，让他腾出地方来。他要回来了。

范伯格欣喜若狂。他把这个消息告诉了他的员工，告诉了他的学生，也告诉了他的朋友。他联系了很多之前的"基普生"，告诉他们这个消息：莱文老师要回来了。KIPP将在"泰姬陵"附近的新地盘为他们所有人腾出地方。他们都可以回来了，就像从越南战场上回来的战俘一样。

与此同时，科克伦目睹了莱文——他的室友、朋友和老板——失败情绪的爆发，看到他越来越不知所措，直至最后无可奈何地承认了自己的失败。科克伦决定，不管莱文怎么做，他都不会离开纽约。他和莱文向他们的学生承诺过，他们会一直守候着他们。他已经教了这些布朗克斯的孩子两年了，现在让他抛弃这些孩子，他想都不敢想。他和莱文一致认为，当KIPP纽约学校关闭后，学生会被重新扔回普通的学校，将是一件非常可怕的事情。他们知道布朗克斯的其他中学是什么样子的。他们四处寻找合适的学校，希望能给这些流离失所的KIPP学生提供额外帮助。他们走访了像福德汉姆预科学校这样的私立学校，也了解了一些天主教学校和公立重点学校。

科克伦听说曼哈顿有一所名叫德拉萨尔（De La Salle）的学校，那是一所专门面向天资聪慧的学生而设立的中学。他打听到这所学校或许可以为基础扎实的布朗克斯学生提供入学名额。有一天，科克伦的课程表有一段充裕的午休时间，他就坐地铁去德拉萨尔一探究竟，看一看这所学校是否像传说的那样好。

这所学校看起来非常不错。这里的氛围严肃而庄重，学生可以在这里追求KIPP设定的更高的学习目标。他将这所学校加入自己正在编制的学校名单里。或许将来他也可以在那里找一份工作。那天下午，在回布朗克斯的地铁上，一列火车在他前面的隧道里抛锚了。他在狭窄恶臭的地铁车厢里坐了一个多小时。由于没有预留出更多的回校时间，他对自己越来越恼火。当他终于到站，从地铁站气喘吁吁地到达KIPP学校时，下午的课已经迟到了一个小时。他飞奔上楼。在走廊里，他看到了詹森·利维，一位新来的KIPP老师。"有人照看我的班吗？"科克伦问道，希望自己能避免向他的学生和莱文解释自己迟到的尴尬。

利维一脸困惑，说道："我不知道你不在啊。"

科克伦快步走向教室，为自己的迟到感到羞愧。他对自己和对孩子一样严厉。就在他走进教室之前，他感觉有些蹊跷。教室里静悄悄的。难道是学生都回家了？如果情况真的像他料想的那样混乱，他应该会听到一些噪音。唯一的声音是一个学生在说话，声音清晰而有力。听起来好像是她在管理着整个班级。

他背靠着墙，站在敞开的教室门外。在弄清楚发生了什么事之前，他不想让学生看见他。他深吸了一口气，仔细听着。这次，他听到了两个学生的声音。这是多米尼克·杨和亚历克西斯·罗萨多的声音。俩人正在"上课"，复习当天上午进行的思维能力练习。当时他没有听到任何一个学生乱说话。每个人都在关注着学习内容，尽管多米尼克在某一时刻看到了她不喜欢的行为。"如果科克伦先生在这里，你就不会那样了，"她说，"所以，别那样了，好吧？"

科克伦又在墙上多靠了一会儿，沉浸在学生自发组织的这样一种学习环境中。他在思考整件事情以及这个他们即将放弃的学校，他们的教学努力已经产生了预期的效果。实际上，他们的教学努力已然奏效了。

几天之后是莱文27岁的生日，那是1997年3月16日。莱文坐在帕特里克·卡瓦纳（Patrick Kavanagh's）长廊酒吧最右边的一张凳子上，这是一家爱尔兰酒吧，距离他的公寓只有半个街区的距离。很快就要回休斯敦了，他很难过。他再也不能正视自己了。他一直告诫他的学生，无论发生什么，无论多么艰难，都不应该放弃。他一直告诉他们要有信心，坚定内心的信念。为什么他不告诉自己要坚定信念呢？

他浅饮啤酒，一口又一口，喝得越多，愧疚感越强烈，越发意识到他不能这样一走了之。他不能做"逃兵"。他忽视了真正重要的东西，与第七区的人们对待他的态度无关，也与范伯格在休斯敦得到了更强有力的支持无关。不管发生什么，他都要坚持到底，直到有人要将学校关闭为止，至少那时候不是他自己要选择放弃，不是他要主动离开孩子们。面对生活中的种种困难，KIPP学校的孩子们无法像他这样一走了之。

所以，就这么定了，不走了。如果是这样，迈克可饶不了他，但是他主意已定。他打算留下来，豁出去了，放手去干，看一看能搞出什么名堂。他现在的感受与他将昆西"扔"在座位上那天的感觉一样。那天，莱文被吓坏了，但他还是坚持了下来。

莱文回到公寓，告诉科克伦他决定留下来。他说："弗兰克，我不会放弃的。"两人当时泫然欲泣。科克伦的第一反应是松了一口气，然后变得非常愤怒。他们差点儿就搞砸了。他们有着巨大的潜力，却差点任其消失殆尽。科克伦不是那种喜欢大发脾气的人，但是这一次，他必须要让莱文知道自己的感受。

一向温文尔雅的科克伦抓住他的朋友莱文的脖子，摇晃着，试着模仿第七区行政官员粗鄙难听的口吻，对他大喊大叫，让莱文永远记住自己的感受。

"好吧，如果你要这么做，那你就得坚持到底。不要退缩！别跟个娘们儿似的！如果你再这样对我，我会打得你满地找牙！"

38.

先抢先赢

莱文费了好大劲儿，才跟范伯格解释清楚自己不回休斯敦的缘由，之后他就回去继续工作了。在布朗克斯的第三年，KIPP需要更大的地方。范伯格的"民主宣传"课对他来说是行不通的。但是他可以自己给相关人员打电话，他给教育部长的办公室打过几次电话，他给区长打过电话，他给区里的校董会代表打过电话，他给区里的教育监管会的成员也打过电话。

后来，在最后一刻，他找到了自己的大救星——另一个"安妮·帕特森"。她叫苏珊·温斯顿，是一名咨询顾问；她既可以为KIPP的发展保驾护航，也是莱文的朋友。温斯顿那年48岁，与帕特森年龄相仿，有着乌黑的头发，性格耿直。为了提高少数民族低收入家庭儿童的学业成绩，她也曾经进行过类似的抗争。像帕特森一样，对于自己所在学区复杂的行政结构，温斯顿对其中哪些地方有可操作性的空间了如指掌。她也非常清楚课堂教学的亮点是什么。她很快就看到了莱文和科克伦所做之事的价值，就像帕特森当初遇到范伯格–莱文团队时一样。

温斯顿于1997年5月第一次访问KIPP纽约学校。当她去视察莱文的"校中校"时，她最初的印象是，除非得到帮助，否则这所学校就不会有任何进展。在156公立学校校门口和莱文的教室门口，都没有任何关于KIPP

的标志。温斯顿心想,一个普通的来访者几乎不会注意到,莱文和他的老师们正在做的事情与这个堡垒般的学校里发生的一切会有什么不同。莱文只有5年的教学经验,而且他太年轻了,这个地区的许多人都认为,严格意义上来说,他没有资格领导一所学校。

温斯顿28岁时就在新泽西州纽瓦克市开办了一个教育项目,共有180名学生参与。相比于莱文的年龄,她更感兴趣的是他的学生表现如何。在二楼的KIPP教室里,她看到学生们神采奕奕,全神贯注地听课。老师们频频抛出高质量的问题,学生的反应也很快。温斯顿访问过许多学校,这些学校的学生在课堂上喋喋不休、注意力不集中或调皮捣蛋,但在KIPP的班级几乎不会出现这种情况。

她开始与莱文进行了一系列的对话,看一看是什么在激励着他。她想知道他是否有在纽约生存所需的耐力和智慧。"你做的事情有多少是真实的,有多少是'周四学校'性质的?"她问莱文。

"您是什么意思?"

"'周四学校'是指一些学校只会展示他们周四才会进行的教学内容,所有访客都会在那一天到访。你们做的事情有多少是真实的,从1—10打分的话,你们给自己打几分?"温斯顿追问道。

"您见过10分的学校吗?"莱文反问道。

"没有。"

"那我们给自己打9分。"

她是第七学区中学和学校建筑施工方面的负责人,这个职位的权力略低于帕特森在休斯敦西区的教学督导。莱文告诉温斯顿,他仍然希望能够在151中学获得一席之地,这所学校与156公立学校就在同一条街上。那里教学楼利用率太低了，虽然附近社区的500名学生都在那里上课，仍然有许多空置教室。温斯顿去见了一些人，承诺在151中学为KIPP划拨6间教室。

她警告他，这样的承诺并不一定意味着他一定会如愿以偿。莱文接到具体的搬迁日期通知，他需要在8月份的某一天将所有书籍和设备搬到街区的另一头，即这所中学四楼的新房间。就在搬家的前一天，一切准备就绪后，他听说，31公立学校的校舍被判定为结构不牢固，可能要暂借151中学的教学楼，莱文搬往151公立学校的计划眼看就要泡汤了。31公立学校的校长卡罗尔·鲁索老谋深算，做事雷厉风行，初出茅庐的莱文可不是她的对手。

第七学区的副督学打电话给莱文，告诉他情况有变。她说："我们也许要等到督学回来，才能通知你是否可以搬过去，因为我们不确定是否还能给你腾出地方来。"

"呃，这是督学直接下达的命令吗？"他问道。

"不是，只是我自己的想法。"

"督学现在在哪里？"

"她在度假。"

"我们接到的直接命令就是今天搬过去，所以我要按照命令行事。"

他赶忙召集为数不多的几名员工，发现20个学生也很愉快地过来帮忙，让他们把KIPP所有的东西，包括箱子、书和铅笔，从156公立学校尽快搬往151中学。温斯顿跟他讲过"占有权"在纽约学校制度中的重要作用。一旦他搬进去，就很难让他再搬出来了。两天之后，督学度假回来了。有人向她汇报了31公立学校要搬往151中学的需求。"好吧，"她说，"那就先别让KIPP搬过去了。"但KIPP已经搬完了，木已成舟。在纽约，惰性就是王道。莱文被允许留下来了。

然而,他也为自己的胜利付出了代价。鲁索占据了151中学的其他地方,至少在莱文看来,她并不喜欢与莱文共用校舍。她控制着消防演习等活动的时间安排。莱文认为她随时可以给消防演练人员打电话,让他们过来组织演习活动,不需要询问是否会影响KIPP的日程安排。当他想在周六开放教学楼,组织学生上课时,她说这不太好办。当他想要从厨房带零食到教室时,她说这不符合学校规定。

但莱文最终成功地聘请了全职音乐教师查理·兰德尔和他的朋友杰瑞·迈尔斯,后者是一名经验丰富的教师和管理人员,知道如何管教最难缠的学生,并赢得他们的支持。KIPP纽约学校的规模现在更大了,也有可发展的空间。莱文和科克伦的心情也好了起来。他们聘请的新老师,无论年龄大小老少,都能给KIPP增添不少活力。班级里的气氛也开始热闹起来。莱文聘请的另一位资深教师弗雷德·香农拥有一套管理方法,可以让整个学校的所有部门协同运转。

兰德尔在鼓舞学生士气方面很有天赋,莱文经常和他在一起。对莱文而言,他的管弦乐团可以说是一个奇迹。他无法想象让学校里的每个学生都参与同一项复杂的活动,但兰德尔做到了。后来,兰德尔邀请了他以前的学生杰西·康塞普西翁(Jesse Concepción)来到KIPP,接替他的工作,维持乐团的正常运转;多年以来,该乐团一直代表着纽约KIPP学校的公众形象。

杰瑞·迈尔斯比兰德尔安静得多,也不那么引人注目,但他可以精准把握情绪不稳定的学生的心理,这是他的另一项天赋。这两个人是莱文见过的最善于对付城市学生混乱问题的老师,当然鲍尔除外。他们能够手段灵活地处理男孩问题,因此特别受欢迎。学生的考试成绩也提高了。在莱文扎根纽约的第三年，KIPP学校的成绩在第七学区排名最高，就像范伯格学校的分数在休斯敦当地学区的排名最高一样。

莱文、科克伦、兰德尔和迈尔斯组成了一个团队，4个人经常形影不离。他们会在上学前、放学后和周末谈论与学生相关的问题。周五下午，4人会邀请一个班级（轮流邀请五年级和七年级的学生），加入他们，一起在音乐室里进行90分钟畅谈。他们无所不谈：学校里的事情、街上的事情以及家里的事情。兰德尔和迈尔斯的加入使畅谈活动得以顺利进行。他们年龄稍大一些，对家庭事务非常了解。另外，他们也熟悉语言和文化。

大约每个月一次，周五放学后，科克伦、莱文、迈尔斯和兰德尔会钻进莱文的车里，4人共同前往大西洋城。在那里，他们会尽情享受兰德尔和迈尔斯最喜欢的两项娱乐活动：赌和吃。兰德尔和迈尔斯喜欢玩老虎机。莱文和科克伦会玩一玩21点纸牌，掷几把骰子。大多数时候，他们只是吃吃喝喝，聊聊天；正在戒酒的酒鬼兰德尔则会喝一杯苏打水。他们谈话的内容总是离不开学生。

大约凌晨2:00，他们会动身返回纽约，留出几个小时的睡眠和淋浴时间，这样他们就可以在早上8:00之前达到学校，安排周六的课程，音乐啦，艺术啦，礼仪啦，以及学生需要接触的一切学习内容，为他们能够过上丰富而完整的成人生活做好准备。

正是这些课程吸引了多米尼克·杨，她在六年级时转到了莱文的首届KIPP班，那是莱文在纽约开办KIPP的第二年。在地铁故障导致科克伦迟到那天，有两个学生主动接管了班级的教学任务，多米尼克就是其中之一。她的人生起初并不如意。在她出生的时候，她的父母还很年轻，如果当时有KIPP学校的话，他们应该也可以报名入学。她出生时，父亲德里克·杨才14岁。她的母亲莫尼克·琼斯当时只有13岁。他们没有结婚,高中也没有毕业。多米尼克身材矮小,有一张圆圆的脸蛋,继承了父母的聪明才智和音乐天赋。10年之后,当莱文来到布朗克斯时,多米尼克两边的家人都认为他的学校非常适合她。尽管她很少用功学习,但她在当地的一所五年级取得了最好的成绩。她很无聊,经常因为乱讲话而惹上麻烦。

兰德尔知道她会唱歌,也记得她的父母在唱歌方面很有天赋。他让多米尼克和学校管弦乐队一同演出。他还让她负责打鼓。她是一个音乐天才。如果她行为不端,莱文用几句话就可以让她端正态度:"多米尼克,我听说了你在数学课上做的事情。我知道你不想让我跟琳达通电话。"有个老师直呼自己祖母的名字,着实让人不寒而栗。

多年以后,当纽约KIPP学校逐渐站稳了脚跟,越办越好,兰德尔和迈尔斯也都退休了。莱文又在纽约创办了一系列KIPP学校,于是将他们返聘回来,请他们做咨询顾问,解决新学校的各种问题。后来,温斯顿也退休了,成为KIPP基金会的官方顾问,负责指导莱文聘请的4名新校长。莱文很感激鲍尔和艾斯奎斯给予他的一切,他们的那些理念改变了他的一生。但他确信,如果没有兰德尔、迈尔斯和温斯顿在他身边,让他平静下来,告诉他如何在布朗克斯生存,让他不去理睬同一屋檐下其他校长的骚扰和学区的无端干涉,他永远也突破不了自己忍耐的极限。温斯顿发现,KIPP是一项极有意义的事业,令人无法抗拒。虽然兰德尔和迈尔斯两人有些固执,不太容易说服,他们来KIPP工作,只因莱文提出的"能在身后留下点什么"这一观点对他们来说很有吸引力,可谓是"精诚所至,金石为开"。在与他们共事仅仅一年后,莱文受益良多,他逐渐意识到,在这场交往中,与他们的所得相比,自己的收获要大得多。

39.

震撼训话

范伯格在卫斯理安大楼分到了一些地方,但并未如他期望的那么大。他把几间办公室改成了教室,后面的小礼堂可作为临时的学习空间。学生储物柜在中间,把这两部分区域分隔开来。虽然空间有限,但即便首届KIPP学生都回来,这些空间也足够了。然而,让原来的学生重回KIPP,并不像他想象的那般容易,过程也没那么愉快。

范伯格在伯班克中学的餐厅提出了"回迁计划",当时几位首届"基普生"正在那里吃午饭。瓦妮莎·拉米雷斯、露皮塔·蒙特斯、梅丽莎·奥尔特加和杰米·埃斯皮诺莎都在伯班克中学的重点班。范伯格提出"回迁计划"邀请的那一刻,瓦妮莎就知道她要回KIPP了。她的父亲几年前离开了这个家庭。萨拉·拉米雷斯将范伯格视为瓦妮莎及其两个姐妹的代理家长。无论他想让她们做什么,他们都会听从。

范伯格召回了瓦妮莎、露皮塔、梅丽莎和杰米,以及其他之前在KIPP上过学的学生:乔·阿尔瓦雷斯、哈维尔·罗梅罗和扎拉·梅丽莎·约翰逊。一些重点班的学生虽然没有去过KIPP,他们的父母听到以前KIPP学生的家长(如瓦妮莎的妈妈)对KIPP大加赞赏,也跟着报了名。有些学生决定重回KIPP,遭到了一些同在重点班的朋友的嘲讽。"我们听说,那就是个监狱，"一名学生说道，"你回去就是去坐牢。"

在没有莱文帮忙的情况下，范伯格经营KIPP第三年是最差的一年，至少在他看来是这样。他努力去培养学生的团队精神与合作意识，却总是不断地遭受挫折。学生们无视学校规则，学习习惯也变得很差。他似乎每天都要与牢骚满腹的青少年斗智斗勇，处理他们突然爆发的情绪，或者向学生重复那些他本以为已经根深蒂固的做法和习惯。

他认为这在很大程度上都是自己的问题。他承担了太多的责任和义务。莱文本来决定要回休斯敦，他听到这个消息，高兴坏了，但是最终又放弃了这个决定。范伯格现在有225名六年级学生和七年级学生，再加上25名重回KIPP的八年级学生。他很快意识到，虽然这些八年级的学生在之前中学的重点班，但是他们遭到严重的忽视，与古尔夫顿的七年级KIPP学生相比，他们在学习方面并没有优势。范伯格还是会称呼他们为"八年级学生"，这是一种心理暗示作用，否则会出大乱子；他将他们和七年级的学生放在同一个班级，然而，这种混合教学的效果并不好。

他的七年级学生从开始时的72名减少到了50名。有些学生跟着家人搬走了，有些学生厌倦了KIPP繁重的学业任务，转回了普通学校。随着KIPP版图的不断扩大，这也将成为一种普遍现象。范伯格和莱文后来聘请的校长也试着寻找各种方法，减少因对学生要求过高而造成的生源流失。批评者称这些学生为"辍学者"，尽管他们并没有真正辍学，而是转到了普通学校。又称这是KIPP项目的一个严重缺陷，表明KIPP无法兑现对许多孩子的承诺。KIPP的支持者指出，在这些学生中，许多人离开KIPP，只是因为他们搬离附近的社区；KIPP的校长已经找到了一些方法，通过对低于年级水平两年以上的学生给予更多关注，提前警告他们可能需要在KIPP多待一年，从而显著减少了因学业任务过重而辍学的学生数量。

范伯格告诉KIPP的新校长们，不要再重蹈他的覆辙，如果来不及好好培养，就不要一下子招收过多的七、八年级学生。他的八年级学生或多或少还记得KIPP在五年级时的样子。他也新招了15名从未上过KIPP的七年级学生，都是老师和家长向他推荐的。事实证明，这些新生很难适应漫长的在校时间和繁重的学业任务。

范伯格现在手下有12名员工，人事管理也是一项很大的挑战。他的管理风格是以身作则。在他看来，如果自己能做一名优秀教师，能够在自己的课堂上和员工会议上保持高标准的要求，那么一切都会很顺利。眼看着这一年情况越来越糟，他才逐渐意识到事实并非如他所愿，他并不擅长管理成年人。虽然和其他人一样，范伯格和莱文也很喜欢听到别人对自己的认可，但他们已经厌倦了访客脸上灿烂的笑容和滔滔不绝的赞美。很少有人能够理解，KIPP走到现在这一步有多么艰难，以及他们的学生还需要再向前走多远。与社区其他学校相比，KIPP的成绩非常优秀，以至于很多人似乎认为，KIPP的老师们有某种魔力。但他们自己知道这是无稽之谈。让一个孩子穿上KIPP的T恤，挥一挥魔杖，就能改变这个孩子的性格、习惯和学业，这是不可能的。变化是一个十分缓慢的过程。他们要与每一个孩子建立良好的关系。在KIPP的第三个年头，他们分别在休斯敦和布朗克斯开办KIPP学校，这一点就更难实现了，因为他们的学生比以前多了许多。

帕特森知道范伯格已经到了崩溃的边缘。她知道如果他把自己逼得太紧，会发生什么事。她明白他需要一位经验丰富的得力干将，帮他处理与家长打交道和学区规则方面的事情。如果他过于紧张忙乱，这个人可以给他提醒。帕特森找到了一位善良且耐心的教务主管西尔维娅·多伊尔，她愿意接受这份工作。她分担了范伯格大部分的文书工作，这样他就能腾出更多的时间，管理自己不断壮大的员工队伍了。

尽管如此，因为有太多的事情要做，没有莱文的帮助，再加上过度疲劳和悲观失望，范伯格心里的"火山"终于爆发了。

有一天，七年级和八年级的学生正在学校礼堂区的小舞台上观看《西区故事》(*West Side Story*)，这些学生是最令他头疼的学生，范伯格情绪爆发的小插曲就发生在那天。当这部音乐电影在休斯敦公开上映时，他们正准备去观影。他们读过这部电影的原版书籍和百老汇演出的剧本。现在他们正在观看这部奥斯卡获奖影片。

当范伯格从外面看到这个班的学生时，几乎没几个学生在认真观看。那时正值下午3点半，有些学生在睡觉，有些在窃窃私语或咯咯傻笑。老师好像也在打瞌睡。在电影放映到戏剧性的结尾，即玛丽亚和托尼这对命运乖蹇的恋人唱完最后几段，托尼死在了玛丽亚的怀里，玛丽亚亲吻了他。"哇哇，"一位学生说，"她在亲一个死人！"几个学生听后哄堂大笑。

正是这件事情触动了范伯格脆弱的神经。"关掉电影，"他说道，"全体教职员工和所有七、八年级的学生明天下午3点半在这里集合。我要说一说我在这里看到的情况。"

第二天下午，到了约定的时间，学生鱼贯而入地进入礼堂，看到范伯格独自一人坐在舞台的椅子上。他身体前倾，看着地板。他说："昨天我站在课堂后面，看到你们在看《西区故事》，在影片结尾处，所有学生都跟普通学校七、八年级的学生没什么两样。今天我们重新观看影片的最后20分钟；这一次，你们要表现出'基普生'的样子。"

他按下了放映机的播放键。学生和老师们默默地观看了电影的结尾。

观影结束后，范伯格仍然坐在舞台的椅子上，开始说起了学校办学的时间、地点和使命。表面上他是在面向学生们讲话，实际上是说给老师们听的。"今晚你们的任务是认真思考今天这个事情，"他说，"你们要回家了，我想让你们思考一下，比较一下普通七、八年级学生与'基普生'看《西区故事》时，二者之间有什么不同。我不会告诉你，这份作业应该写多长。这将是你们一生需要完成的考验之一。你来决定需要写多长。"

第二天，每个人都上交了作业。范伯格对这样的结果非常满意。一些学生写了相关主题的文章，说他们需要比其他孩子表现得更成熟。他们表示必须做出一定的牺牲。很多人提到了KIPP的常规主题，即攀登"大学"高峰需要付出的努力。但是，其中两名七年级的KIPP新生的作业只写了短短几句话，这令他们的校长很不高兴。

他要求全班同学第二天在同一地点、同一时间（下午3:30）再次与他会面。他一开始表示对所看到的作业内容非常满意。然后，他说起两个新生没有明白他的意思。他的话表面上是对这两名学生说的，实则是面向全体七、八年级的学生。"你们都写了些什么？"他说，"这种回应怎么够呢？行动胜于言语，这些行动又说明了什么呢？在经历了这一切之后，你们还是不明白，不明白你们为什么会在这里。"

学生们默默地看着他，不确定接下来会发生什么。范伯格带着强烈的失望，接着说道："你们这次考试不合格。我并不是说你们必须要写出些什么，而是你们根本就没有努力。这不是你们最好的一面，你们并没有全身心投入。所以现在我告诉你们：你们写的那两三句话必须变成二三十页的内容。我们稍后再确定你们要补写多少。"

他心想，剩下的就是细节问题了。他会私下找那两名学生谈话，告诉他们怎么做。他开始冷静下来，考虑如何结束这场"表演"。他需要的是一个戏剧性的收场，就像一支球队在比赛中遭遇了滑铁卢之后，教练愤怒地走出更衣室一样。他从台上跳下来，"咚咚咚"地走在礼堂左侧临时搭建的过道上。

有一把折叠椅挡住了他的去路。他一把将椅子推到左边。他想以此表明没有什么能阻挡他前行。由于着力点太低，椅子不知怎么地就飞了出去。礼堂两侧是1.8×1.2米的玻璃窗，范伯格惊讶地回头看了一眼，那把椅子飞了起来，撞上了其中一扇窗户。他很高兴地看到附近没有学生，但是玻璃窗碎得很严重，把很多贴在上面的学生作品都毁了。

范伯格并没有停下来。他径直走到新教务主管西尔维娅·多伊尔的办公室，西尔维娅的任务就是提醒范伯格不要太出格了。范伯格将事情的来龙去脉告诉了她。他给了她一张带有签名的支票，赔偿自己刚才造成的损失，但支票上面并没有注明金额。除了她在那张支票上填写的区区几美元之外，他不知道自己还要为此付出多大的代价。

学会放手

迪佩尔尽力将自己的学生从休斯敦港小学转到休斯敦KIPP学校,不过并没有达到预期。一个叫瑟琳娜的孩子上完两周的KIPP暑期课程之后,从KIPP退学了,她是迪佩尔的得意门生之一。在瑟琳娜看来,KIPP的学业任务甚至比迪佩尔在休斯敦港小学布置的学业任务还要繁重,而且她家距离卫斯理安大楼有很长一段车程。

不过也有令人愉快的惊喜,比如马科斯·马尔多纳多。为了将马科斯的妹妹劳拉招进KIPP,范伯格曾去他家做过家访,劳拉曾是迪佩尔班上的学生。像往常一样,范伯格会追踪到房间里每一个潜在的KIPP学生,包括马科斯。那天,马科斯静静地坐在那里,听这个大个子陌生人跟他妹妹说话。

"呃,你今年上几年级了?"范伯格问马科斯。

"四年级。"

"那你明年就要上五年级啦。想来KIPP吗?"

很快,他就让这兄妹俩以及他们的父母签订了《卓越承诺书》。后来,事实证明劳拉是一名优秀的学生,而马科斯更胜一筹,他取得了骄人的成绩,获得了很多学业奖项,成为了一名模范生;多年以后,KIPP的老师仍然还会念叨起他。

迪佩尔在休斯敦港小学任教的第二年结束了,兑现了对"为美国而教"做出的承诺,她想成为一名KIPP的全职教师。她告诉自己,这个决定跟她与范伯格的私人关系无关。她钦佩他的教学方式,将一些休斯敦港的学生送去KIPP。只是感觉自己应该对他们负责。

范伯格毫不犹豫地聘用了她。这是休斯敦KIPP学校第四个年头的开始,也是范伯格第一次掌管一所规模完整(5—8年级)的初中。这样,他就再也没时间教五年级的数学了。迪佩尔显然是接替他的理想人选。整个学校就数她跟鲍尔或范伯格在一起待的时间最长了。在休斯敦港小学,她用KIPP的方法教五年级数学已经两年了。范伯格突然意识到,在这个国家,采用鲍尔的方式教10岁孩子数学,除了他、莱文和鲍尔之外,实际上没有人会比迪佩尔更有经验。

范伯格深陷于新校园建设的各种琐事之中。一年前,他和他的朋友——YES特许学校的创始人克里斯·巴比奇——开始撰写一份州特许申请;申请通过之后,他们就不用再受限于休斯敦独立学区的各项繁文缛节的束缚了。他们意识到,如果切断了与独立学区的这种联系,他们得拥有自己的板房教室,还得找到一块能够安放这些教室的地方。

范伯格知道这超出了他个人的能力范围。他又有些操之过急,把步子迈得太大了。不过,这次他有了救星——当地的企业家肖恩·赫维茨,肖恩是KIPP首届董事会成员之一芭芭拉·赫维茨的儿子。现在肖恩成了KIPP的董事会成员。范伯格告诉肖恩,他非常担心KIPP过不了这一关。赫维茨跟范伯格一样,身材高大魁梧,他们年龄也相仿。他静静地听着,给范伯格加油打气,同时也向他提出了一个警告。赫维茨说,他们可以渡过这一关,但范伯格必须要表现得成熟一些。和往常一样,赫维茨说话严肃而恭敬,他告诉范伯格,现在他们谈的是土地租赁和百万美元的贷款,仅有年轻的资本、可爱的性格以及对老师和学生的激励是不足以胜任的。

赫维茨要求范伯格从1997年底到1998年夏天每周都来他的办公室一趟,汇报和讨论州特许申请的进展情况。赫维茨为KIPP争取到一笔贷款,用于支付KIPP和YES活动板房教室的租赁费用,赫维茨租赁了休斯敦浸会大学的一块空地,用以安置KIPP的教室。

之后,只要范伯格有什么大动作,他都会事先征求赫维茨的意见。他告诉朋友们,自己的学校眼看两个月之后就要无家可归了,是肖恩拯救了他。他们成为了亲密的朋友,一起去听重金属音乐会,偶尔还会去打高尔夫球。当KIPP开始不断壮大时,范伯格确保赫维茨进入了KIPP的全国董事会。如果有人问如何开办一所学校,他会告诉他们必须要跟肖恩谈一谈。

然而,另一方面,范伯格要适应将自己五年级的数学课转交给迪佩尔,他放心不下,赫维茨这次可帮不了他了。范伯格对每一个五年级学生都做过家访,看着他们读了《卓越承诺书》。这是他们在KIPP的第一年,教师的教学质量至关重要。不管他怎样欺骗自己,他还是放心不下;接手这些孩子的女教师与他的特殊关系,导致这种转变更加复杂。

正如迪佩尔料想的那样,事实证明,范伯格无法彻底撇开他对这个新班级的责任。他问迪佩尔,是否可以在他的思维能力课上腾出一些时间,教这些新生们学习鲍尔的咏唱口诀。她满口答应了。不管怎样,她还是想把教学重点放在概念性数学上。她告诉自己,她和迈克联起手来,可以为学生提供最佳的数学教学。

迪佩尔觉得,她可以把自己对范伯格作为同事的感觉与对他作为男人的感觉区分开来。她喜欢他的教学风格，他非常善于激励孩子，与他共事也能让自己深受启发。不过当她发现他在检查她的教学情况，就像一个专横的父亲偷看女儿的作业一样，她一点也不喜欢这样。

范伯格并没有刻意掩饰自己的行为。一天放学后，他对迪佩尔说："亚历杭德罗不会做乘法。"

"你说什么？"

"呃，他说不出来9的倍数。"鲍尔的咏唱口诀可以帮助学生记住9的倍数，如9、18、27等，但是亚历杭德罗还没有学会咏唱乘法口诀。

"好吧。"迪佩尔说，掩藏起了内心的怨恨。她解释说，那个男孩之所以在范伯格面前说不出来，是因为他看到这个大个子，非常紧张，说起话来磕磕巴巴；其实，他是知道9的倍数的。她尽量以专业的态度对待范伯格吹毛求疵的行为。她感受到了来自范伯格的压力，学生父母对她也普遍持有一种怀疑的态度。

小肯尼斯·麦格雷戈的父母就是一个很好的例子。他们非常信任范伯格，已经到了痴迷的程度。在如何养育儿子的问题上，范伯格与他们的观点完全一致。然而，他们的女儿肯塔莎是KIPP五年级的新生，他们希望了不起的范伯格老师能够教新五年级的数学，只不过这个希望破灭了。除了现在这位缺乏经验的女教师迪佩尔，他们别无选择。其他几位学生家长也有同感。他们想知道，为什么他们的孩子没有如愿以偿地被分到范伯格老师的班上？有时还会因此大声叫嚷。小肯尼斯在语气和肢体语言方面极具表演天赋，他非常肯定地告诉妈妈，妹妹的数学老师是范伯格的女朋友，辛普森一笑置之，觉得这只是一个小男孩的胡乱猜测。

迪佩尔开始接受新工作才一个月，在开学第一次开家长会时，她看到几位家长坐在教室的后排，双臂抱胸，怀疑这个瘦小的女孩是否能扛得起教学的重担。五年级的学生可不管这些，迪佩尔教他们什么，他们就学什么，而且学得还劲头十足。他们回到家，告诉父母很喜欢他们的新数学老师。迪佩尔获得了足够的信心，足以使她故意调侃换老师这件事情；她告诉一些家长："我知道你们都想让范伯格老师来教，但我是更漂亮版本的范伯格老师。"

然而，压力一直都在，从未完全消除。到了1998年，KIPP在休斯敦已经家喻户晓了，数次登上报纸，也经常在本地电视台露面，成了市中心贫民区教育的一股清流，与死气沉沉的教育现状形成了鲜明的对比。范伯格也会以此来激励自己的团队。他每年都会为每一位教师制订目标。他会让目标听起来更像是一种预期，而非命令，类似于他经常表达的期待：希望迈克尔·乔丹能带领他钟爱的芝加哥公牛队夺得NBA总冠军。不过，团队里的老师们明白他的用意。他告诉迪佩尔，他认为在她的五年级学生中，至少有89%的学生可以通过州里的数学考试。这是一个很高的比例，也是迪佩尔梦寐以求的结果。

在那一学年快要结束时，她的学生参加了得克萨斯州的州考；几周之后，范伯格将她拉出了教室。"考试结果出来了，"他说，"你觉得你的学生考得怎么样？"

她深吸几口气，激动不已，甚至有些喘不过气来。"我不知道，通过率可能是89%，也可能是90%？"

"100%。"他笑容满面地说。

"真的吗？"

"成绩单上就是这么写的。"

她顿时感觉如释重负，不能自已，开始抽泣起来，大口大口地喘着气。她对自己说：所以，我不是一个失败者。她为学生们感到骄傲，她意识到自己刚才的反应过激。直到那一刻，她才意识到自己承受了多大的压力。就好像她一直处于一种憋气的状态，现在她的呼吸自由通畅了。她大口地喘着气，想要吸入更多的氧气。

此时，范伯格怔住了，问道："你哭什么？"

她气喘吁吁地解释道："我只是之前并不……知道……孩子们会考成什么样。"

她太害怕失败了，对自己的期望也太高了。她心想：天哪，我需要吃一片"安定"或其他什么东西。

41.

赢得金票

与很多聪明的孩子一样,在之前学校的老师看来,肯尼斯·麦格雷戈是一个问题学生,而非可塑之才。他感觉到了恐惧和敌意,做出的反应也很消极,因而形成了不良行为的恶性循环。在他原来的学校,老师们没有给他布置任何高难度的学习任务,免得引起他不良的情绪反应。他平时没有什么学业任务压力,每天在学校得过且过,规则意识淡薄,导致了更多的行为问题。

肯尼斯来到KIPP以后,学习环境发生了变化,一段时间之后,他才适应过来。最终,他意识到KIPP的老师给他布置的繁重的任务并非烦人的学业压力,而是对学生的一种尊重。KIPP的老师要求严格且言辞强硬,表面上有些令人讨厌,但他们就像母亲一样,对他管教很严,这都是为了他好。

尽管如此,他还是免不了会惹上麻烦。比如,六年级学年末,他失去了参加犹他州研学旅行的机会。

受罗尔德·达尔的《查理和巧克力工厂》一书的启发,范伯格和其他老师在研学活动中引入了"金券"的概念。不论要去哪里开展研学旅行,比如华盛顿特区、犹他州或纽约,每年4月份,他们会宣布研学旅行的学生名单。范伯格会给每一位幸运生颁发一张"金券",就像书中有机会去参观巧克力工厂的孩子们一样。在休斯敦KIPP学校,"金券"是一张黄色的纸券,上面印着旅行相关的细节和许可证。

在授予仪式上,范伯格会列举"金券"附带的各种责任或义务。比如,有一条规则是以一个学生的名字命名的,这位学生是首届KIPP学生之一,当时KIPP暂时借驻在艾斯丘小学。规则如下:路易斯拿到了"金券",他却失去了去华盛顿特区的机会,因为他偷了一个同学背包里的糖果。距离飞机起飞还有12个小时,他被取消了旅行资格。范伯格说,我们要为自己的行为承担后果,在不同的情况下,同一种行为也会产生不同的后果。如果你9月份做了什么坏事,你可能要走上"门廊",并且可能会被叫家长。而几个星期之后,你可以重新赢得失去的信任,重回团队,生活将再次充满各种可能。

"记住'路易斯规则',"范伯格提高了嗓门说,"他拿到了'金券',却因不理智的错误行为前功尽弃。金无足赤,人无完人,但如果你在距离旅行开始时间如此之近时做出那样的事情,你就没有时间赢回信任了。所以,我不是说你必须成为一个完美的人,而是现在距离旅行还有一个月的时间,在接下来的一个月里,在大多数事情上,你必须要尽量做到完美。如果你做不到,你还是可能会失去这张'金券'。明白了吗?"

纵然千叮咛万嘱咐,"路易斯规则"还是在肯尼斯·麦格雷戈身上应验了。1998年,包括肯尼斯在内的10名六年级学生私自聚在卫斯理安大楼的一间密室里,玩接吻的游戏。虽然还未到"少儿不宜"的程度,但已经严重违反了校规。范伯格把他们叫到一间教室里,告诉他们,他们的研学旅行资格被取消了。他很爱这些学生,尤其是肯尼斯,但不得不向他们传达这个坏消息,这让他很是郁闷。"我们会在5月16日出发去犹他州,在此之前，你们不可能重新赢回我们的信任，所以你们失去了本次旅行的资格。这并不一定是因为你们玩了接吻游戏，而是因为你们在这个时候做了这种事情。你们已经没有时间重新赢回信任了。"

肯尼斯后来改过自新，又重新振作起来。他成功参加了七、八年级的研学旅行。无论作为学生还是个人，他都一直表现很出色。他所在的七年级篮球队几乎逢场必赢。他还获得了休斯敦斯特雷克耶稣会预备学院的全额奖学金。

范伯格仍然记得当年肯尼斯错过"犹他之旅"时自己五味杂陈的心情。在毕业典礼上，范伯格向他和他的母亲做出承诺。他说鉴于肯尼斯在KIPP一贯的优秀表现，保证将来有一天会奖励他一次免费的"犹他之旅"。范伯格说："不用担心，在高中或大学的某个时候，你还会回来，和我一起带领一批学生去犹他州。"

42.

疯狂的追求者

迪佩尔和范伯格就五年级的数学教学达成了一致,他们对彼此的感觉却没有如此协调。他们之间很少能有浪漫的共鸣。平时两人都很忙,没有什么闲暇时间或精力谈情说爱。从他们挤过施乐打印机进入他的公寓的第一天晚上开始,他们就互生好感,爱慕着对方。可他们的恋爱关系从未完全确定。

有一次,迪佩尔还在休斯敦港小学教书时,她鼓起勇气问范伯格:"我觉得我了解你,你是一位很棒的老师,我们也彼此喜欢。请你告诉我,什么时候在什么地方,我们才能正式确立恋爱关系?告诉我你想对这段感情负责。"

他摇了摇头。"不,我不想。"他回答说。

她心想那就这样吧。是时候做个了断了。她说:"不要再跟我说话了,除了学校的事情。别再看我了。不管你做什么,绝对不要再对着我笑了。"

他尽力遵从她的意愿,但是很难实现。1998年10月20日,范伯格30岁生日那天,他们大吵了一架;那时,迪佩尔已在KIPP全职任教有数月之久。当天晚些时候,她走进了范伯格的思维能力课堂,发现他正在重新教她的五年级学生学习"分数"。那是她前几天才教过的内容。她心想,这就是迈克的一贯作风，真是气人。

在去往停车场的路上，她把他骂了个狗血喷头。她将自己对他个人的看法以及他背地里对待其他老师的卑劣行径的厌恶，一股脑儿全说了出来。他为自己辩护，显得有些无力，而这让她更生气。后来，像往常一样，她平静了下来。她说："对不起。不要介意。"

迪佩尔走到车里，拿出一份包装好的生日礼物。"我给你准备了这个。"她说。范伯格刚开始没反应过来，之后就变得很高兴。"谢谢你。"他说，并给了她一个拥抱。拥抱持续的时间比他预想的要长。他发觉自己无法放手。犹豫是否要向她吐露真情，他后退了几步，再没说什么。

迪佩尔告诉他，自己有了新的男朋友，说这次是认真的。这个人是法拉博的一个朋友，范伯格可能在篮球场见过他。她之所以跟他说这个事情，是为了避免以后尴尬。

自那天以后，范伯格每天都在想这个事情。迪佩尔无时无刻不在他的脑海萦绕。那次拥抱时的感觉在他心头挥之不去。他决定必须得做点什么。

有一次，他们正在蒙特罗斯大道上的一家英国酒吧"黑拉布拉多餐馆"吃晚饭。迪佩尔点了美味的吉尼斯切达干酪汤。那是一个愉快的夜晚，结束了一天劳累的教学工作，难得有时间歇一歇。

范伯格打算跟迪佩尔表白，不小心把事情搞砸了。"虽然现在不太合时宜，但我想让你知道我的感受。"他说。

她放下勺子，非常生气地看了他一眼。"搞什么？"她说，"你不能在这个时候跟我说这个。"她沉默了一会儿，让自己冷静下来。"知道吗？这太荒唐了！我有男朋友，而且是正式的男友！"

范伯格承认自己这次有些过分。他很抱歉，脸上也带着愧疚。"我知道我说得有点儿迟了,"他说,"真的有点儿迟了,我是真的爱你。"

然后,他们安静地吃完了那顿晚餐。在接下来的几天时间里,迪佩尔体会到了拒绝范伯格的"后果"。这个男人对她展开了全面的追求攻势。他不会因为他所爱的女人有了另一个追求者而放弃。他送了5打玫瑰到她的教室。这件事让她很恼火。这就是典型的"迈克"——大张旗鼓、张扬炫耀、放纵任性。她让他停止这种疯狂的示爱行为。他仍然我行我素。他第一次送的玫瑰花上附带一张短笺,上面写着,每一打玫瑰代表他们相识的4年时光,另外一打代表他们未来共同度过的岁月。他后来又送了更多的玫瑰花和短笺。她告诉他这招不管用,作为她的上司,他的行为有违职业道德。不管怎样,他对她都不是真心的。他的心里只有KIPP。

范伯格依然我行我素。他紧追不舍地向她表明自己的真心,一遍一遍,不厌其烦。正如他们二人所预料的那样,这种死缠烂打的追求奏效了。2月份的时候,她跟她所谓的男朋友分手了。到了2月底,她告诉范伯格,她也爱他。他们破镜重圆了,这次他们是彼此真心相爱,不过这次他们的恋爱关系能持久吗?

迪佩尔一直在帮助范伯格测试一种电子课堂评估系统,该系统由旧金山的一位年轻教育创业者斯泰西·博伊德负责设计;迪佩尔将博伊德视为志同道合的战友。博伊德向迪佩尔抛出了橄榄枝,请她去芝加哥搭建这种系统,她同意了。她认为这既是自己的职业机遇,也是对范伯格的一种考验。现在他看似对她是一心一意的,可知人知面不知心,谁又能保证呢?她心想,等到夏天搬到芝加哥的时候,就能证明他到底是不是满嘴胡言了。她告诉范伯格:"我要搬到芝加哥去了,不会每个周末都来休斯敦了。"

范伯格说他不介意,她有理想有抱负,这正是让他倾心于她的原因之一。对她来说，到芝加哥工作是一个明智的选择。他几乎每隔一个周末都要去芝加哥看她一次，也曾提到要搬到芝加哥去。

第一届KIPP学生即将八年级毕业。KIPP的运转已经到了自适应的巡航阶段，并且已经取得了联邦特许，不受学区官僚作风的限制。此时范伯格表现出典型的"范伯格式心态"——感到有些无聊，想尝试新鲜的东西。当着他的密友迪佩尔和莱文的面，他有时会开玩笑说，他的理想工作是当一名联邦快递司机。那样，他只需要管好自己就行了，每天都能在工作方面取得显著的进展，并从中获得满足。芝加哥有联邦快递司机的工作，为什么不考虑一下呢？

43. 成功，从教师的关爱开始

成为一所特许学校有很多自由，也要付出一定的代价。范伯格让KIPP选择了州特许权，罗德·佩奇很不高兴，因为市教育主管部门本来也很乐意这样做。范伯格的领路人和保护者安妮·帕特森认为自己帮了范伯格这么多，他应该知恩图报，但在一次家长会上，他却没有帮她说话，自此以后，她也不搭理他了。数年之后，他们冰释前嫌，帕特森也去了KIPP工作。当时范伯格一些最好的朋友对他的评价并不怎么样。

尽管如此，他还是带着KIPP逃离了卫斯理安大楼，在休斯敦浸会大学校园里找到了一块空地。当时时间非常紧张，紧赶慢赶，终于在开学之前完成了新校区的排水工程和管道安装工作。他则在学校对面租了一间公寓。他劝说工人们加班加点，帮他赶工期，他在一旁举着手电筒给他们照明。

莱文的处境也有所改善。由兰德尔组织的全校管弦乐团开始参加大型演出。KIPP学生的家长也开始变得团结起来。31公立学校一直和KIPP共用同一所校舍，后来这所小学的教职工试图说服第七学区的学校委员会，将莱文和他的KIPP学校赶出去，KIPP家长们的心就更齐了。31公立学校的支持者出现了战术上的失误，他们在学校门口分发传单，其中一些传单落入了KIPP家长的手中。

在学校董事会就此事召开的会议上,莱文数了一下到场的家长人数,发现共有200多名KIPP家长,31公立学校的家长只有寥寥几人。当宣布进入KIPP校舍议题的讨论时,人群中的许多人开始高呼:"KIPP,KIPP,KIPP,KIPP,KIPP,KIPP……"学区督学请求大家安静下来,但无济于事,直到莱文拿起了话筒,家长们才安静了下来。莱文感谢每位家长的到来。他说如果让KIPP学校搬出去,学校董事会应该很清楚整个社区对这一决定的感受和意见。他刚把话筒转交给督学,家长们又继续喊起了口号。会议只能作罢。之后再也没有人提过此事。

后来,莱文和范伯格接到了《60分钟》(*60 Minutes*)的青年制片人保罗·C.加拉格尔的电话。他想带着记者迈克·华莱士去南布朗克斯和休斯敦的KIPP学校采访。华莱士的报道于1999年9月播出,并于次年夏天重播。对于KIPP和作为制片人首次亮相的加拉格尔来说,这次采访都是一次重大胜利。这次节目的播出激起了人们对KIPP的兴趣,大家都想知道KIPP到底在搞什么名堂。

《60分钟》的故事报道也在范伯格和莱文的学校里以及他们的朋友中招致了一些怨恨。报道中并未提及鲍尔和艾斯奎斯,兰德尔和迈尔斯没有露面,弗雷德·香农也同样没有出现在镜头中。大多数观众记得的可能只是那两位年轻人和一些表现出色的学生。银幕上的多米尼克·杨在提到自己获得了圣马可学院的奖学金时,神采奕奕。她说:"老师们给了我们太多的爱,他们希望我们成功,他们是真的关心我们。希望从这里开始,梦想从这里起航。"肯尼斯·麦格雷戈和他的妈妈是休斯敦KIPP节目报道中的主角。华莱士被这对母子深深迷住了,就像当年的范伯格一样。

肯尼斯:来KIPP的第一年,我以为KIPP跟我之前的学校没什么两样。

华莱士：举个例子？

肯尼斯：每次老师让我做我不想做的事时，我都会使小性子。

华莱士：那对你和其他同学以及老师们来说，这所学校一定很好吧。

肯尼斯：当然啦。在五年级结束的时候，我才逐渐找回状态，也慢慢成熟起来，达到了KIPP要求的水平，也开始服从老师的要求，遵守学校规则。

华莱士（转向辛普森）：KIPP改变了肯尼斯吗？

辛普森：噢，是的，是的。

华莱士：怎么改变的呢？

辛普森：KIPP的老师让他更自信了。他们让他知道，做一个"书呆子"并不丢人，关键是要把那股子"呆劲儿"用对地方。

华莱士：他的成绩怎么样？

辛普森（笑容满面）：他是一名优等生。

华莱士（附和地笑了笑）：没看出来啊。

那一年，莱文和范伯格再一次出现在全国电视观众面前，这次争议更大，但关注度稍低一些。范伯格认识了得克萨斯州竞选宣传专家马克·麦金农，他刚入这一行时，站在民主党人那一边；后来，他与州长乔治·W.布什成了朋友。麦金农非常喜欢范伯格的项目，他开始为KIPP寻求政治和财政上的支持，甚至还策划了一部纪录片。他联系了州长，州长的父亲一直是洛杉矶数学教师杰米·埃斯卡兰特的坚定支持者，埃斯卡兰特也是范伯格和莱文心目中的英雄之一。当麦金农在费城筹划2000年共和党全国大会时，他想着让范伯格、莱文和他们的学生也能登台。他们也邀请了劳拉·布什上台做教育主题的演讲，让她在大会的讲台上观摩KIPP的课程。

范伯格和莱文同意了。这将为他们的学生提供一堂激动人心的实地学习课程。他们还会为共和党摇旗呐喊。但他们身边的许多人都非常不信任布什,当他们听说范伯格和莱文要去参加共和党的竞选活动时,非常愤怒。范伯格的母亲向他询问此事,他说宣传的重点是学生,而不是莱文和他自己,母亲听后,也就放心了。莱文的姐姐杰西卡是一位教育政策专家,她对此事的反应要更激烈一些。她拿出手机给弟弟打电话,当时莱文正驱车赶往费城。"为什么你要去帮布什竞选?"她质问道,"他不在乎那些孩子。整个竞选大会都是在做戏。他们努力将自己包装成伟大的教育改革者,实则不然。"

莱文说:"我们有分寸。"他和范伯格都认为这是一次向数百万电视观众展示KIPP的大好时机,没有理由错过。KIPP学校的扩张已经提上了议程,他们必须为学校筹集资金。他们得到了一些民主党政客的支持。如果有人邀请他们参加在洛杉矶举行的民主党全国大会,他们也会欣然答应。

或许是由于来自周围人不同寻常的压力,或许是不适应现场的组织形式,可能仅仅是因为疲劳,也可能是没有机会排练,当轮到他们在大会上亮相时,他们的表现令人尴尬。礼堂过于空旷,音响有回声,不像教室里那样紧凑而温馨。范伯格从KIPP休斯敦学校选拔了一些八年级的学生,和他一同参会;学生们表演了一些清脆悦耳的咏唱口诀,但他们发现很难展现当初在五年级初次朗咏时的那种兴奋。

范伯格和莱文在其简短的演讲中,提到了鲍尔和艾斯奎斯。他们还称赞了兰德尔、迈尔斯、香农和其他在《60分钟》报道中未曾提及的相关人士。他们并不支持布什州长竞选总统,但是感谢他对KIPP的支持。在当时的背景下,他们的出现像是在用一种奇怪的方式表明其政治立场。

他们之后很少提起KIPP参与的这次活动。据统计，当晚这段时间的电视观众只有610万，如果这是一档常规的黄金档节目，出现如此低的收视率，会被取消播出。不管KIPP的创始人与政党政治之间心神不宁的擦肩带给KIPP怎样的尴尬，随着他们在更知名的电视节目上亮相，比如2006年4月应邀参加奥普拉·温弗瑞的脱口秀节目，这种尴尬也就逐渐烟消云散了。

在共和党大会上露面后不久，莱文在《纽约时报》上表示，孩子只是孩子，没有民主党的孩子与共和党的孩子之分。几年之后，在不同的时间和地点，莱文和范伯格分别被问及他们是民主党人还是共和党人。他们给出了完全相同的答案："我是一名教师。"

根据选民调查，如果两名30多岁的常春藤名校毕业生是犹太人，他们又选择在市中心的公共教育机构工作，那么他们就几乎不可能是共和党人，但是，范伯格和莱文两人仍然拒绝讨论政治方面的话题。知名的共和党人士，尤其是像纽特·金里奇（Newt Gingrich）这样的保守派，会拿KIPP举例，说明引入良好的管理、高标准和品格教育会给城市学校带来怎样的改变。范伯格和莱文特别指出，许多自由派民主党人，包括众议院议长南希·佩洛西、众议员约翰·刘易斯和查尔斯·兰格尔对他们的学校赞誉有加。他们说，他们是教师，并且打算一直坚守这种立场。

研修室

今日KIPP——杰奎恩进步了

随着KIPP特区学校：KEY学校进入2007年春季学期，杰奎恩·霍尔仍然坚持继续学习。梅卡·洛夫和她的五年级教师团队仍对杰奎恩抱有很高的期望。杰奎恩在学习方面更有耐心了，不再像以前那样仓促。他走下了"长凳"，之后再也没接受过"长凳"的惩罚。

洛夫和杰奎恩的妈妈沙伦·霍尔都在想方设法激励这个不安分的孩子。体育运动是一个突破点。为了奖励他多次完成家庭作业，洛夫带他去看了一场篮球赛。他开始打橄榄球业余联赛。作为一名跑卫，他负责带球进攻，虽然个子不高，奔跑的速度却很快。他很喜欢打球。有一次，他草草地做完作业，就交了上去。为此，他妈妈不让他参加球队的练习，而是让他花更多的时间做作业。

他的阅读能力和应试能力还是很差。洛夫在杰奎恩身上投入了更多的时间，和他在一起练习如何从书本中领会文本的意义。她强调了各种阅读的方法，如预测、提问、推断、联系和寻找观点。她想让杰奎恩自己思考，这篇故事讲了什么内容。他很难做出推论和结论，尤其是需要他自己独立完成的时候。和一群孩子待在一起，他似乎感觉更自在一些，也更有可能为团队做出贡献。在五年级的时候，他曾五次被罚坐上"长凳"，大多是因为没能完成家庭作业，其中有一次是因为他在和朋友们一起吃午餐时，一群人在那里搞怪，他用鼻子吸出果汁发出奇怪的声音。他敢做敢当，甘愿受罚。他也在努力做得更好。杰奎恩是那种需要朋友陪伴的孩子，罚坐"长凳"对他来说是一个比较有效的惩罚方式，因为他不想让自己与其他孩子隔离开来。

4月份的华盛顿特区综合评估体系（DCCAS）考试马上就要来临了，杰奎恩的老师们相信他会比去年考得更好，因为他已经懂得了专注和从容的重要性。

社会科学老师富特在那年感恩节离开了五年级教师团队。她被调到了七年级，负责阅读教学。当时七年级的两名老师教起学来很吃力，校长海耶斯需要她的帮助。到了圣诞节，两位新的七年级老师都离职了。海耶斯说虽然同年级的老教师对他们进行了几周的专业指导和帮助，这两位老师的教学能力仍然没有提升。她因判断失误将这两位老师招了进来，对此她很自责。富特留在了七年级教学。接替她的是米歇尔·德·西蒙，负责五年级的社会科学教学工作。

在开始考试时，老师们必须留意教室墙上的一些内容。像很多学校一样，KIPP也会在教室里展示数学公式、词汇、语法以及学习方面的其他内容；在华盛顿学区总部派来的监考人员眼里，这些内容都是违反考试规定的。KEY学校的老师们感到更有压力，因为他们学校前几年的考试成绩非常好，招人嫉妒。

对于五年级的哪些学生可以参加年终前往佛罗里达和迪士尼乐园的研学旅行，教师团队讨论了名单确定的最后期限。他们还建议5—6名学生下一学年继续留在五年级。洛夫说杰奎恩不需要留级，因为他正在不断取得进步。但到了5月份，他显然与佛罗里达的旅行无缘了。他的妈妈看得出来他很失望。于是让他坐下来，谈一谈这件事情。她说："我知道你今年没有赢得研学旅行的资格，不过我相信你明年一定可以的。"

根据KIPP教师在每年年初和年底进行的标准化考试，杰奎恩的斯坦福成就测验的成绩结果显示，他的数学能力从9月份的排名前96%上升至春季的前76%。到了五年级春季学期，在华盛顿特区组织的数学考试中，杰奎恩的成绩仍然低于基本水平，处于4个等级中的最低层。

他的阅读成绩则更难解释。他在斯坦福成就测验中的整体阅读成绩没有任何变化。成绩还是垫底，排名前96%。阅读理解得分略有上升，从排名前98%上升至排名前96%。五年级的科学教师霍兹曼（后来成为KIPP特区总部的运营总监）说，这表明一个孩子从五年级开始在学习方面就有很大的差距，尽管他取得了一些进步，但仍然远远落后于班上的其他人。他就像一名长跑运动员，曾经落后于大部队两英里，现在只落后一英里了。与其他学生相比，他仍然是最后一名，或接近最后一名。

他在DCCAS测试中的表现标志着他取得了一定的进步。在阅读方面，他不是在最低等级，即"低于标准"（Below Basic）级别，而是处于第二等级，即"标准"级别。在华盛顿的普通公立学校，24%的学生的阅读成绩处于"低于标准"级别，42%的学生的阅读成绩处于"标准"级别。霍兹曼特别指出，与斯坦福成就测验不同，华盛顿特区考试中有一些主观题，需要学生写出问题的答案。KIPP在教学过程中对写作的重点关注可能对杰奎恩有些帮助。他已经超过了华盛顿的很多孩子，但是KIPP学生的水平会更高一些。他六年级的阅读老师把他列入了需要特别关注的孩子名单。

杰奎恩是KEY学校2014届的学生。在斯坦福成就测验中，这个班在阅读方面的平均成绩在学年初排名前73%，到了学期末，排名上升至前54%。在数学方面，仅在那一年的时间里，他们的平均成绩就从排名前70%上升至前20%。2007年，杰奎恩最喜欢的老师梅奇亚·洛夫获得了美国教育部2007年度"美国教学之星"奖。

就在洛夫获奖的同一天，联邦教育部也将KIPP特区学校：KEY学校列为蓝丝带学校（Blue Ribbon School）[①]。在华盛顿特区，只有为数不多的几所公立学校达到了《不让一个孩子掉队法》所要求的联邦学习目标，KEY学校就是其中之一。KEY学校的中学数学成绩在全市高居榜首，优秀率高达84%。在华盛顿特区的中学中，KEY学校的阅读能力排名第三，但前面的两所学校位于华盛顿西北部，大部分学生均来自于中产阶级家庭。

在KEY学校8月份开学之前，杰奎恩发现他丢失了一张暑期课程的指导说明，本来应该放在他的活页夹里面，现在找不到了。在没有他人提示的情况下，他坐下来，给六年级的导师写了一封信，解释说他把说明弄丢了，并且会努力去弥补。他还是一个顽皮的孩子，但他的妈妈注意到他正在做出他以前从未做过的一些选择。他认为今年自己有机会参加学校的春游，去西弗吉尼亚州露营。

沙伦·霍尔跟一位客人这样描述杰奎恩："他在为自己负责。"她对儿子笑了笑，对他写的那封信件感到自豪；杰奎恩的书写非常规范，句子第一个单词的首字母都大写，并且谓语都与主语保持一致。她向儿子保证，绝对不会让他错过那周的橄榄球训练。

[①] "蓝丝带学校"是联邦教育部授予美国中小学的荣誉称号，学校在领导、课程、教学、学生成就等方面均表现卓越。——译者注

第四时期

KIPP的奇迹

44.

六人会议

1992年1月,当莱文和范伯格正在填写申请表,报名参加"为美国而教"的项目,那时,曾在美国教育部做政策助理的斯科特·汉密尔顿也找到了一份新工作。汉密尔顿身材高大、头发乌黑。他受雇于"爱迪生计划"华盛顿办事处,该计划旨在改善市中心贫民区的学校并从中盈利。那是汉密尔顿第一天去上班,他走进办公室,只看到一个人——23岁的研究员斯泰西·博伊德,他一下子就被她吸引住了。

在特许学校运动的发展历史上,汉密尔顿和博伊德的会面具有相当重要的意义,特别是对KIPP而言,更为重要。1997年他们结婚时,范伯格和莱文即将完成新学校的第二学年的课程,汉密尔顿是马萨诸塞州联邦特许学校的关键负责人;博伊德一边忙着完成哈佛MBA的学业,一边致力于筹建一所优秀的波士顿特许学校。1999年,这对夫妇在旧金山创办了一家名为"项目达成"(Project Achieve)的新公司,专门为教室里每个孩子的进步做评估。她还与芝加哥的学校合作,聘请了科琳·迪佩尔来帮忙。汉密尔顿在旧金山为美国最富有的两个人工作——Gap服装公司的联合创始人多丽丝和唐·费舍尔。他们新成立了一家基金会,想让汉密尔顿帮忙找一些值得投资的教育项目。

博伊德、汉密尔顿和费舍尔夫妇都是大忙人，没有时间看电视。他们都没看过《60分钟》1999年9月对KIPP的报道。有几位市长和州长却看过，且非常喜欢KIPP的教育模式。有的打电话给范伯格和莱文，问他们是否可以立即再开设15—20所KIPP学校。这种电话看似有些天真，却激起了范伯格的兴趣。他力劝莱文和他一起努力，将KIPP推向全国。莱文同意了，他也认为应该做点什么。市中心贫民区的优秀教师可以开办自己的学校，他很喜欢这个主意。范伯格和莱文都不擅长建立大型的组织，于是范伯格寻找相关的专业人士；他给他们打电话，第一批联系人名单里就包括博伊德。博伊德是一位企业家，非常了解KIPP学校的运作模式和巨大潜力。范伯格的提议令她激动不已，她马上给汉密尔顿打电话。

　　汉密尔顿答应去核实一下相关情况。然而，他脑海里想到的却是费舍尔夫妇雇用他时给他的告诫。费舍尔夫妇说他们不想尝试新的投资方向，他们年纪太大了，不想再像当初创建GAP那样折腾了。他们希望汉密尔顿能找到值得支持和帮助的项目，而非另投资初创企业。汉密尔顿参访了KIPP休斯敦学校，以最快的速度观察了范伯格为人处事的方式，也看到了博伊德所描述的这所学校。他参观了KIPP纽约学校，见识到了莱文的足智多谋。这时，汉密尔顿还是没有跟费舍尔夫妇提起过任何与KIPP相关的事情。1999年底，汉密尔顿将《60分钟》报道KIPP的录像光盘放进唐·费舍尔办公室的录像机。看完这段录像，费舍尔说："这到底跟我有什么关系？"

　　汉密尔顿回答说："我也不确定，不过应该是有点关系。这件事值得我们去做。"

　　当汉密尔顿和博伊德在他们最喜欢的旧金山餐厅PlumpJack吃饭时，汉

第四时期 KIPP 的奇迹

密尔顿的脑海中闪现出这样一种想法：重点关注KIPP的成功运作，对特许学校创始人进行商业培训。他还就此询问了博伊德的意见。博伊德很喜欢这个想法。汉密尔顿开始行动，不过他没有告诉费舍尔夫妇他要做什么。两位老年人不愿尝试新鲜的事物，而他的想法却是非常新颖，愿景也相当宏大。2000年1月下旬，他邀请范伯格和莱文在芝加哥会面，共同制定KIPP发展的总体计划。他们每个人都可以带上另外一个人参加此次会面。汉密尔顿邀请博伊德共同前往，莱文选择了他的姐姐杰西卡，范伯格则带上了埃利奥特·威特尼（Elliott Witney）。威特尼是范伯格教师团队中一名极具创新精神的阅读教师，后来，她成了原KIPP休斯敦学校的校长。

他们在费尔蒙特酒店37层的一间套房里进行了长达8个小时的会谈。会谈伊始，汉密尔顿为大家做了一个幻灯片展示。他预计到第三年或第四年，他们将培养出150名学校领导。KIPP学校有什么共同点呢？汉密尔顿带来了一个大画架，把自己的想法都写在了上面，每写满一页，就往后翻一页。显然，KIPP学校具备以下几个要点：对所有学生保持高期望，较长的在校时间，校长全权负责，聘用最好的教师，奖励学生的成功，与家长保持密切联系，注重成绩并承诺让所有学生为上高中（最重要的是上大学）做好准备。他们决定将这些要点称为"六大支柱"，后来删减为"五大支柱"。有人说这听起来太像"阿拉伯的劳伦斯"的《智慧七柱》（Seven Pillars of Wisdom）[①]了。但是"五大支柱"传承了下来：（1）较高的期望；（2）选择和承诺；（3）更多的学习时间；（4）较强的领导力量；（5）注重学生成绩。

博伊德认为此次会面进行得相当顺利。新组织也萌生了一些不同的意

[①]《智慧七柱》是英国著名陆军军官托马斯·爱德华·劳伦斯的自传，记录了劳伦斯在阿拉伯起义中的经历与见闻，被公认为"英语文学中最伟大的现代史诗"。——译者注

见。这是他们无法回避的话题。到了下午,她站在画板前,指出莱文和范伯格"二人组"关系的一些瑕疵。尽管这次成功的会谈令他们感到惊喜和兴奋,但一切还都是纸上谈兵,他们要从此次会谈中寻找一些悬而未决的问题。

与会人都很年轻,精力充沛,点子丰富,但是他们如何统一决策呢?如果一位申请人希望进入学校的领导班子,其中两个人同意,而另外一个人不同意,他们将如何解决这种分歧?如果其中一个人认为企业人际关系培训应该包含两个整天的领导力课程,而另一个人认为只需要几个小时即可,他们又会怎么处理呢?

他们耐心地点了点头,说他们能处理好。解决之道就是在保证学生成绩的前提下,赋予每个学校的领导同样的自由,让他们去创新,就像当初莱文和范伯格那样,享受创新管理的过程。他们当时风华正茂,意气风发。房间里的6个人当中,莱文和威特尼都还不到30岁,杰西卡·莱文即将年满35岁,是年龄最大的一个。

汉密尔顿仍然需要说服与他们有"代沟"的两个人——71岁的唐·费舍尔和68岁的多丽丝·费舍尔——拿出一大笔钱来,交给这群孩子。他带着费舍尔夫妇去参观了莱文的学校,他们从31公立学校的校舍开始看起,然后再去四楼的KIPP,这样就可以将前者的混乱嘈杂与KIPP的安静有序形成鲜明的对比。KIPP学校学风浓郁,就像是一座学习的圣殿。多丽丝·费舍尔也很高兴地发现,莱文的祖母是她父亲法定合伙人的女儿。

汉密尔顿花了几周时间编写了一份商业计划书,经过数次修改才得以定稿。该计划需要至少150万美元的资金支持。他觉得费舍尔夫妇可能不会太配合。这是一家初创企业,并不一定会成功。他跟博伊德坦白说自己对这一计划踌躇满志，志在必得；如果费舍尔夫妇拒绝投资，他会选择退出他们的基金会，为KIPP的发展壮大寻找其他支持者。他给费舍尔夫妇每人送去一份商业计划。尽管一开始他心存忧虑，但是费舍尔夫妇表示很喜欢这个计划。

唐说他从未想过用自己经营公司的方式来经营一所学校。不过当他考虑KIPP项目时，他意识到学校，尤其是特许学校，也是一种商业活动。他们需要接受过基础管理培训并且能够自行做出决策的校长。看完《60分钟》对KIPP的报道录像之后，他的语气可能听起来有些冷漠，但实际上他已经被打动了。他想立即启动这一计划。他欢迎范伯格和莱文到他那可以俯瞰旧金山湾的办公室会面。

"所以，你们真的认为这件事可以做成，对吧？"

"呃，费舍尔先生，我不知道，"莱文说，"但我们非常乐意用您的钱来找到答案。"

最终的决定是，范伯格和迪佩尔搬到旧金山，担任新KIPP基金会的首席执行官。这也在大家的意料之中。范伯格对朋友们（也包括莱文）说，如果莱文能筹集到足够的资金，为他的学校提供全面的财政支持，保证KIPP纽约学校在今后的一百年里都有足够的校舍，并一直可以教五年级数学，他会像无忧无虑的孩子一样开心。有一段阵子，他们会假装还没有做出这个决定，并以此来取乐。如果他们恰巧在一家可以玩飞镖游戏的酒吧，莱文会提议第一个射中靶心的人要去旧金山。

范伯格搬到了西部，发现唐·费舍尔比他和汉密尔顿更耐不住性子。劳拉·丹德里亚·泰森是克林顿总统以前的首席经济顾问、加州大学伯克利分校哈斯商学院的院长。当学校董事会主席费舍尔问泰森，她是否可以为他们所谓的"费舍尔董事会成员"（Fisher Fellows）领导力课程提供场地和培训专家时，她爽快地答应了。范伯格、汉密尔顿和莱文很高兴泰森跟他们以前联系的其他商学院院长不一样，她没有建议让教育学院的老师们参与这个项目。他们三人都不太信任教育学院。范伯格和莱文打算招募同道中人，将招聘的主要方向放在"为美国而教"的资深教师上。他们认为这些教师具有强大的动力和丰富的想象力，也能从容面对各种困境，随机应变。

在汉密尔顿看来，一切有些操之过急了。原计划在那年夏天开启培训项目。实习校长将被安排在哈斯商学院上两个月的课，同时完成与开办自己学校相关的全部材料。到了秋季，他们将去一所或两所KIPP学校工作。到新年的时候，他们将去往他们选定的学校所在的城市，招募教师和学生，并在2001年夏天找到可以容纳70—85名五年级学生的校舍。像莱文和范伯格当初那样，他们将每年增加一个新的年级，直至5—8年级配备齐全，学生人数达到大约300人。

不过当时已经是5月份了。汉密尔顿感觉根本没有足够的时间。他们甄选了4名"费舍尔董事会成员"，其中一位退出了，另外3位有些顽固任性，但看起来还不错。当时北卡罗来纳州的州长罗伊·巴恩斯非常欣赏KIPP的教学成绩，不过前两位董事舍弗勒（后来在华盛顿特区创办了KEY学校）和北卡罗来纳州的教师凯勒布·多兰拒绝了范伯格和莱文提出的在亚特兰大开办学校的要求。第三位董事是KIPP休斯敦学校的教师丹·凯撒，他很乐意按照要求在休斯敦开办第二所KIPP学校。

汉密尔顿去见唐·费舍尔。他说："我们必须停止这种做法。我们得喘口气，然后明年再做这些事情，这样我们才有时间做好规划，把事情做好。"

我觉得我们有些操之过急了。"

费舍尔笑了笑。由于范伯格、汉密尔顿和莱文没有接受过商业方面的培训，这样贸然行动，他们是会走弯路的。根据自己半个世纪的经验，费舍尔向汉密尔顿解释说，最好是尽快开始计划，出现问题就解决问题，而不是在桌子前坐而论道，为可能出现的所有问题制订计划。他说："我们先把摊子铺开，与接下来的一年相比，你们在启动阶段会学到更多的东西。尽管做得不够完美，我保证你们会做得越来越好。"

45.

优秀的毕业生

1998年，瓦妮莎·拉米雷斯完成了八年级的学业，成为第一批进入高中的KIPP学生。几年之后，KIPP开始创办高中，把这样的学生留在KIPP大家庭里。但在一开始，他们缺乏开办高中的资源，只能寄希望于最具挑战性的公立高中和私立学校，希望这些学校愿意冒险招收来自休斯敦和南布朗克斯市中心贫民区的孩子。

瓦妮莎进入休斯敦主教高中后，她全力以赴，力争上游。主教高中是一所私立学校，她本来并不想在此处上学。当范伯格开车载着她、露皮塔·蒙特斯和其他几个KIPP学生去这所学校参加入学面试时，她吓坏了。令她吃惊的是，她收到录取通知书时，眼泪夺眶而出。范伯格敦促她去上这所学校，这也是她母亲希望听到的结果。瓦妮莎的妈妈由于早上7:30就要开始做保洁工作，通常会提前一个半小时送瓦妮莎和露皮塔到主教高中。露皮塔的妈妈会与别人拼车上班，有那么几天，会用到她的车，瓦妮莎的妈妈会在下午接她们放学。她们能否去踢足球或参加舞会，取决于妈妈的工作安排。

瓦妮莎和露皮塔自认为她们是这个学校里仅有的两名真正的拉美裔学生。其他拉美裔的女孩从不说西班牙语，她们的父母都有很好的工作，住着宽敞的房子。露皮塔并不在意这些区别，她可以跟任何人交朋友。可瓦妮莎并不想放弃自己真正的朋友，她的那些朋友都还住在北部地区。瓦妮莎变得非常敏感，总感觉主教高中的一些富家女孩会故意拿她开玩笑。

第二年，即1999年，多米尼克·杨在KIPP纽约学校读八年级，开始考虑自己以后读高中的事情。她很聪明，也很受欢迎。她是莱文老师和科克伦老师最喜欢的学生之一。她一心想去加州旅行，对于像她这样的"音乐家"来说，加州就是心灵的归属地。后来，有一次在课上，老师让她保持安静，她没有考虑后果，出言顶撞了老师。老师训斥她，她又跟老师顶嘴。莱文听说了这件事，使出了杀手锏：取消加州研学旅行的资格。

多米尼克被激怒了，她不敢相信莱文竟然会这么绝情。虽然她最终将承认老师的做法是正确的，但是那是几年之后的事情。后来，她重新回到正常的学习状态中，积极地想要证明自己仍然是那个聪明的女孩，可以控制好自己的情绪。一个帮助市中心贫民区孩子申请顶尖私立学校的私人项目录取了她。她努力学习了一年。由于预科学校的上课时间与KIPP的上课时间有冲突，因此莱文准许她缺席KIPP周六的课程和暑期课程。最终，她被马萨诸塞州绍斯伯勒的圣马克学校录取，对于她所在社区的女孩来说，这是一件令人不可思议的事情，但她并不太喜欢这所学校。她每个周末都要留守在校园，不能回家，因为她妈妈不能来接她。有一个周末，她被抓到喝酒，被罚休学一段时间。

她的家庭生活也开始出现很多问题。祖母和妈妈经常因为她而争吵，都想把她拉向自己那一边，后来，俩人也跟她吵闹。当她去纽约时，有时连住的地方都没有。大四时，她在圣马克学校和一位女孩交上了朋友，这个女孩不缺钱，但仍然喜欢在商店里偷东西。2002年11月，她们因在马尔伯勒的菲妮斯百货公司偷窃衣物被捕。多米尼克给莱文打电话求助。第二天早上,莱文驱车来到了马萨诸塞州,一脸的严肃和担忧。

她料想老师至少会对她进行45分钟的说教。莱文冷冷地告诉她,他们必须先解决这个问题。他找了一位律师,律师安排她从圣马克学校退学,这样她的档案里就不会留下被开除的记录,并为她安排了认罪答辩,她因此被罚做80个小时的社区服务;如果她一年内不再违法,就有希望不留下案底。

听起来好像一切问题都解决了,但对多米尼克来说,她的人生已经毁了。在她因喝酒被停学之后,她的妈妈说如果她再惹麻烦,就不会再让她在私立学校上学了,即便莱文老师能想办法支付学费,她也不会签字同意。

在帮她收拾房间时,莱文开始明确地告诉多米尼克他对她所做事情的看法,持续了很长时间。"如果你需要什么东西,可以给我打电话,"他说,"你们为什么要去偷呢?"

2001年9月的一个晚上,范伯格从KIPP旧金山总部的办公室开车回家,行驶在101号高速公路上。他现在担任首席项目执行官,感到很不适应,挣扎着忙完了一天的工作后,很是疲惫。他接到了KIPP休斯敦学校临时校长萨姆·洛佩兹的电话。

"迈克,你听说了吗?"

"没有,听说什么?"

"肯尼斯去世了。"

"什么?"

"肯尼斯倒在了篮球场上,去世了。"

范伯格竭力控制住自己,保证在高速公路上的行车安全。没必要问是哪个肯尼斯了。对于洛佩兹和他来说,他们只认识一个肯尼斯。范伯格简直不敢相信这是真的。他询问了一些细节。

肯尼斯·麦格雷戈在斯特雷克耶稣会大学一直表现不错。他个子很高,那年正上大三,学习很努力,也在参加篮球训练。这件事发生在贝莱尔高中的一场全赛季篮球联赛上。他说他胸口疼,然后就瘫倒在地。他被紧急送往医院,可再也没有醒过来。肯尼斯的家人将他的妈妈送到医院,但没有告诉她孩子的病情有多严重。当她在医院看到孩子时,倒在地上,失声痛哭。医生说这是一种无症状的先天性心脏缺陷。在接下来的几天里,范伯格经常为此而哭泣,他因为这件事情颇有感慨:肯尼斯去世是因为他的心太大了。

范伯格要赶往休斯敦,与肯尼斯的家人——莎伦、老肯尼斯和肯塔莎——待在一起。他们也是他的家人。他给纽约的莱文打了电话,他们最近在沟通上出现了问题。由于创办如此多的新学校,同时还要处理和应对不断增长的学校管理问题,两人承受着巨大的压力。

像往常一样,范伯格收到了莱文语音信箱的留言提示。他使用了《寂寞之鸽》的暗语。他说:"大卫,我需要你的帮助,请'格斯'出马。"莱文去了休斯敦,帮忙料理肯尼斯的身后事,而范伯格则留在麦格雷戈一家身边,和他们一起缅怀肯尼斯,谈论肯尼斯,歌颂肯尼斯;肯尼斯不负众望,成长为一名优秀的孩子,他们都为他而高兴。

葬礼在肯尼斯家乡的教堂举行。范伯格和莱文都在葬礼上发表了悼念致辞。后来在KIPP休斯敦学校位于西南仓库区的新校舍举行了追悼会,新校舍所在的街道被命名为KIPP路,这要归功于范伯格的一些搞政治的朋友。肯尼斯去世后,KIPP休斯敦学校董事会决定以他的名字来命名学校的体育馆。在追悼会上，他们给到场的每一个人都赠送了一件印有肯尼斯照片的T恤。范伯格站起来，跟大家分享了自己曾经的学生肯尼斯的故事。

他穿着一件芝加哥公牛队的旧球衣，上面印着迈克尔·乔丹的23号。他停顿了一会儿。这是很煎熬的一件事情。他对哀悼者说："KIPP教会我们所有人这样一个道理：如果你做了正确的事情，好事就会发生。如果你做了错误的事情，坏事就会发生。然而，生活并不总是这样的。有些时候你做了正确的事情，坏事还是会发生。"

他顿了一下，"我们知道上帝一定存在，因为肯尼斯一定有更高的目标，只是我们不知道而已。我们会把他记在心里，永远记住他。为此，我们将设立小肯尼斯·麦格雷戈奖学金，每年颁发一次，用于奖励那些新升入高中的优秀学子，奖学金获得者将获得接下来两年高中和四年大学的学费奖励。"

"这样，当奖学金获得者走过讲台领取毕业证书时，肯尼斯也将实现他的夙愿。"

46.

质疑之声

卡洛琳·格兰南是加利福尼亚州的一名记者，平时也写一写博客文章；彼得·坎贝尔是俄勒冈州的大学教育工作者，经常活跃在互联网上；他们二人都是公立学校的倡导者，也都有孩子在学校上学。他们对特许学校很感兴趣，并在2005年开始寻找更多关于KIPP的信息。

那一年，莱文和范伯格创办的学校尚且籍籍无名，基本上不为教育圈之外的人所知。格兰南和坎贝尔是少数几个经常在互联网上讨论KIPP的人。教育话题相关的博主们特别关注《不让一个孩子掉队法》，他们会花大量的时间讨论联邦出台的这项学校评级法案。几乎没有记者会经常在报纸上报道KIPP。广播和有线电视网络更没有时间报道贫困儿童的故事，《60分钟》对KIPP的报道可以说是一个特例。

对于莱文和范伯格的学校为孩子们所做的一切，格兰南和坎贝尔很是佩服，但他们不喜欢对传统公立学校的抨击，他们认为这种抨击来源于人们对KIPP的溢美之词。加州教育部门保存有公立学校学生入学的完整数据。格兰南发现，这些数据显示，一些KIPP学校的学生流失率很高。仅2005—2006学年，五年级入学的学生流失率从20%上升至59%。最糟糕的情况出现在奥克兰的KIPP引桥大学预科学校（Bridge College Preparatory），该校最初招收了87名五年级新生，到了八年级，只剩下36名学生。在一些KIPP学校，从五年级升至六年级时，非裔美国男孩的数量出现了下滑，这一点令格兰南和坎贝尔尤其感到不适。在洛杉矶的KIPP机遇学校（Academy of Opportunity），非裔美国男孩的人数从35人减少至23人；在KIPP弗雷斯诺学校（Academy Fresno），从19人减少至10人；在KIPP湾景学校（Bayview），从24人减少至12人；在KIPP引桥学校（Bridge），从35人减少至8人。

格兰南和坎贝尔得出结论，非裔男孩人数的减少让KIPP的成绩看起来更好一些。那些从KIPP退学的学生大部分都是学习较差的学生。在这些KIPP学校中，与五年级的平均成绩相比，八年级的成绩看起来非常突出，但这可能只是因为低分段的五年级学生转到了其他学校，只留下能考得高分的学生。

一些媒体、教育评论员和政策制定者对不断提升的KIPP成绩数据的解读都比较乐观，坎贝尔和格兰南对此颇为不满。一些媒体的报道给人们留下这样的印象：KIPP是解决市中心贫民区教育问题的一剂良药。在格兰南和坎贝尔看来，有些人认为拯救几个贫苦孩子就能摆脱贫困和痛苦的恶性循环，这种想法既愚蠢又虚伪。他们说，这些评论员只是在粉饰现实，让人们更容易接受而已。那些罪行累累的政策制定者可能会责怪所有贫民区的孩子，因为他们没有通过自己的努力，跳出贫民区。政策制定者和教育改革者为自身的懒惰找借口，放弃根除系统性贫困和教育不平等的努力。毕竟，他们可以指着KIPP说："如果他们能做到，你为什么不能呢？"

报道KIPP的记者很少会采用格兰南或坎贝尔的意见。互联网上有一些对KIPP最直言不讳的批评者，他们二人就位列其中，但他们并不代表任何主流机构。他们从未去过KIPP的教室，也没有任何教育研究方面的背景。不过，有一位享有盛誉的独立专家针对KIPP发表了大量文章，他的名字叫理查德·罗斯坦。关于KIPP学校的争论规模不大，但有愈演愈烈的趋势，罗斯坦开始在这场争论中发挥重要的作用。

罗斯坦是华盛顿经济政策研究所的研究员，也是哥伦比亚大学师范学院的客座讲师，还曾是《纽约时报》的教育专栏作家。他坚称自己不是KIPP的批评者，只是想纠正一种错误的印象，即KIPP学生和低收入社区的非KIPP学生一样处于弱势地位。与坎贝尔和格兰南一样，罗斯坦也对一些学者评价KIPP的方式表示担忧；这些学者强调市中心贫民区需要更好的教育教学，但罗斯坦认为社会改革也同样重要。在他2004年出版的《阶级和学校：利用社会、经济和教育改革来缩小黑人和白人的成绩差距》一书中，罗斯坦主张采用一种平衡的方式。他表示，改善学校教育很重要，但其影响力有限，因为贫困也会影响孩子们课外生活的方方面面。为了缩小贫困儿童和中产阶级儿童在学业成绩上的差距，政府还必须增加支出，特别是在医疗保健方面的支出。

在《阶级和学校》一书中，罗斯坦提到了莱文和艾斯奎斯，说他们都是值得认可的好老师，但他们对城市孩子的影响被他人夸大和利用了。罗斯坦发现KIPP基金会在避免宽泛索赔的政策方面存在一个漏洞。他引用了2004年KIPP年度报告中的一句话——"KIPP的成功将引燃普遍的社会期望，即各地的公立学校都可以帮助学生扭转劣势，让他们在学业和生活中取得成功。"

为了写这本书，罗斯坦特地采访了莱文，他说KIPP的联合创始人对其学校的成功更加慎重。罗斯坦转述了莱文的话："KIPP缩小了成绩的差距，但永远无法消除这种差距,即便是对于那些经过特殊选拔的学生来说,也是如此;因为在学生入学前几年,由于家庭教育方面的差异,他们在成绩方面的差距已经固化。"3年后,当被问及这句引语时,莱文说这种表述并不完全准确。他说:"虽然我确实认为我们不可能完全消除成绩差距,但我绝对不会用那种方式来表述,我们也没有经过特殊选拔的学生。"

针对有关特许学校日益激烈的争论,经济政策研究所决定专门出一本书,罗斯坦和研究员丽贝卡·雅各布森主动请缨,负责与KIPP相关的一个章节。他们想要对比一下KIPP学生和同一社区的非KIPP学生的学业背景。这只是他们与马丁·卡诺伊和劳伦斯·米舍尔合著的《特许学校之争:入学和成绩的证据调查》一书的一部分。但它是公认的学者发表的篇幅最长、内容最详细的著作,以各种方式挑战了少数知情者对KIPP持有的正面印象。

罗斯坦和雅各布森在其负责的章节中承认,KIPP的大多数学生来自贫困线以下的非裔或拉美裔家庭。他们表示,对4所KIPP学校的调查表明,那些从五年级开始进入KIPP学习的学生,其父母表现得更积极,学生的考试成绩超出其所在社区的平均水平。特许学校的学生和普通学校的学生之间的差异是本书主题探讨的重点内容。报告称,联邦数据显示,特许学校学生的平均成绩并不比普通学校的成绩高,在某些情况下,特许学校的成绩还低于普通学校。一些特许学校的支持者回应说,与普通学校的学生相比,特许学校的学生在家庭经济状况和背景方面处于劣势,因此不可能期望他们表现得像普通学校的学生一样好。

根据KIPP学校的学生和当地学区的学生成绩数据,罗斯坦和雅各布森表示,2002年进入巴尔的摩KIPP Ujima乡村学校的五年级学生都是黑人,他们在阅读和数学方面的平均排名分别是前68%（第42百分位）和前52%（第48百分位）。而巴尔的摩所有即将毕业的四年级黑人学生的阅读和数学成绩分别排在前64%和前66%。在2002年进入布朗克斯莱文学校的学生中，有42%的学生通过了纽约市的四年级阅读测试，而在该地区31所普通公立学校中，只有28%的四年级学生通过了该项阅读测试。

曾在哈莱姆"为美国而教"任教的雅各布森采访了12位将自己的学生介绍到全国各地KIPP学校就读的老师。许多人表示他们鼓励最好的学生转到KIPP学习，在她和罗斯坦看来，这表明在那些处于弱势地位的孩子中，那些转学到KIPP的孩子在成绩方面已经遥遥领先了。书中提到休斯敦的一位老师承认，尽管转学不会对孩子提出太多的学业要求，有些家长还是不愿考虑KIPP，这让他感到非常沮丧。这位老师说："当我和那些最需要去KIPP的学生的家长说起这个事情时，家长们会说一些婉拒的话，比如'听起来太严厉了，孩子还需要一年的成长期'……一位家长说把孩子送到公交车站，再让她坐公交去那里上学太难了。但这种说辞也太离谱了。因为校车会停在我所任教普通公立学校的门口，其实孩子坐公交来学校并不会太难，这两个孩子当时意向都不是很明确，他们报名了KIPP，但后来都决定不去了。对于很多学习不太好的孩子来说，父母也不想让他们报名去KIPP。"

KIPP基金会发言人史蒂夫·曼奇尼发布的统计数据与罗斯坦和雅各布森收集的数据相互矛盾。曼奇尼主要关注华盛顿特区的KIPP特区：KEY学校、北卡罗来纳州加斯顿乡村的KIPP加斯顿预科学校以及KIPP 3D学校（这是KIPP在休斯敦开设的第二所学校）。这3所学校是继莱文和范伯格在休斯敦和布朗克斯最初的学校之后建立的第一批学校，当时都已经进入运营的第四个年头。统计者将这些KIPP学校与它们所在社区的普通公立学校进行比较。KIPP的学生在经济状况上的劣势相对较小，80%的KIPP学生来自低收入家庭，而在当地学校，这一比例为89%；而且非裔或拉美裔学生的比例较高，KIPP的这一比例为98%，而普通学校则为86%。

KIPP提供的数据显示，2004年在这3所学校就读的KIPP五年级新生的考试成绩与普通学校学生的考试成绩比较接近。华盛顿KEY学校新生的阅读能力排名大约在前66%，而周边学校四年级毕业生的阅读能力排名大约在前54%。KIPP的领导承认，这种比较很难得到确切的结果，因为来自华盛顿学校系统的KIPP四年级学生的档案并不完整，他们的数据是基于KIPP教师在五年级开学时进行的标准化测试。

在加斯顿预科学校，80.9%的KIPP新生的阅读水平达到或高于同等年级水平，相比之下，周边学校四年级毕业生的这一比例仅为74.6%。在休斯敦3D学校，80.5%的KIPP五年级新生通过了州阅读测试，相比之下，周边学校学生通过这一测试的比例为79.4%。KIPP的老师认为，这些高百分比反映了州测试设定的及格线较低，但也确实表明，进入KIPP的学生和其他学校的学生在学习上处于同一起点。

《特许学校之争》一书的作者们写道，他们得出这样的结论"并不是要批评KIPP学校……我们并不是说KIPP较为明显的教学效果仅仅是因为家长更积极地配合、学生以往的成绩或性别方面的失衡。KIPP的支持者认为，KIPP为孩子们提供了取得优异成绩的机会和动力，这是普通公立学校所欠缺的；我们没有证据对此提出异议。普通公立学校可以从KIPP的教学理念和策略中学到很多东西；在这一点上，我们的观点是一致的。"

莱文和范伯格也表示，他们经常希望能有时间和经费，对KIPP的教学成果进行更广泛、更权威的研究。KIPP基金会与一些独立分析机构合作，委托它们进行这方面的研究。比如教育政策研究所2005年发表了一份相关报告；该报告称，与传统城市公立学校相比，KIPP学校在数学和阅读方面取得了"巨大而显著的进步"；2006年SRI国际的一份报告称，湾区5所KIPP学校的学生在标准化测试中的得分明显高于周边公立学校的学生成绩。

这两项研究都提出建议，让KIPP基金会支持开展一项多年的纵向研究，以显示全国各地的KIPP学生与普通学校的同类学生相比可以取得多大的进步。2008年，KIPP获得了大西洋慈善基金会的一笔捐款，并与Mathematica政策研究公司签订了协议，委托其进行相关研究。这项研究项目将KIPP学生与同类的非KIPP学生进行比较，最终将在格兰南、坎贝尔、罗斯坦和雅各布森等局外关注者的促进下，为正在进行的关于KIPP的教学影响的讨论提供更多的研究数据。与此同时，KIPP还在不断壮大，获得了更多的关注，也引发了更多关于其成功规模和重要地位的争论。

47.

教改实验室

随着时间的推移,教育人士之间关于KIPP的争论越来越多,其中也充斥着虚假信息和误解。因为谈论KIPP学校的人很少能真正看到现实中的KIPP。一些教师认为KIPP有多余的财政拨款是很不公平的,事实上,像大多数其他特许学校一样,在多数KIPP学校,学生得到的财政拨款额度会比普通学校少一些。一些批评者产生了这样一种印象,即KIPP会开除一切有问题的学生,然而,在大多数情况下,KIPP的学生开除率都远低于普通公立学校。在一些KIPP学校,比如旧金山地区的那几所,有相当多的学生曾一度遵从父母的意愿,从KIPP退学,主要是因为这些家长认为对他们的孩子来说,KIPP的标准太高了,但是与这些孩子很相似的其他学生在那里却表现得很出色。不管怎样,KIPP学校的领导还是想方设法向这些家长保证,他们的孩子会得到很好的照顾,辍学人数已经下降了。

几乎所有的KIPP学校都没有工会,对于一些教师来说,这是另一个痛点。KIPP教师的工资要高于那些有工会的学校教师的工资,因为他们工作时间更长一些。许多KIPP的批评者对特许学校(不仅限于KIPP)的普遍增长态势感到非常不满,他们认为这会耗竭普通公立学校的资源。正如罗斯坦和雅各布森在他们的研究调查中得到的结果那样,一些批评者也认为,与周边社区的其他学生相比，KIPP学生在家庭背景方面更具优势。许多KIPP学生的父母和祖父母都比较关注子女和孙辈的学业进步，并因此而选择KIPP，但很少有数据证明他们与普通学校孩子的父母和祖父母之间存在多大的差别。很多KIPP学校的老师也曾在普通学校工作，他们表示在KIPP遇到的家长与普通学校的家长没有什么两样。有些家长会配合并支持学校工作，有些则不然。这些老师表示，重要的是教师对学生的关注，以及每一所学校的成功所赢得的家长信任。

有些证据显示，KIPP学生在刚进入KIPP学习之时，可能并不具备真正的家庭优势。与普通学校相比，KIPP教育体系让家长承担的责任更少，而不是更多。KIPP学生的家长每天下午3:00到5:00可以享受两个小时的免费托管服务。如果他们的孩子上的是普通学校，那么孩子就会在家多待两个小时。KIPP每隔一周的周六课程和为期3周的暑期课程也让家长轻松不少。对于许多美国家长来说，孩子家庭作业的辅导是一天中压力最大的时候，然而KIPP家长的压力就会小很多，因为KIPP的学生遇到任何问题，都可以打电话给老师。

无论KIPP家长的水平如何，当他们的孩子进入KIPP学校时，孩子成绩的提升与否和他们的关系将十分微弱。从学前班到四年级，大多数未来要去KIPP就读的学生在全国范围的测试中的得分均低于平均水平。从五年级到八年级，在他们进入KIPP学习后，他们中的大多数人成绩都能高于平均水平。在大多数情况下，在这些孩子来KIPP之前，他们的父母和家庭状况都很相似。只有在KIPP就读期间，他们的分数才显著上升。所以，将学生成绩提升的原因归功于家长，而非KIPP，这是很难令人信服的。

即便研究最终表明，KIPP的教学服务面向的是市中心贫民区内学习素养更高、家庭状况也并不太贫困的学生群体，KIPP学生的收获仍然是一项出乎意料的重大成就。这表明，大量低收入家庭愿意且能够受益于更具挑战性的学校，但在KIPP和其他类似的学校出现之前，他们是无法享受这些机会的。KIPP拯救不了市中心贫民区所有的孩子，但它可以帮助那些寻求更好学校的家庭，这是一个重大的进步。

仅仅观摩KIPP教师如何教学，就可以完美地诠释莱文和范伯格所缔造的教育传奇。许多年长的参访者表示，KIPP的教学氛围让他们想起了他们的母校——市中心贫民区以前的天主教学校；那里的老师热情而严格，他们对学生认真负责，背后的驱动力可不是每周的薪水。

对于那些没有机会看到KIPP实际教学的人来说，考试成绩是衡量这些教师产生多大影响的最重要指标。最新的KIPP数据显示，到目前为止，在22座城市28所学校，共有1400名学生学完了3年的KIPP课程，他们的阅读平均成绩从五年级初的排名前66%提升至七年级末的前42%，数学平均成绩从五年级初的前56%提升到七年级末的前17%。KIPP选择一千多名曾在KIPP就读4年的八年级学生作为样本，进行了相关研究，发现他们的阅读成绩从前68%上升至前40%。

这些数字非同一般。通常情况下，大多数低收入家庭的孩子成绩排名仍然比较靠后。大约80%的KIPP学生的家庭收入低到可以领取联邦午餐补贴。其他KIPP学生也差不多都接近这条贫困线。然而，KIPP学生达到的学业水平却跟富裕郊区的孩子不相上下。在对这些结果进行评判时，我们需要保持谨慎且清晰的头脑。这都是些片面的统计数据，可能会因各种条件的影响而"失真"。KIPP的老师每年对学生进行两次斯坦福成就测验，KIPP学生每年也会参加一次州考，这两项考试都有防止作弊和错误评分的措施，但也不能保证绝对的可靠。同时，那些在KIPP一直坚持到八年级的学生对KIPP的教学都是认可的，因此，他们可能比那些中途离开KIPP的学生更有学习的动力。而且，在过去几年时间里，几十所KIPP学校都取得了非常优秀的考试成绩，也大大减少了人们对KIPP考试成绩真实性的怀疑。

其他几所同类学校也采取了类似的方法，并取得了同等的成绩，这是对KIPP教师工作真实性的进一步佐证。这些学校的学生数量尚且不能与KIPP相提并论，但也在不断增多。这些学校机构包括Achievement First、YES、Aspire、Green Dot、Edison、Noble Street、Uncommon Schools、IDEA等等；它们共同致力于低收入家庭孩子的教育，施行高强度的小班教学。这些学校非常相似，以至于可以共用同一个教育标签，虽然尚且还没有人给它们贴过这样一个标签。利奥·林贝克三世（Leo Linbeck III）是KIPP的教育顾问，也是莱斯大学和斯坦福大学的管理专家，他将这些学校称为PHILO学校，即公共的（public）、有较大影响力的（high-impact）、面向低收入群体的（low-income）、开放性招生（open-enrollment）。

这些学校的领导大多三十多岁和四十出头，学校的老师也都是二三十岁的年轻人。一些关注KIPP和同类学校的观察人士疑虑，这些学校对年轻教师的依赖是否会适得其反，因为当他们开始养家糊口时，可能会寻找在岗时长更短的工作。认识到了这一点，许多KIPP学校设计了相应的工作时间表，减少教师在这种情况下的日常工作时间。他们还招聘了一些五十多岁的教师和学校领导，比如南布朗克斯的查理·兰德尔和杰瑞·迈尔斯。

几乎所有的KIPP学校都是独立的公共特许学校，这就是为什么他们的教师不必参加工会。工会基本上不怎么挑剔KIPP的毛病，一位全国工会领导人曾在全国KIPP顾问委员会任职。但随着KIPP规模的不断扩大，KIPP与工会工人的关系将会变得更僵。

KIPP与同类学校以及"为美国而教"项目之间的密切关系一直以来饱受争议。许多教育学院的教授并不喜欢"为美国而教"。在他们看来，不经过任何培训，赶鸭子上架，让那些没有任何教学经验的教师去低收入群体所在的学校任教，那里的教学质量本来就很糟糕，这样一来，更是雪上加霜。斯坦福大学的研究人员，包括"为美国而教"的批评家琳达·达林-哈蒙德，在2005年的一项研究中表示，休斯敦那些未经认证的"为美国而教"成员的教学效率低于持证上岗的正规教师。Mathematica政策研究公司2004年的一项研究显示，"为美国而教"的教师在数学教学方面的表现略优于其他有类似经验的教师。这一自相矛盾的研究并没有阻止"为美国而教"成为美国最受欢迎的研究生项目之一，但它的未来发展可能会对KIPP产生重大影响。

一些分析人士称，KIPP学校的运营成本过高，因为学校每天上课的时间更长，教师工资开支更大，旅行费用也更高。KIPP估计，每个学生的额外费用平均为1100至1500美元。到目前为止，学生的人均特许学校补助金或筹款可以覆盖这部分额外费用。范伯格认为，当KIPP学校的规模达到最大，以及当各州通过相关立法，在学生人均补助方面，对特许学校和普通公立学校一视同仁时，这些额外的成本就不复存在了。莱文指出，他的KIPP纽约学校对每个学生的支出低于该市普通公立学校。

在我看来，KIPP学校最重要的特点不是其规模、成本、教师的年龄或家长的助力，而是在学生没有取得进步时，他们愿意迅速做出改变。2007年8月的第一周，我参加了在亚利桑那州斯科茨代尔举行的KIPP学校峰会，想要趁着KIPP学校的教职员工都聚到一起时，一睹KIPP学校的面貌；我在这次峰会上很清楚地看到了这一特点。

会议室外的桌上摆放着简单实惠但种类丰富的食物——薯片、玉米片、果汁、汉堡和墨西哥烤肉卷。大约1200名教师参加此次会议，他们身穿五颜六色的KIPP T恤和马球衫，自豪感溢于言表。他们知道在所有公立学校组织中，KIPP在提高低收入家庭孩子的成绩方面做得最好，但他们对自己的工作成就还不太满意，这一点令我印象深刻。峰会上的所有演讲、座谈会和培训会议的主题都是为了能够做得更好。

格兰南和坎贝尔指出的KIPP加州学校学生的流失问题是一项热门话题。KIPP基金会发布了一份关于受五年级学生流失影响最大的湾区学校的详细报告。例如，在奥克兰的KIPP引桥学校，2003年共有87名新入学的五年级学生，其中，有32名学生后来搬离了该地区，30名学生的父母出于其他原因决定让他们离开KIPP。另外22名学生回到了普通的公立学校：由于KIPP学校开学前最后一刻的突发变动，他们发现KIPP学校距离他们的家比预期的要远得多。其中9人是因为不喜欢较长的在校时间，13人是因为KIPP希望他们在五年级留级。

KIPP引桥学校的校长大卫·凌（David Ling）说，当他告诉家长们留级可以帮助孩子达到年级要求的学习水平时，家长们经常会说，他们认为自己的孩子已经比较优秀了，让孩子回到普通学校就可以成为学习的佼佼者。这是"美国偶像"式的一个时刻，让人想起那些实力较弱的歌手，他们坚称自己会赢，因为他们的亲戚和朋友多年来一直告诉他们，他们有着很棒的嗓音条件。其他KIPP学校正在尝试新的方法来解决这个问题。

巴尔的摩的KIPP学校实行了一项快速阅读计划，为所有阅读能力低于二年级水平的五年级学生提供帮助。该计划从一开始就告知家长，这些孩子可能需要5年时间才能达到八年级的水平。这是很正常的事情。如果学生不喜欢这项计划，他们可以随时选择退出，大部分孩子都坚持了下来。在他们上五年级的第一年，他们每天花3个小时阅读。巴尔的摩KIPP学校的执行董事杰森·博特尔（Jason Botel）表示，等到五年级第二学期结束时，这些孩子已经做好了上六年级的准备。在这几十户家庭中，每年最多只有一两户会将孩子转回普通公立学校。

KIPP学校领导人的新教育理念在峰会上吸引了大批观众。这是一场由KIPP基金会赞助的世界级写作项目，进行为期一天的展示活动，活动主持人包括北卡罗来纳州加斯顿KIPP中学的英语艺术专家卡莱布·多兰、休斯敦原KIPP中学的埃利奥特·威特尼和印第安纳州加里市一所新KIPP中学的贝丝·纳普尔顿。展示期间，全场人山人海，摩肩接踵，热闹非凡。除了范伯格和莱文之外，威特尼是唯一一位参加在芝加哥费尔蒙特举行的KIPP扩张启动会议的KIPP教师。费舍尔出资的第一份资金用于3位校长的培训，多兰就是其中之一。

他们对KIPP的写作课程不太满意，选了一份七年级学生就埃利·维赛尔的著作《夜》写的作文作为样本："在小说中，父亲为了保护埃利，没有告诉他发生了什么，这样他就不会害怕了。当他的父亲说他被打中了，埃利就搬过去和他一起住，并尽力保护我们（英语原文时态错误，原文如此）。这表明他是在保护。"他们在网上找到某私立学校九年级的学生就罗伯特·弗罗斯特（Robert Frost）的诗歌《设计》（Design）所写的一篇文章，并将其与KIPP学生的这篇文章进行了比较："说话者关注塑造自然世界的外部力量，引导读者考虑其他的可能性，即人类自己将意义和形式强加于自然，弗罗斯特非常刻意地将意义和形式强加于这首诗，这是诗人着重强调的一种表达方式。"

KIPP老师齐聚一堂，现场有观众提问，问KIPP学生是否真的只需要两年时间，就能达到私立学校学生的水平。"如果让我来教，当然可以！"一位老师回答说，语气中充满了干劲。大多数观众一致认为，如果要实现这一点，他们必须在批判性思维、复杂的句法和词汇教学方面做得更好。

对于这些教师来说，KIPP学校就像是一个小小的"实验室"，他们有很多提高成绩的好点子，多数都可以在这里实验。他们体会到了范伯格和莱文当初的那种感觉。随时尝试新方法，帮助孩子学得更好，没有什么比这更美妙的事情了。如果不奏效，他们还可以另辟蹊径。

48. 鲍尔与雷夫老师

嗓音低沉的教育家哈里特·鲍尔曾拯救莱文和范伯格于课堂教学之水火之中,她后来创立了自己的教师培训公司——哈里特·鲍尔企业公司。到了2008年,公司的培训业务已遍及乔治亚州、纽约州等18个州,当然也包括得克萨斯州。

鲍尔公司的培训效果非常好,经常会收到一些忠实客户的再次邀约。她的"全身参与"小学教学法吸引了很多校长,让老师们在学习节奏的同时,也可以得到良好的身体锻炼。她的网站harriettball.com将她的歌谣、游戏和练习册转化成了专业的教育用语,像她这样的教育顾问需要重视教育术语的表述。该网站讨论了"多感官教学",并引用了哈佛教育心理学家霍华德·加德纳(Howard Gardner)的研究成果,特别是他对触觉-动觉智力重要性的看法。网站上说,鲍尔的助记口诀可以让学生"建立长期的记忆,提高了他们将所学知识轻松转化成更高层次思维的能力"。网站上写着:"我们的使命:不让任何一个教师或孩子掉队。现在轮到你了,你将怎么做呢?"

鲍尔提醒网站访问者,"她的教学方式是针对那些没有数学学习意愿或在任何基础学科领域学习困难的学生倾力设计的"。并向学员解释道:"数学是抽象的，到处都是规则。规则之内也有规则，孩子们不知道它们是什么意思，所以会变得灰心丧气，从而放弃数学。试着从他们已经熟悉的、具体的东西入手。就像收音机会一遍又一遍地播放一些歌曲，你可能很讨厌这些歌曲的歌词，但你却记住了它们。"

学术专家证实她的做法是正确的。马里兰大学数学教育专业的副教授帕特里夏·坎贝尔表示，学生需要理解乘法，并知道何时使用，这样，他们才能熟练掌握数学。如果学生记不住知识性的内容，就很难达到熟练掌握的程度。精准学习体系公司（Accurate Learning Systems Corp.）2007年的一项研究表明，在全国五年级学生当中，只有不到20%的学生会背乘法口诀。坎贝尔说，这种方法（如鲍尔的咏唱学习法）的要诀之一是，"孩子们喜欢它，才会去记，然后再去应用"。

鲍尔在休斯敦北部一个富裕的郊区拥有一座大房子。朋友很多，且跟她以前的徒弟莱文和范伯格也保持着密切联系。她经常参加KIPP的培训课程和夏季峰会，尽管事业如此成功，还是会想念自己的学生。2007年，她减少了外出的频率，开始计划建立自己的特许学校。她选择了休斯敦北部一个名为埃克斯·霍梅斯的低收入社区。学校将包括2至5年级，再加一个教师培训中心，这样，她就可以邀请其他教育工作者来校观摩教学。

鲍尔计划每个年级先招收30名学生，然后再逐渐扩充人数。尽管她右腿有一根神经受迫，去稍远一点的地方就要坐轮椅。她不觉得这是个问题。"带我进去吧，"她告诉一个朋友，"他们想要的是我的思想，我不用腿也能教。"

到了2008年，雷夫·艾斯奎斯成了美国最有趣且最有影响力的公立学校教师，也是一位畅销书作家。他的第一本书《没有捷径》（There Are No Shortcuts）是一本短篇幅的自传，反响很不错；第二本书《第56号教室的奇迹：让孩子变成爱学习的天使》(*Teach Like Your Hair's On Fire: The Methods and Madness inside Room 56*) 轰动一时，他也因此登上几份畅销书的榜单。这本书被翻译成了多种文字。他经常外出演讲，但仍然会在每天早上6:30到达霍巴特小学。同时看到有几个学生一大早就在那里等着上他的思维能力课。他会一直在学校待到晚饭时间；就算周末或假期，他也常常出现在56号教室，帮助以前的学生准备SAT考试和大学申请材料。

2006年初，那是很普通的一天，56号教室里有40名学生，其中有几位返校的校友。艾斯奎斯的五年级学生在教室排练莎士比亚戏剧，练习音乐，阅读和讨论《杀死一只知更鸟》的部分内容，还玩了一种名为"嗡嗡"（buzz）的游戏：全班同学数到一百，艾斯奎斯依次指向学生，如果下一个数字是质数，学生必须说"嗡嗡"（buzz），不能说出那个数字。

和往年一样，他教学生打棒球，逐步进行精准的练习，就像教他们拆除炸弹一样。他还开展了"青少年作家"项目，每个参加该项目的学生要在一年的时间内写一本书。他在班里施行完整的经济体系，继续让学生学习令人啧啧称奇的金融法则，涉及工资、租金和许多其他现实世界的复杂情况。

他与莱文和范伯格的关系起起伏伏，时好时坏。忽略掉KIPP的一些缺陷，对于想要来看霍巴特莎士比亚剧团（Hobart Shakespeareans）演出的KIPP学生和老师，他始终表示欢迎。看到两位弟子在教育之路上取得如此大的成就，他由衷感到自豪。

妻子芭芭拉会时不时地纠正他做出的一些不切实际的决定。他的4个孩子也同样会提出建议。其中一个孩子名叫卡琳，是一位内科医生，她告诉父亲，刚才他很自豪地向她展示的一堂课可能是她见过的最糟糕的科学课。

因此，他调整实验室的器材，方便10岁的孩子使用，让科学课达到女儿的标准。他总是会想方设法去改进教学。一些人对他的做事方式感到困惑，他们很难理解他那种倾情的奉献，但很显然这种付出对他和他的学生都卓有成效。

49.

KIPP校友

瓦妮莎·拉米雷斯在主教高中读高一时,惊讶地发现校长爱德华·C.贝克尔(Edward C. Becker)竟然认识她,经常来看望她和她的朋友露皮塔。这两个女孩当时还在艰难地适应新学校的教学环境,她们正在为完成家庭作业而苦苦挣扎;在这所学校,她们没有老师家里的电话号码,也不允许晚上给老师打电话。但是,贝克尔说她们表现得很棒。"我已经跟你们的老师谈过了,"他说,"他们说不敢相信你们竟会如此地成熟懂事,与这里的其他孩子相比,你们可懂事多了,很懂礼貌!"

这时候,她们意识到,即便在一所与KIPP完全不同的学校里,她们以前在KIPP所学到的价值观也倍受认可。在她们的行为习惯养成时期,范伯格和莱文担任她们的老师,她们自然而然地就会集中精力学习,坐直身体,主动提问。即使是在一所重点私立学校,如果没有其他人参与,九年级学生也不会热衷于在课堂上积极表现,瓦妮莎和露皮塔是为数不多的两位愿意积极表现的学生。

吉玛·波拉斯是瓦妮莎在伯班克的一位朋友,她之前并不是KIPP学生;在瓦妮莎回到KIPP后,她也跟了过去。她当时在另一所私立学校就读,打电话说她发现了一个面向高中三年级学生的留学项目,令她很是兴奋。项目地点在西班牙的萨拉戈萨，她们将要与寄宿家庭住在一起，这样可以提高她们的西班牙语水平。瓦妮莎征得了母亲莎拉·拉米雷斯的初步同意，但莎拉确信如此高端的项目不会选中她的女儿。贝克尔表示瓦妮莎在主教高中的奖学金可以支付留学的学费，莎拉这时候有点慌了。她问女儿："也就是说，你真的提交了申请？"

"是的，妈妈，我要去参加这个项目。"

正如瓦妮莎所料，她的母亲打电话给范伯格。好在瓦妮莎对此早有准备。瓦妮莎告诉范伯格，这是自己想做的事情。她的态度很坚定，就像他经常对她那样。虽然范伯格缺乏为人父亲的一手经验，但他也知道"儿大不由娘"，孩子长大了，家长必须要倾听孩子的意见。

"您觉得她可以去参加这个项目吗？"瓦妮莎的母亲向孩子曾经的老师问道。

范伯格回答："呃，我对此也有些担心，但是我确定这有助于她的成长。这看起来是一个不错的项目，所以，让她去吧。"

在去萨拉戈萨参加留学项目的学生中，只有她和吉玛是拉美裔。其他学生都来自非拉美裔的中产阶级家庭。她们在萨拉戈萨度过了美好的一年。莱文曾去看望过她们，对她们的成熟蜕变很是惊讶。当瓦妮莎回到学校读高中四年级时，她对主教高中的态度已经和之前截然不同了。她再也不担心会遭到种族歧视了。她拿到了几所大学的录取通知，并决定去洛杉矶的西方学院，这是她走出得克萨斯看世界的又一步。西方学院风景优美，筛选条件很严格，但也有其不足之处。其他大多数拉美裔学生的家庭都很富裕，对她在这个社区的成长经历知之甚少。一开始，她主修的专业是商务和管理经济学，后来对教育课程产生了兴趣。她的导师却建议她学社会学，因为他认识的其他拉美裔学生主修的专业都是社会学。难道这个专业对她不够适合吗？而瓦妮莎拒绝了导师的建议。

2006年大学毕业时，她意识到自己乐于关注孩子的学习方式，或许凭借这一点，她可以在不断壮大的KIPP学校谋得一份差事。她在华盛顿特区的KEY学校工作了一年，参与了"从KIPP到大学"（KIPP to College）项目。该项目旨在联系KIPP的初中毕业生，并帮助他们在高中期间顺利通过大学的招生流程。她搬回了休斯敦，担任"从KIPP到大学"的项目负责人，帮助从KIPP毕业的学生申请心仪的大学。她成为了KIPP校友会的一名管理人员，该协会帮助像她这样犹豫不决的KIPP校友，将他们在各式各样的中学以及新的KIPP小学和高中所学到的价值观应用到一个更广阔且更具挑战性的世界。

她认为自己欠了KIPP很多人情，同时也为KIPP做了一些事情。早在读初中时，她就是一位勤俭节约的女孩，她在KIPP学校每周都能挣到更多的"工资"，却没有兑换出来。如果KIPP商店里的商品定价不合理，比如一件T恤卖300"KIPP元"，她仍然会提出强烈的反对意见。工资支票的点数可以帮助学生赢得研学旅行的机会，但是，老师们却从未从那些参加研学旅行的学生"账户"中扣除过相关费用。

瓦妮莎现在已成年，拥有大学文凭，对个人理财有着坚定的看法。她估算了一下，自己的KIPP账户里有1087"KIPP元"，这些钱就在某个地方。范伯格的新总部大楼位于休斯敦西南部，8号环城公路附近，周围有一些仓库；在这里工作，瓦妮莎有的是时间在各个办公室里闲逛。她会找到那些"工资"的。

在准备离开圣马克学校时，多米尼克·杨认为自己犯了不可饶恕的重罪，虽然事实并非如此。莱文对此痛心不已，他大声咆哮着，对着她一通诉说，说他对她有多么失望，她静静地听着，哭了起来，觉得自己的生命已然终结。她告诉莱文自己看不到任何前行的方向。"你不用担心这一点，"他说，"你现在要担心的就是我跟你说的这些话。"

她的母亲在华盛顿特区外马里兰州坦普尔山有一处新的住所，莱文把她送到了那里，就开始出去忙活，想办法帮助她重回正轨。他去巴尔的摩北部的一所私立女子学校——欧菲尔姿高中（Oldfields）——打听情况，为她在那里找到了一个地方。那是2003年的1月份，原来的学校不允许她正常毕业。她不得不在第二个学期复读。莱文帮她搞定了学费的事情，并说服她的母亲在文件上签了字。当多米尼克对上女子学校表示担忧时，她发现莱文还很生气，说起话来跟她想象中父亲的样子一模一样。"我不管这些，"他说，"都定好了，你得去。"然而，很快她就发现自己爱上了欧菲尔姿高中。在那里，女孩们无须因为男孩的存在而刻意打扮自己，也不再有性别权利的斗争。她的成绩上去了。她的SAT考了1220分，被马里兰大学帕克分校（University Of Maryland At College Park）录取。

她的母亲很高兴大女儿就在附近上大学，也从中看到了一些消弭已久的家族振兴的希望。她告诉多米尼克网络真人秀节目《打造乐队》（Making the Band）第三季正在海选试镜，本季由吹牛老爹P.Diddy（原名肖恩·库姆斯）担任主持人和评委。多米尼克通过了试镜，出演了10集的节目，并展示了自己最佳的歌喉和最敏捷的才思。她把自己描绘成一个坚强的布朗克斯居家女孩。当被问及所有参赛者都必须在中央公园跑马拉松时，多米尼克在电视里评论道："我在哪儿也不跑，除非有人追我。"她艰难地撑到了节目的最后，由于糟糕的舞技，被库姆斯淘汰出局。她已经有了相当大的名气，并找到了一位经纪人，开始在华盛顿地区各地的俱乐部里唱节奏蓝调，同时还在攻读她的传播学学位。

她将自己的音乐理想说给莱文听，莱文的反应让她很惊讶。他说："你还很年轻，给自己3年的时间，去搞音乐吧。"他当初就是这样开启了自己的教学生涯，仅凭着对教学的兴趣，并不知道自己是否能教好。前3年对他的教学生涯意义重大。

"勇敢试错，"他告诉她，"即便成功不了，或是一败涂地，也不要因此而沮丧。你还很年轻，有大把机会去做这些事情。"

50.

高个子老师

在33岁那年,尼基·蔡斯放下工作,开始享受一段惬意的长假。从密歇根州毕业后,她就一直担任市场营销和公共关系主管,在职场一路高歌猛进。蔡斯的父母都是公立学校的教师,她是家里的独生女,从小在密歇根州的马斯基根市长大,在一所小型基督教学校上学。她惊讶地发现自己的生活还是很富足的,决定花一年时间去拉丁美洲和爱尔兰旅行。古根海姆博物馆距离她在曼哈顿东区的公寓住所很近,她也可以去那里参观。2005年5月初的一个晚上,她在东村一家名为人民酒廊的餐厅参加速配约会活动。

这是她第一次参加这类活动。她的朋友艾德里安也在cuid.com上报名了,她告诉艾德里安:"我要去找一个信仰基督教的好男人。"在当晚的非裔美国人速配环节,她在一个多小时内会见了12名男士;后来,活动主持人告诉她多元文化专场还有一些空位。多元文化专场欢迎所有族裔的嘉宾共同参与。

她又留了下来。那天晚上,她玩得很开心。当一位非裔男性得知她的年龄时,对她说:"如果你遇到心仪之人,你会觉得自己必须马上结婚生子吗?我不知道自己是否喜欢那样。"她听后付之一笑。其中一位亚裔男士坦言:"如果我带一个黑人女孩回家,我妈会疯掉的。"

到了晚上9点左右,她已经见了四五个不同族裔的男士。后来,一位深色卷发的高个子白人男子坐在了她对面。他长相可爱,像是个大男孩,是她喜欢的类型。他们说起了她的旅行。当时她正在休假,觉得这是一个不错的话题。每次速配约会的聊天时间都很紧张,只有6分钟,时间一到,会有铃声提示。前面几次约会所讨论的尽是些办公室琐事和与职业地位相关的话题,让她感到很无聊;旅行相关的话题让她从这种无聊中解脱出来。过了好一会儿,她才知道那个徽章上写着大卫·莱文的高个男人是个老师。

"噢,那太棒啦,"蔡斯说,"我妈妈也是老师,爸爸也是一名教育工作者,我也有几个做校长的堂兄弟。我是教育世家出身。"

莱文又冲她温柔一笑。作为一名典型的数学老师,莱文酷爱钻研难题,他注意到了蔡斯的全名:钱达·尼科尔·蔡斯(Chanda Nichole Chase)。

"你名字里的每一个单词都有'ch',"他说,"你妈妈是特意这样取名字的吗?"

蔡斯以前从来没有想过这个问题。她喜欢好奇心强的男人。铃响了,6分钟约会时间结束。她很惊讶时间怎么过得这么快。于是在自己的纸板上写下了莱文的名字和徽章号码,并另写了一张纸条,帮助自己记住莱文的样子:"长相可爱的高个子老师。"

这也是莱文第一次参加速配约会活动。前几天,他一直在和一位年长些的波士顿女士通电话,他认识这位女士,他认为她应该经常出去走走。为了激励她,便提议两人一起尝试速配约会,然后向对方汇报各自的表现。那位女士退缩了,只有莱文坚持了下来。

他寻思着,当自己在网上寻找速配约会的地方时,是否应该多花些功夫去结识犹太裔的女性。在那之前，他的约会偏好一直是出了名的多样化，这也是朋友们的一大谈资。他大学时的女友是华裔。之后，他也有过几段感情经历，恋爱对象包括几位黑人女性。在其中一段感情期间，莱文曾告诉范伯格，他的新女友在各方面都堪称完美，只有一点除外。

"哪一点呢，莱文？"

"她讨厌白人。"

所以，他想是时候去结识几位犹太裔女性了，但他并不想操之过急。他在cupid.com网站上报名参加了多元文化专场的约会活动，姑且去尝试一下。多元文化专场也会有犹太裔的女士参加。

尽管蔡斯宣称打算找一个与自己信仰一致、族裔相同的男士，但是，当她收到邮件，确认莱文是选中她的5位男士之一时，她还是很高兴。在恋爱方面，她比较传统，等待着这些男士联系自己。几天过去了，还是没有那位长相可爱的男士的消息。她失望了，但毕竟她有一些恋爱经验，心里也有数。又过了几天，远超出了她的预期，她收到了莱文的一封电子邮件。如此姗姗来迟的邮件可能会让她大为恼火，莱文的借口却非常巧妙。经不住他的一再坚持，她最终接受了他。莱文解释说自己第一时间就发邮件联系她了，只是他发的那封邮件发送错误。

邮件内容如下："如果我没能领会你的暗示，而你故意忽略我的第一封邮件，那么请忘记我曾经发送过这封邮件。然而，如果我的第一封邮件发错了地方，或者最后成了垃圾邮件，请告诉我一声。我想见见你。"

第二周的周一晚上，他们在一起共进晚餐，周五晚上开始了第一次约会，后来在阵亡将士纪念日那天进行了长达9个小时的马拉松式约会。莱文还是一贯的衣着风格：西裤，衬衫不打底，也不打领带，外加一件运动夹克。她穿着蓝色的李维斯牛仔裤,搭配各式各样的上衣。她喜欢打趣他,会当面假装质问他,在哪里上的大学。"耶鲁大学生,是吧?"她说,"别忘了我上的可是赠地大学①,不要太骄傲,好吧?别紧张。"得知他是在第八十一街和公园大道附近长大的,她又开始逗他了。"记住,"她说,"我来自密歇根州的马斯基根。别嘚瑟。"

他喜欢被这样打趣。在他看来,她的微笑就是一种纯粹的喜悦。而在她看来,他有着坚韧不拔的意志。她心里想,他是如此地脚踏实地。蔡斯在高中时曾是短跑运动员、跳远运动员和啦啦队长,莱文提到自己也有一些运动细胞。但很久以后,当她终于看到他打篮球时,着实吃了一惊。

他打得太好了。她告诉朋友们,那是她看过的"白人男孩也能跳起来扣篮的精彩时刻之一"。

在他们第二次约会时,他们边走边相互打趣,他走在马路上,身高一米七的蔡斯走在马路沿儿上,待两人的肩膀平齐之后,他瞅准时机,主动出击,成功地吻了她。她没有反抗。

蔡斯非常中意莱文,根本没有任何防范的意识,所以当时反应也很迟缓。直到他们第三次约会,也就是在阵亡将士纪念日那天,她才问他是否进过"局子"。他说没有。到了他们第四次约会,她上网查了莱文的资料;她这样做,只是因为当她问及他的工作时,他的回答听起来有些怪异。莱文告诉蔡斯自己在布朗克斯从事教师的工作。蔡斯进一步调查相关信息时,得知他工作的那所学校叫KIPP。他说:"我可以说是一名教师,也可以说是

---

① 19世纪60年代,美国国会为了应对工业革命的发展,于1862年通过了莫里尔法案(*Morrill Act of 1862*)。根据该法案,联邦政府将联邦控制的土地赠与各州,各州用变卖这些土地得到的资金来资助大学或学院,这些大学就叫作赠地大学。——译者注

一名管理者。"这位来自教育世家的女性并不相信这种说辞。她说:"我对公立学校有足够的了解,我知道这是不可能的。""你不可能既是教师,又是管理者。"

"呃,实际上,我是这所名为KIPP的学校的创始人,布朗克斯现在共有4所KIPP学校。它们都是特许学校,我之前告诉过你的。"

"那很棒啊。特许学校确实很不错。"

"我还在做教学工作,但同时我也是这4所学校的负责人,因为这些学校需要管理者。"

他们不再谈论这个话题,但蔡斯一到家,就跑到电脑前,搜索了KIPP和大卫·莱文相关的信息。第一条是C-SPAN布莱恩·兰姆对莱文的采访。哇!蔡斯心想,公关专家啊。这所小学校一定大有来头。她开始阅读采访的内容。嗯……她查看了KIPP的网站。这位长相可爱的高个子教师已经与他人共同创办了40所学校,遍及全国13个州。

她打电话给他。"这么说你是老师喽,是吗? 得了吧你。"蔡斯的父亲对莱文很是佩服。蔡斯的母亲在阿肯色州小石城的一所小学教书,她开始在教师休息室里播放C-SPAN采访莱文的视频。"看,这是我女儿的男朋友。"她说道。这段关系超出了蔡斯原先的计划。她原先只是想找一找乐子,并不打算寻找一生所爱。但是,渐渐地,她发现自己不再回其他男士的电话,而是会花更多的时间与莱文待在一起。他们两人平时都比较忙碌。她当时正在处理更大的咨询业务,重新回到了忙碌的工作节奏。他仍然在经营着4所学校,主导着新KIPP校长的培训工作,同时还建立了一所新的教师培训机构。

但是他们的关系却变得更亲密了。两人都事业有成,也都能够很好地把握自己的未来。两人的交往可以让他们稍微喘口气，更多地关注生活的其他方面。蔡斯见了莱文的家人。莱文的兄弟姐妹都已成家，只剩他一人落单，所以他的家人总是很关注他身边的年轻女性。莱文去见了蔡斯的家人，也去马里兰州拜访了她的叔叔蒂米。莱文刚喝了一口啤酒，蒂米叔叔突然问他："听说，你是犹太人。"莱文又喝了一口酒，靠在椅子上。"是的，但是我们可以这样来看待这个问题。"他的女朋友微微一笑，"我们对《圣经》第一卷的观点是一致的。"

他们谈到会按照犹太教和基督教共同的传统抚养孩子。她知道莱文对他学校里弱势群体的孩子很有责任感。这也是她最喜欢他的特点之一。2005年9月，她陪他参加了一个为卡特里娜飓风受害者举办的慈善活动。KIPP的交响乐队进行了演奏表演。莱文发表了讲话，这也是她第一次听到他在公共场合致辞。她听得很认真，他的讲话很对听众的胃口。他让房间里的所有人都能感觉到爱意。这种能力令人惊叹不已。她被征服了。那就这样吧。

莱文在生活中要扮演各种角色，他是教师，也是管理者，是导师，也是许多努力考入并读完大学的学生的朋友，她可以忍受他这多重混乱的角色特点。他每天会花几个小时坐在自己那辆黑色的本田讴歌里，去探访学校，去家访，会见捐赠人，去参加各种会议。在车里，他旁边总是放着手机和掌上电脑。车载录音机里放着一盘磁带，轻柔地播放着都市音乐，他和他的学生们都很喜欢这种音乐。当莱文把车开进一家快餐店（或许是布朗克斯KIPP学校附近的麦当劳）的免下车窗口时，他就会摆出大卫·莱文的典型动作：一只耳朵上放着手机，眼睛盯着掌上电脑，他一边开车，一边点餐；他通常会点一个汉堡和一大份薯条，然后一边开车一边吃饭。

他向蔡斯解释了他的"二次呼入定律"。他没有必要接听每一通来电。一来电话就接，会把人逼疯的。貌似每隔两三分钟，他手机上的雷格泰姆音乐的来电铃声就会响一次。但是，如果同一个号码连续两次呼入，他就不得不腾出手来接电话了。

阵亡将士纪念日那天，莱文出了点事情；他同时做几件事情的习惯或许可以在一定程度上解释这件事情。晚上11点半左右，他把蔡斯送到家，就往南沿着第二大道继续行驶，去见一位即将去上大学的KIPP毕业生。莱文随身带了一些钱给这个男孩，帮他开启大学生活。在六十七街，一辆警车把他拦了下来。他车上的一盏前灯坏了。警察问他要驾照和行驶证，然后又回来，让他下车。"你被捕了。"一名警察说。

"原因是汽车前灯坏了还上路行驶？"

"不，原因是你的驾照被吊销了。"

"不对，我的驾照没有被吊销。"

"电脑显示被吊销了。"

"电脑出问题了。"

尽管如此，他很快就被塞进警车的后座，手腕被铐在背后。情况不妙。在警车载着他去往第十九警察分局的路上，他意识到，作为土生土长的曼哈顿人，他注定要进中央拘留所了。节假日的周末，那里的人应该不少。他至少得在那儿过夜。

他的朋友范伯格在18岁那年就被捕过，在一次酒店的聚会中喝得醉醺醺的，被逮捕了，这几乎不值一提。莱文35岁了，他知道这又成了朋友们的谈资，自己下半辈子都摆脱不了这个"恶名"了。在警局，他恳求做笔录的警官不要将他送进拘留所。他说："我是老师。"那位警官一脸狐疑，什么样的老师会在大半夜带着750美元，开着车四处转悠，手机还响个不停？

但他还是让莱文打了几个电话，看一看在开往中央拘留所的班车出发之前，他能否找到人把他保释出来。莱文先打电话给哥哥亨利，然后又给苏珊·温斯顿打电话；在此之前，只有当他和分校的校长发生冲突时，苏珊才会出面帮他解围，把他从愤怒的校长身边"解救"出来。他们两人都及时赶到，将他保释出来。他在亨利的家里睡了一会儿。第二天就打电话给蔡斯。

"我只是想告诉你我昨天玩得很开心。"他说。

"我也很开心，"蔡斯说，"你睡觉了吗？"

"算是睡了吧。你昨天问了我一些事情，我告诉你答案是否定的，还记得吗？"

"啊，记得。"

"呃，我昨天晚上'进局子'了。"

她听他讲昨晚上的事情，越听越惊讶，听到后面松了一口气，最后感到有些好笑。那时她已经很了解大卫·莱文了，知道这是一个非常有趣的误会。她觉得和这个男人更亲近了，也算是给她的教育世家"添砖加瓦"了。

"是我让你倒霉了！"她说。

"怎么会？永远不会。"他说。

51.

KIPP教学法

到了2005年10月份,莱文在生活方面已经稳定下来,在他的一所新学校——哈莱姆的KIPP STAR大学预科特许学校——发生了一场危机。六年级的数学教学进行得不太顺利。新教师的表现没有达到学校的标准。几乎在所有的公立学校,大家只会觉得这是个小问题,推脱良久。莱文和KIPP STAR的校长玛吉·鲁扬–谢法却都在考虑是否要立即解雇这位老师,当时才刚刚开学3个月。

这位说起话来轻声细语的年轻教师是被力荐进来的。他看似很了解自己所教的科目,也很喜爱孩子。但是,他在班级管理和学习激励方面都很差劲。他教室里的过道乱糟糟的,学生也是一副心不在焉的样子。一看学生的作业,就知道他们没有达到KIPP对学生的基本要求。

在大多数城市学校,这样的教学失败是很难被察觉的,因为教学标准定得太低了,而且人们普遍认为,不能对这些贫困儿童寄予太多的期望。如果一位教师的教学问题太大,引起了校长的注意,校长会跟这位教师面谈,让他观摩学校里那些经验丰富的老师的教学,鼓励这位教师向老前辈求教,绝对不会考虑在期中这个节骨眼上解雇他。找任何人替代这位教师都是下下策。

通常情况下这位教师令人失望的表现可能会导致他在年终评估中获得较低的评分，而学校会要求他多学一些课程，希望他更加努力一些。在试用期结束时，如果仍然没有取得明显的进步，他可能会被解雇。但到那时，他已经教了3年的课了。在此期间，他班里的几十名学生无法得到充分的教学指导，他们别无选择，只能听之任之。等到了七年级以后，这些学生再想在数学学习方面取得成功就很困难了，他们就成了学校行政懒惰和糟糕聘任决定的牺牲品。

KIPP学校则与众不同。学生更长的在校时间可以让课程安排更灵活一些。KIPP学校紧锣密鼓地招聘最优秀的教育工作者，这种情形也意味着管理者，包括像莱文、范伯格和玛吉·鲁扬–谢法这样的校长，通常都具备出色的课堂教学能力；他们在必要时可以接管班级的教学工作。如果KIPP STAR的这位教师不能改进自己的教学，莱文和鲁扬–谢法打算将这个班交给学校的副校长；副校长拥有哥伦比亚大学教育学院的硕士学位。鲁扬–谢法和帮助莱文处理重大问题的杰瑞·迈尔斯一直在指导这位数学教师教学。一天，在这位教师的课快要结束的时候，莱文走进来，给他示范了一些教学技巧。第二天上午，莱文又来到他的教室，上了一堂完整的课。

在KIPP数学教师的小圈子里，莱文算是一位传奇人物，是他们中的许多人见过的最好的数学老师。鲁扬–谢法希望借莱文的声望来帮助这位年轻的教师，让他看到自己的教学能够做到什么程度。莱文曾观摩过六年级的课堂，他跟那位老师和鲁扬–谢法也谈过。他知道这位老师的绊脚石之一是一位喜欢捣乱的学生，那个学生身材瘦削，在耍小聪明和调皮捣蛋方面很有"天赋"，足以和范伯格的得意门生肯尼斯·麦格雷戈相"媲美"（像极了范伯格的得意门生肯尼斯·麦格雷戈）。STAR学校位于哈莱姆住宅区，是一座5层的砖砌建筑，那位年轻的教师在433教室，负责3个班的数学教学工作。当莱文走上教学楼，来到433教室时，他心里盘算着如何解决"绊脚石"的问题。

那位老师按照莱文的要求，让28个学生在走廊里排好队。莱文走到队伍前面，站在紧闭的教室门外。"请大家面向我，"他说，"现在开始。我看有位同学精力不太集中呢。"他停顿了一会儿。

"谢谢。今天我很高兴能回来，和大家一起完成我们昨天开始的课程内容。我们需要一分钟的时间，整理一下教室。"

那个11岁的"捣蛋鬼"被要求站在队伍的最前面，莱文伸出手来，碰了他一下，陪着他走进了教室，只有他们两个人。莱文关上了门，让其他学生和老师在走廊里等着，他要单独和这个男孩聊一聊。他和这个六年级学生握了握手。"嗨！我是莱文老师。还记得我吧，昨天给你们上过课。你对我不是很了解，但是如果你今天不听话，那可就不太妙了。你会喜欢和我做朋友的。你没有其他选择。"

他询问了一些关于那个男孩个人的事情，然后，让他帮忙重排桌椅，让过道更宽一些，桌椅排列更整齐一些。他打开教室门，欢迎大家进入教室，开始让学生做一些导入性的题目。"感谢大家。请回到自己的座位上，我们先来做前5道题。不要着急把材料放进活页夹里，最后统一放回。题目在黑板上，你们的作业单上也有，请独立完成。有什么问题吗？好吧。我看有位同学精力不太集中呢。"

他等了等。到了正式上课的时间了。"嗨，基普生们！"莱文微笑着跟学生们打招呼。

只有两个声音不太自信地回应道："嗨，莱文老师。"

"有多少人记得我上次跟你说话是什么时候?你们中有多少人记得我的名字?维罗妮卡?"

"莱文斯老师?"

"是莱文(Levin)老师。没有's'。发音跟数字'eleven'去掉前面的'e'发音相似。"

他又尝试着再次打招呼:"嗨,KIPP STAR!"

"嗨,莱文老师。"这次学生回应的声音大了一些。他要求学生们再回应一次。

"大家请注意,请帮我一个忙:如果你们在街上偶然遇见某个人,你们不会哼哼唧唧地叫对方的名字,对吧?你们不会说:'哟……怎么样?'"他用一种非常慵懒的语气说道,"你们要和别人打交道,所以我们要学会正常的互动交流。"

"嗨,KIPP STAR!"

"嗨,莱文老师!"

"嗨,KIPP STAR!"

"嗨,莱文老师!"

"很好,"他说,"已经不哼唧,也不拖拖拉拉的了。"

学生们比之前坐得更直了。这位老师很烦人,但是他很有活力。"好啦!我看到你们笑了,对吧?我们要一起度过接下来的30—35分钟时间。在这30到35分钟的时间里,我真的很想听到每个人的声音,包括所有不同的小组和个人。如果我知道你的名字,我会叫出你的名字,但如果我不知道你的名字,在你开始说话之前,请告诉我你叫什么,这样我就能知道你的名字了。这间屋子里有这么多漂亮的女士们和英俊的先生们,我至少应该知道你们叫什么吧。"

对莱文来说，一堂课就是每个孩子都参与其中的一场对话。他必须保持积极的态度，把这种积极的状态传递给他们。"非常好，非常棒，"他一边说，一边跛着步，"我很喜欢这种感觉。大家脸上都洋溢着笑容。你们知道吗，微笑可以让你的大脑保持清醒。你们不知道吗？当你坐直的时候，你就会微笑。你们的大脑就能吸收到氧气。当你的大脑吸收到氧气时，你就会变得更聪明，也会变得更好看，你们中的一些人真的需要更多地微笑。好啦！"

黑板上的问题涉及长除法。"沙米尔，42除以21等于多少？2。有不明白的吗？我看有位同学精力不太集中呢。2出现了吗？2乘以20等于多少？"

"40！"几个声音回答道。

"我哪个地方出错了，同学们？我在哪里故意算错了？"莱文问道。在黑板上故意写错是激发学生学习兴趣的惯用招数。为了让学生密切关注课堂动态，老师需要耍一些"花招"。11岁的孩子们都喜欢给长辈纠错。

"我听不到你们的回答。"他说。有几个声音指出了这个错误。"没错，就在这下面。2减0等于？""2！"学生回答道。

"棒极了。来做这道题，如果你能以20为一个间隔来数数，请举手。好了，如果你能以62为间隔来数数，请举手。没那么简单，对吧？但步骤是完全一样的。我们来看一看这个，我们要做一些笔记，你们就可以自己做了。"他采用了一种标准的激励方式，即挑战式激励。每个班级都是一个团队。他们喜欢与强悍的对手对战并将其击败，那种兴奋对他们很有吸引力。聪明的教师经常会说，他们提供的问题超出了其他学校的孩子的能力范围。

"你们当中有多少人喜欢鸡翅？"莱文问道，"点餐时有微辣、中辣和特辣三种口味,对吧?微辣、中辣和特辣。"他选择使用自己热衷的比喻方式。他的学生们似乎很喜欢这种氛围。"如果你想从'微辣'的问题开始,请举手。你们当中有多少人想要'中辣'?'特辣'呢?"

他从"中辣"开始。他点了几个"辣度"需求不同的孩子。有几个人的名字需要别人提醒他,但随着时间的推移,他能够叫出更多孩子的名字。没有人能够将自己置身于课堂之外。他在教室里不停地走来走去。"如果你没听懂,请举手。如果你觉得这道题比较简单,请举手。如果你差不多准备好自己做了,请举手。"

每个孩子都必须理解这个概念。他并不打算讲得过快。"如果你没听懂,请举手。请大家核对一下我的答案。请大家跟上我的进度。这个数字很重要。在这里,你们必须要注意。这个数字不能大于多少?这个数字不能大于多少?法蒂玛?"

她回答错误。他又点了其他的学生,还是没有答上来。"一步之遥,"他说,"请抬起头来。抬头看。下一道题,需要你独立完成了。看这个。我们说过要在9点前完成,现在马上就要到时间了。不过,你们已经很接近了。那么,来看这个。"

这堂课结束了,28名学生专心听讲且积极回应的时间超过了45分钟。他们似乎也可以和其他孩子做得一样好。班上那个"坏"孩子,即莱文重点关注的对象,也表现得像个模范生一样。那位年轻的数学教师做了很多笔记。他要多加几周的班了。然而,结果仍不尽如人意,鲁扬–谢法征得莱文的同意,将在学校给这位教师安排另一份工作,该岗位的要求不像六年级的数学教学那么高,也没那么重要。

第二年春天,纽约州对KIPP STAR六年级学生进行了评估测试。在78

名六年级学生中，73%的学生得分达到或超过良好水平，相比之下，哈莱姆区所有六年级学生的这一比例为45%，纽约州的所有六年级学生的这一比例为60%。

在这些KIPP STAR的六年级学生中，92%的学生来自低收入家庭，97%是非裔或拉美裔。KIPP的老师教导他们要倾听、思考和回应。对于大多数学生来说，这种教育方式是有效的。他们的老师在教学方面也遇到过很多难题，但他们却没有放松对学生的高标准要求。学生们将为七年级的数学学习做好准备，在KIPP学校，学生从七年级开始学习代数，比大多数美国学校要早两年。

52.

牢记220教室

2005年4月中旬，8位KIPP学校的新校长聚在休斯敦加西亚小学的操场上。他们是"费舍尔董事会成员"，培训的费用由费舍尔夫妇资助，资助金额最终超过了5000万美元。他们去年夏天学习了企业管理方面的内容，今年秋天将进驻KIPP学校实习。在冬季和春季，他们为新学校招聘教师并招收新生，新学校将在3个月后开学。

根据日程安排，他们可以在4月份腾出一周的时间彼此交流学习心得，也能有机会跟范伯格聊一聊。范伯格很高兴回到KIPP的诞生地，他已经将KIPP基金会的管理工作交给了斯科特·汉密尔顿。范伯格为人善良，他就如何开办或者是否开办KIPP学校给新校长们提出建议。他保持着在千钧一发的危难时刻"力挽狂澜"的记录。

范伯格认为他们这一周的相聚应该算是一项值得庆祝的大事记。经过一年的时间，校长们已经认真准备了一年。现在到了要收尾的时候，他想要庆祝一下，为什么不举行一个仪式呢？范伯格喜欢KIPP学校创造的各种仪式：开学日当天的信任授予仪式、"改过自新"的"问题学生"走下"门廊"的仪式以及优秀生获得"金券"的仪式。他想到了一个非常适合为"费舍尔董事会成员"庆祝的地方：加西亚小学的220教室。他和莱文完成

KIPP首年教学的10周年纪念日马上就要到了。他拿起电话，就开始筹划这件事。

不幸的是，在休斯敦独立学区，范伯格仍然是一个不受待见的人。他请求放学后在他原来的教室——加西亚小学的220教室——举行一个简短的仪式，遭到了学区的拒绝。既然这样，教室外面的走廊怎么样？不行。大厅呢？不行。操场呢？不行。一位熟悉休斯敦公园和娱乐部门规定的KIPP工作人员告诉范伯格，放学以后，公众可以自由进入所有公共操场，包括加西亚小学儿童攀爬架和橡胶操场。弗兰克·科克伦曾经在那里画过一幅世界地图，现在还在那儿。

范伯格安排了两辆面包车，载着13把折叠椅、8名董事会成员以及包括他在内的5名KIPP基金会官员前往北部的KIPP休斯敦学校。他很喜欢回忆那一年的时光，那是他和莱文共同度过的黄金时代。那时的他们多么年轻啊！二人带着激情和喜悦一起研究教学，而如今他们肩负重任和众人的厚望，再也找不回当初的那种感觉了。

在他看来，现在的"费舍尔董事会成员"就像当时的他和莱文一样。他们正在开拓创新，让新学校按照自己设想的方向发展。当范伯格起身讲话时，他抬头看了看220教室的窗户，想着莱文以及当时与他们在一起的孩子们。"我们在这里谈论这个话题很合适，"他说，"因为我为你们每个人感到骄傲。坦率地讲，你们是我的英雄。之所以这样说，是因为你们正在做一件了不起的事情。"

"过去我总爱开玩笑说，'知识就是力量，无知就是幸福'。我现在为大家所取得的成就感到骄傲，然而每一天都是崭新的一天。我们一边在'开飞机'，一边在'造飞机'，真的不知道前方有什么在等着。"

"最开始莱文和我就在那栋楼里上课,我可以给你们指一指窗户,就在那个角上。如果当初我们能未卜先知,我不知道是否还能够像今天一样成功,想想都觉得心有余悸。如果当初我们知道,这条路上会如此多疯狂的事情要去做,我们还能坚持下去吗?我想我们是可以的。因为从来都不曾有机会做出其他的抉择。"

他触景生情,有感而发。并深吸一口气,尽量让自己保持平静。"现在不再是一间教室的事情,也不再是一所学校的事情。你们与孩子们一起将要做的是一项杰出的事业。请大家将这一点融入到每个人在每个学校所做的事情当中。

"在此,祝贺你们。很高兴我们能相聚在这里,看一看我们的源起之地,想一想我们将去向何方。"

在"费舍尔董事会成员"当中,有5名男性,3名女性,4位黑人,4位白人。都是二三十岁的年轻人。像莱文和范伯格一样,他们会发现,由于贫困和绝望的拖累以及市中心贫民区师资力量薄弱,再加上家庭不良环境的影响,他们的五年级新生在阅读和数学方面处于全国后三分之一的位置。经过一年充满爱心和紧张有序的教学,给予每个孩子所需的额外学习时间和适当鼓励,他们的第一批五年级新生的阅读和数学成绩会大幅提高。在第一年时间里,这8位校长都可以将自己学生的每一项测评指标提升至少10个百分点。在很多情况下,这种提升会更大一些,甚至可以达到60个百分点。

在每一所学校,他们都会为那些决定明年不再返校的学生而担忧。他们也会因为那些跟不上教学进度的学生而苦恼,这些学生不得不留级,重读一年五年级。他们将会见到自己团队的老师。他们会探讨各种不同的教育教学方法，为新学年做好准备；他们要努力做得更好，不去听信别人的夸辞，不能忽略班里那些尚未取得长足进步的学生。

像范伯格和莱文一样，他们也将期盼下一个学年以及下下个学年。他们会拥有自己非同寻常的一年，尝遍其中的酸甜苦辣，有惊吓，有疲惫，也有兴奋；他们将拥有自己的"220教室"的教学经历；范伯格在加西亚小学操场上这番语重心长的话，将让他们受益良多，留给他们日后慢慢体会。

完美收官

迈克·范伯格和科琳·迪佩尔于2001年结婚。迪佩尔很不开心，因为她要搬回她称之为"酷热地狱"的德州休斯敦。但范伯格认为那是最令他开心的地方，他待在休斯敦对KIPP发展也是最好的选择。他们需要组建一个家庭，如果他总是来回奔波，家庭关系就很难维系，所以她妥协了。2005年，范伯格与他的两位商界高管朋友肖恩·赫维茨和利奥·林贝克共同制订了一项总体计划：2017年，将休斯敦的KIPP学校扩充至42所。到了2008年，他们共筹集资金6500万美元，创下特许学校的资金募集纪录。

在斯科特·汉密尔顿接任KIPP基金会首席执行官后，全国KIPP学校的数量继续增长。在很多教育记者看来，这种"连锁经营式"学校一旦摊开大饼，其教育成效将日渐式微；然而，令他们惊讶的是，几乎所有KIPP学校的成绩都和范伯格及莱文的前两所学校一样好，有时甚至是青出于蓝而胜于蓝。有人认为低收入家庭的孩子无论怎么努力，都学不了多少东西，KIPP学校的成功无疑是对这一错误观念的一记重击。

2005年10月的一天早上，汉密尔顿跟往常一样，骑着他的Vespa踏板车前往旧金山-奥克兰海湾大桥附近的办公室。当他行驶到市场街时，车轮前胎被有轨电车栏杆卡住了。他整个人都飞了出去，重重地摔在了地上，头盔也裂了，昏迷了好几天。博伊德被告知要做好最坏的打算，她守在汉密尔顿的身边，看着他逐渐康复。她利用自己的管理技能，组织了一个康复项目；到了2006年的春天，汉密尔顿的声音和行动都恢复了正常，就好像那场事故从未发生过一样。他们决定试着搬到怀俄明州一个风景优美的地方，和小女儿住在一起。博伊德创立了在线幼儿园择校服务机构——"睿智源"（Savvy Source）。汉密尔顿离开了KIPP，去托马斯·B·福特汉姆基金会工作，该基金会是由小切斯特·E.芬恩运营的教育改革机构，芬恩曾在爱迪生公司工作，是他最先促成了汉密尔顿和博伊德的恋情。

在汉密尔顿出事之后，莱文知道轮到他来主持大局了，他就在纽约暂时管理着费舍尔基金会。莱文的大部分行政事务都是在车里完成的，他一边开车在市里转悠，一边处理事情。KIPP学校的数量不断增多。最终，莱文、范伯格和费舍尔夫妇说服了爱迪生公司的高管理查德·巴斯接管KIPP基金会的管理工作。

范伯格和莱文都认识巴斯，因为他的妻子是"为美国而教"的创始人温迪·科普。巴斯在纽约负责KIPP的运营。截至2008年夏天，KIPP学校的数量已增加至66所，分布在19个州和哥伦比亚特区，学生总人数高达16000名。

2005年4月底，怀有8个月身孕的迪佩尔前往康涅狄格州，看望一位母亲刚刚过世的老朋友。范伯格当时正在休斯敦，策划KIPP年度募资晚会。他半夜接到妻子的电话，说她"见红"了，在纽约波基普西的一家医院快速检查了一番，那里离她父亲和继母的住所很近。她让范伯格随时待命。第二天，她打电话告诉他赶下一班飞机去纽约。

迪佩尔的分娩持续了几个小时，范伯格守候在一旁。有一次，她让他给她按摩背部,她感觉力道不够,就斥责他缺乏阳刚之气;当初莱文在纽约几乎要放弃KIPP学校时,科克伦也说过一模一样的话。

第二天,4月30日上午11点,一个健康的大个儿男婴出生了。这对夫妇租了一辆蓝色的丰田SUV,开车将小宝宝送回休斯敦,因为迪佩尔刚生完孩子,坐不了飞机。他们每3个小时停下来一次,让迪佩尔给婴儿喂奶。就这样,他们开车走了3天,一路上很是辛苦。范伯格后来说,当他们走到佐治亚州时,双方很不愉快,闹着要离婚,但后来走到密西西比州,夫妻俩又和好了。

他们给这个男孩起名叫奥古斯特·菲利普·范伯格。"菲利普"取自科琳父亲的名字——菲利普·迪佩尔。"奥古斯特"取自《寂寞之鸽》中的人物——奥古斯特·麦克雷;范伯格认为这个人物跟他的朋友莱文有很多相似之处。就像前德州骑警麦克雷上校一样,这个男孩以后就叫"格斯"了。

2007年8月11日下午6点,大卫·约翰·莱文与钱达·尼科尔·蔡斯在芝加哥密歇根湖湖畔的俄亥俄街海滩举行了婚礼,婚礼由一名牧师和一名拉比共同主持。在海滩上结婚是违反城市管理规定的,但是,莱文想起了范伯格当初"等待"罗德·佩奇的那份执着,于是他就在芝加哥公园管理局的办公室外面"守株待兔",等到了相关负责人,并达成了一个协议。当地一家新娘杂志对这一新奇的婚礼兴趣非常,还专门派来了一位摄影师。

婚礼共有60位客人出席,包括范伯格、迪佩尔、鲍尔、科克伦、温斯顿、巴斯和科普。从酒店到海滩有一小段路的距离,鲍尔的神经受到压迫,她不得不坐轮椅过去。婚礼混合了基督教和犹太教的传统仪式。新娘穿了一件丝质米黄色连衣裙,没有穿蓬裙式婚纱,新郎则穿了一套棕色西装。

莱文夫妇在夏威夷度了两周的蜜月，这是莱文15年来第一次放下工作，享受假期。之后，他们就回到了纽约。蔡斯继续在市场营销行业做咨询。莱文继续监管KIPP学校的扩展计划，将纽约的KIPP学校增加至9所，开办KIPP高中和小学，范伯格在休斯敦也正为之努力。莱文还宣布在亨特学院建立一个新的州认证的教师培训学院。

莱文和范伯格通过观摩聆听诸多优秀教师（包括哈里特·鲍尔、雷夫·艾斯奎斯、查理·兰德尔、杰瑞·迈尔斯、安妮·帕特森、苏珊·温斯顿和肖恩·赫维茨）的教学，竭尽全力，提高了自身的教学能力；这一教师培训计划是为了提高新一代教师的教学能力，让他们也能达到大卫·莱文和迈克·范伯格的优秀水平，帮助每一个学生攀登学业高峰，进入理想的大学。

范伯格和莱文刚开始教书时，遇到了一些极为不利的因素，困难重重。如果他们从未面对过如此难堪的失败，他们就不会振作精神，突破自我，克服自身不足，扭转学生的劣势。

他们之所以下定决心，建立更多的KIPP学校，是因为他们希望可以复制自己的成功，惠及更多的寒门学子。他们只是两位普通的教育工作者，他们需要更多的教育工作者愿意相信，好的教学大有可为，只要给孩子充足的时间、适当的鼓励和全心的爱意（这是他们应得的东西），所有的孩子都乐意学习。

后记

我喜欢跟优秀的教育工作者交流,征求他们的许可,写下他们和他们学校的故事;在未经他们许可的情况下,我使用了"最好"这个容易遭人诟病的词,来形容他们所做的事情。据我所知,给任何东西贴上"最好"的标签都会引发争议,但我不会为此表示歉意。27年前,当我成为一名教育记者时,我下定决心,要找到那些最为成功的教育工作者,写出他们的故事,给读者带来"最好"的阅读体验——哎哟!又用到那个词了。从那时起,我的使命就是找到那些尽心竭力做教育的学校和老师,他们克服贫困、冷漠、种族歧视和阶级偏见,帮助学生提升到新的学业高度。从这些标准来衡量,大卫·莱文和迈克·范伯格创建的KIPP学校是我在美国发现的最有前途且最棒的学校。这就是我写这本书的原因。但必须指出的是,决定以此方式描述他们学校的人是我,而不是他们。

如果证明有其他学校比他们的学校更好,我也能欣然接受。作为一名记者,这是我学习的方式。寻找和谈论最棒的学校的人越多,我们就越有可能为我们的孩子提供高质量的教育,这是他们应得的权利。

所以,我要感谢本书的两位年轻的主角,他们为我的探索做出了巨大的贡献;数百名热心人士见证了范伯格和莱文创建KIPP的过程,感谢他们

后记

与我分享所见所闻、所思所想。特别感谢莱文和范伯格最重要的导师——哈里特·鲍尔和雷夫·艾斯奎斯，他们本身也是优秀的教师，感谢他们在百忙之中抽出时间，向我解释他们是如何教导学生范伯格和莱文的，以及教会了他们什么。艾斯奎斯和鲍尔还为KIPP带来很多吸引眼球的口号。"努力做事，善良做人"就出自艾斯奎斯之口，已经被全国各地的KIPP老师广泛采用，所以我们将其定为本书的英文书名。

书里所有的名字和人物都是真实存在的。对于书中提到的每一个人物，只要我能找到他们，我都给他们看了手稿的相关部分，请他们帮忙指正错误。如书中出现任何错误，但均由我来负责。关于书中的事件和对话，虽非我亲眼所见、亲耳所闻，均基于当事人的回忆性描述，且为保证内容的客观真实性，我参考了多方当事人的叙述。

我要感谢我的编辑艾米·加什，感谢她提出的好问题，感谢她妙笔生花，感谢她对我频繁修改的非凡耐心；我还要感谢我的经纪人海德·兰格，他如此积极热情地为我的书（包括这本书）寻找出版商，如果不让我写书，我会很痛苦，会感觉有愧于他。乔·马修斯、唐·格雷厄姆、尼克·安德森、乔纳森·肖尔和史蒂夫·曼奇尼阅读了本书手稿，并提出了一些建设性意见，我对他们表示感谢。感谢我在《华盛顿邮报》和《华盛顿邮报》网络版的编辑尼克·安德森、莫妮卡·诺顿、R.B.布伦纳、菲利斯·乔丹、保罗·伯恩斯坦、特蕾西·格兰特、莱克西·威尔登、丽兹·海伦、斯科特·万斯、迈克·塞梅尔、乔-安·阿莫、鲍勃·麦卡特尼、史蒂夫·科尔、菲尔·贝内特和伦·唐尼，感谢他们对我一如既往的理解和支持。

感谢我的妻子琳达，我的孩子乔、彼得和凯蒂以及我的儿媳安娜，感谢他们为本书提出了一些很好的问题；当我在研究中有所发现，他们会表现得异常兴奋，感谢他们对我的包容。感谢我的母亲弗朗西斯·马修斯，她是一位与我关系最密切的职业教育工作者，她愿意倾听我的意见，并提供合理的建议。

我还要提前感谢数十个城市的众多KIPP教师、校长和学生，他们可能会在未来几年里收到我的来信，因为我正在筹划第二本书，研究KIPP的飞速发展。现在全国共有66所KIPP学校，大多数学校的教学质量和第一批KIPP一样好。这是一种非常规现象。一些头脑精明且经验丰富的分析人士经常指出，当下一代的学校领导努力在更多校园里追求同样的教学结果时，因时过境迁，总是难以延续起初的教育理念，无法再续辉煌。

KIPP似乎正在打破这种不良预期。在本书中，我提供了迄今为止我们掌握的最好的证据来解释为什么会发生这种情况，但还有很多东西需要了解。我必须弄清楚现在的状况，不仅限于许多新的KIPP学校，而且还包括其他几所采用类似教学方法的学校，这些学校的教学成绩正在向KIPP不断看齐。在寻找最好的学校方面，我还有很多工作要做。

杰伊·马修斯，《华盛顿邮报》的教育专栏作者，《新闻周刊》年度最佳高中排名的创始人，曾凭借专题报道与专栏写作，获得本杰明·费恩杰出教育报道奖。有6本专著，其中包括《埃斯卡兰特：美国最好的老师》（Escalante: The Best Teacher in America），书中主人公杰米·埃斯卡兰特的传奇故事后来被拍成了电影《为人师表》（Stand and Deliver）。